図解 わかる 2024-2025年版

労働基準法

社会保険労務士
荘司芳樹

JN043611

新星出版社

時間外労働の上限規制

経過措置はなくなった

上限規制の適用が猶予されていた、建設事業、自動車運転の業務、医師についても、2024年4月1日から上限規制が適用されています。 ▶ P86、102、104を参照

労働時間・休日に関する原則

法律で定められた労働時間の限度
1日 8時間 及び 1週 40時間

法律で定められた休日
毎週少なくとも1回

▶ これを超えるには、
36協定の締結・届出
が必要です。

拘束時間と休息期間の定義

拘束時間とは、労働時間と休憩時間の合計時間、休息期間とは、使用者の拘束を受けない期間のことです。（図はトラック運転手の例） ▶ P84を参照

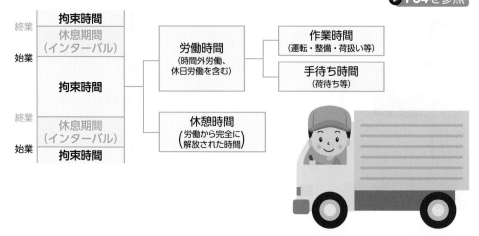

終業
拘束時間
休息期間（インターバル）
始業
拘束時間 ─ 労働時間（時間外労働、休日労働を含む）─ 作業時間（運転・整備・荷扱い等）／手待ち時間（荷待ち等）
　　　　　　　─ 休憩時間（労働から完全に解放された時間）
終業
休息期間（インターバル）
始業
拘束時間

働き方に合った労働時間制度はこれだ！

労働時間の短縮に効果的な働き方が見つかる ▶ P86〜101を参照

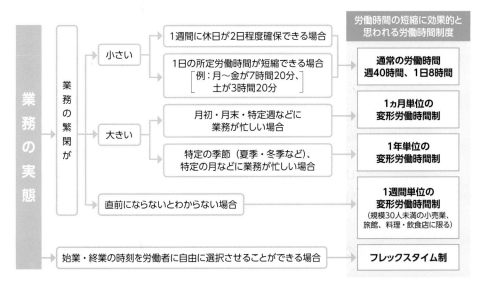

	1ヵ月単位の変形労働時間制	1年単位の変形労働時間制	1週間単位の変形労働時間制	フレックスタイム制
労使協定の締結	○ ※就業規則への定めでも可	○	○	○
労使協定届出	○	○	○	○ ※清算期間が1ヵ月以内の場合は不要
特定の事業・規模のみ	−	−	○ 労働者数30人未満の小売業、旅館、料理・飲食店	−
休日の付与	週1日または4週4日の休日	週1日 ※連続労働日数の上限は原則6日	週1日または4週4日の休日	週1日または4週4日の休日
労働時間の上限	−	1日10時間 1週52時間	1日10時間	−
1週平均の労働時間	40時間 ※特例措置対象事業は44時間	40時間	40時間	40時間 ※清算期間が1ヵ月以内で特例措置対象事業は44時間
あらかじめ時間・日を明示	○	○	○	△ (コアタイム、フレキシブルタイムがある場合は明示)

資料：厚生労働省

着替え時間は労働時間

労働時間の把握は使用者の責務

使用者には労働者の労働時間を適切に管理する責務があります。厚生労働省の「労働時間の適正な把握のために使用者が講ずべき措置に関するガイドライン」には、これまであいまいだった労働時間の考え方が示されています。「時間外労働の上限規制」に違反した場合には、「6か月以下の懲役または30万円以下の罰金」が課されることもあります。

▶ P82、84を参照

労働条件の明示ルールが変わった

明示事項に就業場所や業務の変更の範囲が加わった

労働法では、新規採用時だけでなく、労働契約の更新時にも労働条件の明示が義務付けられています。2024年4月以降に締結される労働契約について、明示しなければならない事項が追加されました。

▶ P48を参照

対象	明示のタイミング	新しく追加される明示事項
すべての労働者	労働契約の締結時と有期労働契約の更新時	**1** 就業場所・業務の変更の範囲
有期契約労働者	有期労働契約の締結時と更新時	**2** 更新上限の有無と内容 （有期労働契約の通算契約期間または更新回数の上限） ＋更新上限を新設・短縮しようとする場合、その理由をあらかじめ説明すること
	無期転換ルールに基づく無期転換申込権が発生する契約の更新時	**3** 無期転換申込機会 無期転換後の労働条件 ＋無期転換後の労働条件を決定するに当たり、他の正社員等とのバランスを考慮した事項の説明に努めること

資料：厚生労働省

は じ め に

　労働基準法に対しては、これまで「守れなくて当たり前、守らなくても会社と従業員が納得していれば問題はない」と思われてきました。「労働基準法を守っていたら、中小企業はやっていけない」という声も聞かれました。

　しかし、いったん労使紛争が起こった場合には、労働基準法は絶対的な力を発揮します。経営者が、「割増賃金は支払わないと労使で合意していた」と紛争の場で主張しても、そのような合意には何の効力もありません。労働基準法の基準通りの割増賃金を支払わなければなりません。

　従業員に訴えられてから割増賃金を支払う。また、労働基準監督署に指摘されてから健康診断を行うといったように、後手後手になっていては、企業の経営者として失格ではないでしょうか。

　労働基準法を知らなかったばかりに紛争に発展したり、支払わなくてもよかった割増賃金を支払わなくてはならなくなったりといったケースも多々あります。

　本書は、そのような労働基準法の知識不足が招く、不要な紛争を防ぐために作成しました。

　執筆にあたり、現実の労働問題に対応するには労働基準法だけでは不十分なことから、労働基準法だけではなく、関係法令や判例を織り交ぜて理解しやすいように説明をしてあります。

　本書を手に取られた方々が、労働基準法をはじめとする労働法の知識を身につけて、紛争のない労使関係を構築することを願って止みません。

社会保険労務士法人みどり事務所　所長　荘司芳樹

注：本書は令和6年4月時点の法令及び書式に基づいて執筆されています。

CONTENTS

PART3 賃金

PART4 労働時間

こんなときの手続き書式・様式・規定例

執筆協力 ウエスト／イラスト くぼゆきお

行政手続における押印原則の見直しにより、令和3年4月1日より労働基準法関連の申請、届出等の様式が改正されました。施行日以降も、当分の間、旧様式を用いることができるとされていますが、旧様式を用いる場合には、「①旧様式の押印欄を取り消し線で削除する。②協定届・決議届については、旧様式に、協定当事者の適格性にかかるチェックボックスの記載を直接追記する、または同チェックボックスの記載を転記した紙を添付する」ことが必要となります。新様式は厚生労働省のホームページからダウンロードすることができます。厚生労働省HP「主要様式ダウンロードコーナー」 https://www.mhlw.go.jp/
※本書では、本書編集時点で公表されている新様式を掲載しました。

PART

1

労働法の概要

1 労働法とは

POINT
・労働法という名前の法律はない。
・労働法は、立場の弱い労働者を守るための法律。
・労働基準法と民法では労働基準法が優先する。

なぜ労働法が作られたのか

労働者はさまざまな法律によって保護を受けています。

代表的なものでも、労働基準法、労働組合法、労働関係調整法、労働契約法など、労働者を守るための多くの法律がありますが、労働法という名前の法律はありません。これらの労働者を守る法律を、まとめて労働法と呼んでいます。会社と社員が納得すれば労働法など不要と思っている方も多くみられます。労働条件については、以前は当事者間の契約は自由であり、現在のような規制はありませんでした。では、なぜこのような法律ができたのでしょうか。それは会社と社員同士の話し合いですべての労働条件を決めると、発言力の弱い社員側に不利な条件になるからです。

そこで、法律により力の弱い労働者を保護して、人としての生活ができるようにするために労働法が作られたのです。

労働基準法と民法の関係

労働基準法は、過去の劣悪な労働条件に歯止めをかけるために、国として労働条件についての最低基準を定めるために作られた法律です。作られてから長い時間が経過し、労働環境も大きく変化して、現代社会にはそぐわない条項もありますが、この法律の理念は、労働者が人たるに値する生活を営むための労働条件の最低基準を定めることにあります。

労働基準法などの労働法ができるまでは、民法という法律によって労使間の問題を処理していました。民法は、私人（しじん＝公ではない個人）間のことについて取り決めた法律です。民法には契約の自由という原理があり、当事者間での契約は自由であり、国は干渉しないとされています。労働基準法は、この原理を修正し、労働者を保護するものとして制定されました。

しかし、労働基準法などの労働法に規定のないものは、依然として民法が適用されます。また、労働基準法と民法では結論が異なる問題もありますが、このような場合には、労働法が優先することになります。

労働基準法の基本的な考え方

> 労働基準法第1条
> 1　労働条件は、労働者が人たるに値する生活を営むための必要を充たすべきものでなければならない。
> 2　この法律で定める労働条件の基準は最低のものであるから、労働関係の当事者は、この基準を理由として労働条件を低下させてはならないことはもとより、その向上を図るように努めなければならない。

※他の条文についてはP240を参照。

これまで長い間、有給休暇日数や割増賃金率などの労働条件は、労働基準法の水準に合わせた会社が多くみられましたが、これが変わりつつあります。

近年では人手不足が顕在化して、人材の獲得競争が激しくなっています。

かつてのように募集すれば人が簡単に集まる時代ではなくなり、転職も当たり前となりました。

どうすれば求職者から自社を選んでもらえるか、優秀な社員の流出を防ぐためにはどうすればよいか。これからは労働基準法の水準を守るだけではなく、積極的にその水準を超えていくことが求められています。

労働基準法で定める基準は最低基準ですから、法律上の判断で迷ったら労働者に有利な方法を選択することを心掛けるべきでしょう。

●労働法とは労働に関する法律の総体

労 働 法	内 容
労働基準法	労働条件の最低基準
労働組合法	労働組合に関する法律
労働関係調整法	労働争議の調整等をする法律
労働契約法	労働契約に関する法律
最低賃金法	賃金の最低基準を定める法律
男女雇用機会均等法	性差別撤廃についての法律
労働者災害補償保険法	業務上又は通勤上の災害についての法律
雇用保険法	失業時の補償などに関する法律
障害者雇用促進法	障害者の雇用を促進する法律
労働安全衛生法	業務上の危険、有害作業を規制する法律
パートタイム・有期雇用労働法	パートタイマー等の労働条件に関する法律

2 労働基準法の罰則

POINT
・労働基準法に違反すると、最高刑は懲役10年となる。
・労働基準法に満たない労働条件は無効となる。
・違反すると個人だけでなく会社も連帯責任を負う。

労働基準法に違反すると重い罰則がある

●労働基準法には両罰規定がある

違反すると会社と違反者の両方が罰せられる。
ただし、違反防止の措置をしていれば会社は免責となる。

労働基準法は労働者が働くにあたって、賃金や休憩時間、休日など、労働条件の最低基準を定めた法律です。この法律に違反すると、休憩時間や休日などの労働条件を労働基準法の最低基準に満たない条件で定めた場合は、その部分が無効となり、労働基準法で定める労働条件が適用されます。

たとえば、「わが社には有給休暇はない」と定めたとしても、その定めは無効となり、自動的に労働基準法上の有給休暇の権利が発生することになります（P241労働基準法第13条参照）。

また、労働基準法では、会社の規定を無効にするだけではなく、罰則を定めています。その刑罰は、違反行為によってさまざまですが、最高刑は懲役10年という大変重いものとなっています。

個人だけでなく会社も連帯責任を問われる

労働基準法に違反すると、違反を行った者を罰するだけではなく、会社にも罰則が科せられます。たとえば、出産後6週間を経過していない女性を働かせた場合には、働かせた者（上司など）は6ヵ月以下の懲役となり、会社には30万円以下の罰金が科せられます。ただし、会社が労働基準法違反防止の措置をしている場合には、罰則は会社には科せられません。

会社を発展させる上で、よい人材を得ることは必要不可欠のことといえます。よい人材は、常によりよい労働環境を求めています。労働基準法は

最低限のルールですから、人材を確保するために労働基準法を守ることは当然ですが、よりよい人材を確保するためには、労働基準法よりも手厚い労働条件を整えることが重要となってきます。

労働基準法違反の主な罰則

強制労働

1年以上10年以下の懲役または20万円以上300万円以下の罰金

中間搾取、最低年齢違反など

1年以下の懲役または50万円以下の罰金

強制貯金、労働時間、休憩、休日、割増賃金など

6ヵ月以下の懲役または30万円以下の罰金

契約期間、休業手当未払いなど

30万円以下の罰金

労働基準法違反と民事賠償

　労働基準法違反の罰則をみて、意外に罰が軽いと思った方もいるかもしれません。しかし、これは刑事罰の話です。実際の事件では、労働基準法の刑事罰の罰金よりも民事賠償の方が高額になり、その影響も甚大です。

　未払い残業代や不当解雇問題などでは数百万円単位、死亡や高度障害の案件では億単位の賠償が命じられることもあります。

　この際の判断には、会社が義務である労働基準法を守っていたかどうかはもちろん、努力義務である政府の指針等も守っていたかどうかが問われます。いざ問題が起これば罰則がないから守らなかったでは通用しません。罰則の軽重に関わらず法の遵守が求められます。

3 労働保険とは

POINT
・1人でも労働者を雇い入れたら労働保険に加入させる。
・労働保険に加入しなくてもよい事業がある。
・雇用保険は、週労働時間が20時間以上の者が加入する。

労働保険への加入は義務である

労働保険 ＝ 労災保険 ＋ 雇用保険

労働者を雇い入れた場合、労働保険への加入が義務付けられています。

労働保険とは、労働者災害補償保険（労災保険）と雇用保険を総称したものです。労災保険は、業務上または通勤上の災害対策として、雇用保険は、失業保険などの失業対策や失業を予防するための各種雇用対策などの事業を行っています。

労働保険への加入は義務となっていますから、従業員が1人でもいれば原則として加入しなければなりません。労働保険は、労災保険と雇用保険がセットになっていて、通常は同時に加入します。両保険の保険料は、まとめて労働基準監督署に申告することになっています。

労働保険への加入には例外があり、農林水産業のうち、労働者が常時5人未満の個人経営の事業では、労働保険に加入するかしないかを選べます。また、下請けのみの建設業者は、労災保険に加入する必要はありません。建設業では、1つの工事現場で複数の下請け会社が業務を行うため、各工事現場ごとに元請事業者がまとめて労災保険を成立させるしくみになっています。これが、工事現場で見かける労災保険成立の表示です。

労働保険に加入するのはどんな人

労働保険に加入する人は労災保険と雇用保険では異なっています。

労災保険では、正社員、パートタイマー、嘱託社員などの名称や働く時間には関係なく、その事業で働く労働者全員が加入することになります。

雇用保険の場合は、原則として31日以上働く見込みがあり、週労働時間

が20時間以上となる労働者が加入します。

　労災保険料は、全額が会社負担となっており、その額は給与総額の0.25〜8.8％です。雇用保険料は、会社と労働者双方が負担しますが、保険料は業種によって異なり、1.55〜1.85％となっています。

　労働保険は事業所単位で成立（加入）するので、新たに支店を設立した場合にも支店ごとに申告することになり、成立届が必要です。支店ごとに申告するのが面倒なら、労働保険継続事業一括申請書を労働基準監督署に提出することで本社の労働保険と一括して加入することができます。

●労働保険の保険料

労災保険料
（給与総額の0.25〜8.8％） 全額が会社負担

雇用保険料
（給与総額の1.55〜1.85％） 会社と労働者が負担する

注：一般事業の雇用保険料は15.5％

●令和6年度の雇用保険料

それぞれ給与総額に対する割合であり、15.5/1000とは給与総額の1.55％のこと。

事業の種類	雇用保険料率 4月1日〜	労働者負担分 4月1日〜	事業主負担分 4月1日〜
一般の事業	15.5/1000	6/1000	9.5/1000
農林水産・清酒製造業	17.5/1000	7/1000	10.5/1000
建設業	18.5/1000	7/1000	11.5/1000

●雇用保険の被保険者とならない人

①1週間の所定労働時間が20時間未満の者（日雇労働被保険者に該当する者やマルチジョブホルダーを除く）※P43参照
②継続して31日以上雇用されることが見込まれない者
③季節的業務に週30時間未満で雇用される者
④季節的業務に4カ月以内の期限で雇用される者
⑤学生・生徒（夜間学校、通信制、学校教育法に規定のない学校を除く）
⑥代表者、法人の役員（取締役営業部長など、同時に労働者としての身分があり、労働者の性格が強い者は雇用保険に加入する）
⑦その他、公務員、船員保険加入者など

労災保険料率は事業の種類で異なる

（令和6年度）

事業の種類の分類	番号	事業の種類	労災保険率
林　業	02または03	林業	52／1000
漁　業	11	海面漁業（定置網漁業または海面魚類養殖業を除く）	18／1000
	12	定置網漁業または海面魚類養殖業	37／1000
鉱　業	21	金属鉱業、非金属鉱業（石灰石鉱業またはドロマイト鉱業を除く）、または石炭鉱業	88／1000
	23	石灰石鉱業またはドロマイト鉱業	13／1000
	24	原油または天然ガス鉱業	2.5／1000
	25	採石業	37／1000
	26	その他の鉱業	26／1000
建設事業	31	水力発電施設、ずい道等新設事業	34／1000
	32	道路新設事業	11／1000
	33	舗装工事業	9／1000
	34	鉄道または軌道新設事業	9／1000
	35	建築事業（既設建築物設備工事業を除く）	9.5／1000
	38	既設建築物設備工事業	12／1000
	36	機械装置の組立てまたは据付けの事業	6／1000
	37	その他の建設事業	15／1000
製造業	41	食料品製造業（たばこ等製造業（65）を含む）	5.5／1000
	42	繊維工業または繊維製品製造業	4／1000
	44	木材または木製品製造業	13／1000
	45	パルプまたは紙製造業	7／1000
	46	印刷または製本業	3.5／1000
	47	化学工業	4.5／1000
	48	ガラスまたはセメント製造業	6／1000
	66	コンクリート製造業	13／1000
	62	陶磁器製品製造業	17／1000
	49	その他の窯業または土石製品製造業	23／1000
	50	金属精錬業（非鉄金属精錬業を除く）	6.5／1000
	51	非鉄金属精錬業	7／1000
	52	金属材料品製造業（鋳物業を除く）	5／1000

	53	鋳物業	16／1000
製造業	54	金属製品製造業又は金属加工業（洋食器、刃物、手工具または一般金物製造業及びメッキ業を除く）	9／1000
	63	洋食器、刃物、手工具または一般金物製造業（メッキ業を除く）	6.5／1000
	55	メッキ業	6.5／1000
	56	機器器具製造業（電気機器器具製造業、輸送用機器器具製造業、船舶製造または修理業及び計量器、光学機械、時計等製造業を除く）	5／1000
	57	電気機器器具製造業	3／1000
	58	輸送用機器器具製造業（船舶製造または修理業を除く）	4／1000
	59	船舶製造または修理業	23／1000
	60	計量器、光学機械、時計等製造業（電気機器器具製造業を除く）	2.5／1000
	64	貴金属製品、装身具、皮革製品等製造業	3.5／1000
	61	その他の製造業	6／1000
運輸業	71	交通運輸事業	4／1000
	72	貨物取扱事業（港湾貨物取扱事業及び港湾荷役業を除く）	8.5／1000
	73	港湾貨物取扱事業（港湾荷役業を除く）	9／1000
	74	港湾荷役業	12／1000
電気、ガス、水道または熱供給の事業	81	電気、ガス、水道または熱供給の事業	3／1000
その他の事業	95	農業または海面漁業以外の漁業	13／1000
	91	清掃、火葬またはと畜の事業	13／1000
	93	ビルメンテナンス業	6／1000
	96	倉庫業、警備業、消毒または害虫駆除の事業またはゴルフ場の事業	6.5／1000
	97	通信業、放送業、新聞業または出版業	2.5／1000
	98	卸売業・小売業、飲食店または宿泊業	3／1000
	99	金融業、保険業または不動産	2.5／1000
	94	その他の各種事業	3／1000
船舶所有者の事業	90	船舶所有者の事業	42／1000

4 労働基準法の適用範囲と強制力

POINT
・労働基準法はすべての労働者に適用される。
・労働基準法は同居の親族のみの事業所には適用されない。
・労働基準法の基準に達しない労働条件は無効となる。

労働基準法の適用範囲

●労働基準法が適用される労働者

　すべての労働者 → 正社員、学生、パート、アルバイト、外国人

　労働基準法は、労働者であれば、正社員、アルバイト、嘱託社員などの名称に関わらず、強制的に適用されます。これは、労働者が学生、外国人であっても同様です。労働基準法が適用されないのは、同居の親族のみを使用する事業所及び家事使用人（いわゆる家政婦）です。

　労働基準法が適用されない家政婦とは、直接家族の指示を受けて家事をしている家政婦であり、家事代行業者などの家事を請け負った会社に雇用されて、その会社の指示の下に家事をしている家政婦は除きます。

　また、国家公務員及び船員については、労働基準法の一部または全部を適用しないことになっています。公立学校の先生には残業について労働基準法の規定は適用されず、時間外手当や休日手当は支給されません。代わりに一定額の手当てが支払われています。一部の私立学校でも公立学校に準じた取り扱いをしている例がみられますが、本来、私立学校には労働基準法が適用されますので、このような取り扱いは違法となります。

●労働基準法が適用されない人

　労働者でない者（代表取締役、個人事業主など）
　同居の親族のみを使用する事業所⇒家族だけを雇っている店など
　農業、畜産業、養蚕業、水産業（労働時間、休息、休日は適用除外）
　船員（一部適用）
　国家公務員
　地方公務員（一部適用）

労働基準法の強制適用

　労働基準法は、労働条件の最低基準を定めた強制的な法律です。たとえ会社と労働者が合意しても、労働基準法の基準に達しない労働条件は無効となり、労働基準法による基準に改められます。たとえば「パートタイマーには有給休暇はない」と規定したとしても、この規定は無効となり、労働基準法どおりの有給休暇を与えなければいけません。

●労働条件は労働基準法より上回っていなければいけない

無　効		労働基準法では1日の		修正後
勤務時間は 1日10時間	➡	労働時間は最長8時間 ※変形労働時間制を除く。	➡	1日8時間に変更 （2時間は残業扱い）

●労働基準法の概要

1	労働契約に関する規定	契約期間、労働条件の明示、賠償予定の禁止など
2	解雇・退職に関する規定	解雇制限、解雇予告
3	賃金に関する規定	賃金支払いの5原則、休業手当、最低賃金
4	労働時間・休憩・休日に関する規定	
		労働時間の長さ、休憩の長さ、休日の付与日数
5	時間外及び休日労働、年次有給休暇に関する規定	
		割増賃金、三六協定、みなし労働時間制
6	年少者の保護に関する規定	最低就業年齢、年少者の労働制限
7	女性の保護に関する規定	妊産婦等への保護
8	就業規則に関する規定	就業規則の要件

こんなときには？

 Q　海外赴任を命じられました。勤務内容は、現地に合わせるとのことですが、労働時間も長く、休日も週に1日となっています。日本の労働基準法は適用されないのですか？

 A　労働基準法は日本国内における労働条件の最低基準を定めたものですから、海外での労働条件については規制の範囲外となり、労働基準法は適用されません。海外で働く場合でも、海外出張など労働者の所属する事業所が日本国内である場合や海外での事業が日本から独立していない場合（海外での建設工事）などは、国内と同じく労働基準法の適用があります。

5 労働者とは

POINT
・労働者の定義は法律によって違いがある。
・労働組合法では失業者も労働者に含まれる。
・個人事業主は労働者には当たらない。

労働者の定義は法律によって違う

労働基準法をはじめとした労働法では労働者ということばが使われます。労働法では、労働者であるかどうかによって法律による保護が受けられるか受けられないかの重大な違いが生じます。

労働者であるかどうかは労働基準法をはじめとした各法律によって定められていますが、労働者の定義は各法律によっても違いがあります。

労働基準法では、労働者とは「職業の種類を問わず、事業または事務所に使用される者で、賃金を支払われる者」となっています。この労働者の範囲は非常に広く、パート、嘱託社員はもちろん、不法就労の外国人であろうと、上記に当てはまれば労働基準法の保護の対象となります。

また、労働組合法では失業者も労働者に含まれます。

●**労働基準法上の労働者**
①事業または事業所に使用されていること。
　※事業または事業所は営利、非営利を問われない。
②賃金（労働に対する対価）が支払われること。

業務委託契約で働く個人事業主は労働者にあたらない

フリーランスとして業務委託契約で働く個人事業主が増えています。業務委託契約者は労働者ではないので、社会保険に加入することも、労働基準法の適用を受けることもなく、仕事上の事故で怪我をしたとしても労災保険も使えません。なお、業務委託契約か労働契約かの判断は単に契約書にどう書いてあるかではなく、実態がどうであるかで判断します。

実態とは具体的には、業務委託契約者が会社から独立しており、支払われる報酬は賃金ではないことを証明できなくてはいけません。

　会社から独立しているかどうかは個別・総合的に判断されます。判断の要素には、業務委託契約者が、仕事をするかどうかの決定権を持ち、会社から指示を受けず、出勤時間や出勤場所も自由であり、代わりの人に業務を行わせることができるかどうかなどがあります。報酬が賃金であるかどうかは、その報酬が労働の対価であるか、仕事の成果への報酬であるかで判断されます。時給制などの場合は、労働の対価であると判断します。

　また、最近では新卒採用の時にインターンシップを行う会社も増えてきました。インターンシップ時の実習が見学や体験的なものであり、会社との間に使用従属関係がない場合には労働者ではありませんが、営業活動をしたり、工場のラインで製品を作るなどによって会社に利益をもたらし、使用従属関係がある場合には労働者になります。

労働者の判断基準

労働者の判断基準には次のようなものがあります。

●「使用されている」ことの判断基準

1　仕事の依頼、業務指示に反対できない。
2　業務上の指揮監督を受けている。
3　勤務場所、勤務時間などの拘束を受ける。
4　自分の代わりに業務をさせられない。
5　時間給等、報酬が労働の対価である。

●独立自営業者と認められやすくなる要素

1　機械・器具を自分で調達している。
2　報酬が正社員と比べて高い。
3　兼業ができて、他の会社で働くことに制限がない。
4　報酬に固定給などの生活保護的要素がない。

こんなときには？

Q フリーランスに対する法律的な保護はありますか？

A 　フリーランスは労働基準法の対象にはなりませんが、取引条件を書面等により明示させることを義務づけるなど、フリーランス保護のため発注事業者に対して一定の義務を負わせる、「フリーランス・事業者間取引適正化等法」が、令和6年度に施行される予定です。

6 労働基準監督署の仕事

POINT
・労働基準監督官は労働問題の警察官である。
・労働基準監督署は労働保険の手続きと指導・監督業務を行う。
・労働基準監督署の是正勧告書には誠実に対処する。

労働基準監督署と監督官の役割

　労働基準監督署の仕事は、労災事故が起こったときの被災者への保険給付や労働保険料の徴収を行う業務と、企業への労働基準法等の指導及び監督業務に大きく分けられます。

　労働基準監督署に勤務している労働基準監督官は、特別司法警察職員であり、労働に関する警察官のような役割を持っています。ですから、監督官には、会社に立ち入り、調査、尋問する権利や送検をする権限があります。

労働基準監督署の調査と呼出

　ときには、労働基準監督署からの呼出や、立入り調査を受ける場合があります。この呼出や調査には、内部告発と抽出によるものとがあります。

　呼出や立入り調査の多くは事前に書面による通知がなされ、その日時や用意すべき書類についての指定がなされます。呼出や立入り調査に応じないということは問題外ですが、どうしても時間の都合がつかないときなどは担当官に相談して日時を変更してもらうこともできます。

　労働基準監督署の呼出や立入り調査で調べる項目の多くは、作成しなければならない帳簿類を作成しているか、長時間労働をしていないか、残業代等の賃金未払いがないか、安全衛生について不備がないかなどです。ここで不備や法違反があると、是正勧告書が発行されて改善を求められます。

労働基準監督署

もしも是正勧告書が発行されたら

　是正勧告書が発行されたら、改善箇所を決められた期限までに改善して是正報告書を提出しなければなりません。会社が報告書を作成しなかったり、不誠実な態度に終始した場合は、書類送検される可能性もありますので、是正勧告書には誠実に対処しなければなりません。

　労働基準監督官は、賃金未払いなどの労働条件とは別に安全衛生についても調査を行います。このとき、会社で使用している機械の安全性が確保されていないと判断されると、機械の使用停止命令が発行されます。この命令が発行されると命令が解除されるまで機械の使用ができなくなります。これは、事実上の操業停止になりますので、普段から機械の保守点検は欠かさないようにすることが大切です。

●労働基準監督署の調査の流れ

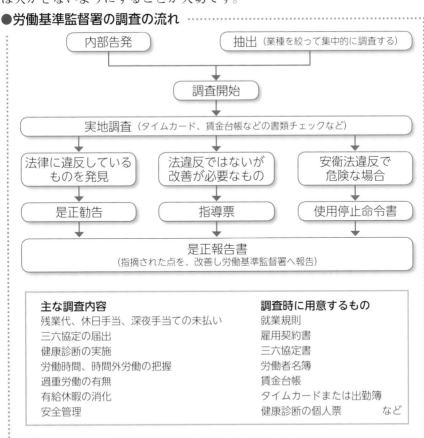

7 会社を作ったら行うこと─労働基準監督署編

POINT
・最初に労働基準監督署に届け出を行う。
・労災保険には雇い入れの日から加入しなければならない。
・労災保険料は1年分を先払いすることになる。

初めて労働者を雇い入れたら

　会社を設立した場合、さまざまな役所に届け出をしなければなりませんが、まず最初に労働基準監督署への届け出を行う必要があります。

1　適用事業報告と保険関係成立届

　会社を設立して社員を雇ったら、まず最初に労働基準監督署に適用事業報告を提出します。同時に、労働保険の保険関係成立届を提出します。

　適用事業報告は、「会社を設立して社員を雇ったので、労働法の適用を受けます」という報告であり、保険関係成立届は、「労働者を雇い入れているので労働保険に加入します」という手続きです。

2　労災保険

　労災保険（労働者災害補償保険）は、労働者が業務上または通勤途上で災害にあった場合に補償を受けられる制度です。労働者を1人でも雇い入れている会社は、原則として雇い入れの日から労災保険に加入することになります。会社や従業員の意思は問題とされません。労災保険の加入は、所轄の労働基準監督署で手続きを行います。

　もしも、労災保険の届け出を怠っていた期間中に労災事故が発生した場合、被災者は労災保険によって保護されますが、雇い主である会社は、国からその労災保険の給付にかかった費用を請求されることがあります。

3　労災保険料

　労災保険に加入すると労災保険料を納める必要があります、保険料の金額は毎年4月1日から翌3月31日までに支払われるであろう給与総額を元に計算して先払いをして、翌年に再計算によって多く支払っていれば返還、少なく支払っていれば追納するというシステムになっています。

　保険料は業種によって異なりますが、給与支払い総額の0.25％～8.8％となっています。

4　労働保険番号

　保険関係成立届を労働基準監督署に提出すると、労働保険番号というナンバーが与えられます。このナンバーは、ハローワークで雇用保険の新規加入手続きをする際に必要となる大切なものです。

実例　飲食店を営んでいます。労災保険は本店で加入していますが、新たに支店を開設する場合はどうすればいいのか？

労災保険は事業所ごとに加入する

　労災保険は事業所ごとに成立させる必要がありますので、支店を開設したら本店とは別に労災保険の手続きをする必要があります。

　支店が多くなれば、支店ごとに労働保険の管理を行うことは大変です。本店と支店の労災保険を一括管理すれば効率的です。労災保険を一括管理するには都道府県労働局長の認可を得る必要があります。

　具体的には、支店を管轄する労働基準監督署に保険関係成立届を提出し、その後、本店を管轄する労働基準監督署に「継続事業の一括届」を提出します。ただし、この提出には、次の要件に当てはまることが必要です。

　1　本店と支店の事業主が同一であること。
　2　本店と支店の事業の種類が同じであること。
　3　それぞれの事業が継続事業であり労災保険が成立していること。
　4　それぞれの事業の労災保険料率が同じであること。
　5　本社において、支店の労働者数、賃金の明細が把握できること。

書式　適用事業報告、保険関係成立届

> 事業所ごとに提出する書類は、労働基準監督署で入手します。

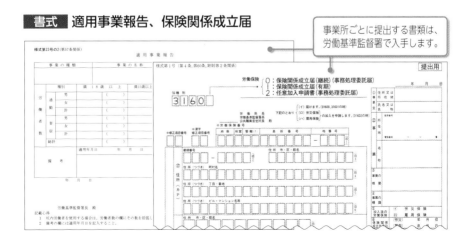

8 会社を作ったら行うこと—ハローワーク編

・最初に労働基準監督署で手続きを行う。
・下請けだけの建設業では雇用保険だけとなる。
・雇用する労働者がいなくてもハローワークで求人ができる。

手続きは労働基準監督署から始める

最初に 労働基準監督署で 労働保険番号の交付 を受ける	→	次に ハローワークで 雇用保険適用事業所設置届と 雇用保険被保険者資格取得届 を提出する

　労働基準監督署で労働保険番号の交付を受けてから、ハローワークで雇用保険適用事業所設置届と雇用保険被保険者資格取得届を提出します。このとき注意しなければいけないのは、最初に労働基準監督署で労働保険の手続きを行い、次にハローワークでの手続きをするという順序です。

　労働保険番号がないと雇用保険の新規加入ができないので、最初からハローワークに行っても雇用保険の手続きはできません。

　ただし、建設業で元請け工事を行っていない下請けだけの会社の場合には、成立させる労働保険は雇用保険だけであり、労働保険番号もハローワークで発行するので、最初からハローワークで手続きを行うことができます。

　雇用保険適用事業所設置届とは「雇用保険の事業所を設立した」という届け出書です。この書類を提出すると、ハローワークに事業所が登録されて適用事業所番号が振り出され、これ以降は、この事業所番号によって事業所が管理されることになります。この届け出時には添付資料として事業所の住所の確認のための登記事項証明書（登記簿謄本）と、労働保険番号の確認のために労働基準監督署に提出した保険関係成立届の控えが必要となります。

　また、登記上の本店所在地と実際に事業を行う場所が違う場合は、登記事項証明書では事業所の住所が確認できないため、電気やガスの請求書や事務所賃貸借契約書などで確認を行います。

雇用保険未加入でも、ハローワークで求人ができる

　設立したばかりの会社など、まだ労働者がいないために雇用保険に加入できない事業所でも、ハローワークでの求人は可能です。

　この場合には、仮の雇用保険適用事業所番号が振り出され、労働者が入社した段階で労働保険の手続きを行います。求人を行う際には事業所の所在地の確認を行いますので登記事項証明書（登記簿謄本）をハローワークに持参して求人の手続きを行います。

書式 雇用保険適用事業所設置届

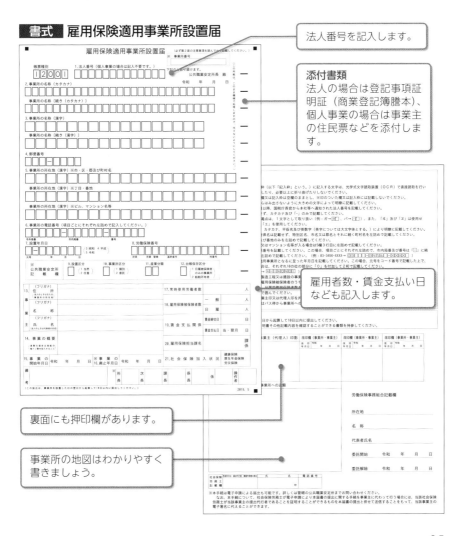

法人番号を記入します。

添付書類
法人の場合は登記事項証明証（商業登記簿謄本）、個人事業の場合は事業主の住民票などを添付します。

雇用者数・賃金支払い日なども記入します。

裏面にも押印欄があります。

事業所の地図はわかりやすく書きましょう。

9 社会保険とは

POINT
・社会保険は、社長1人の会社でも加入する。
・社会保険の保険料は会社と社員の折半となる。
・社会保険の保険料は、口座引き落としで納付する。

社会保険は3つの保険をセットで加入する

社会保険

厚生年金	健康保険	介護保険
保険料＝給与総額の 18.3%	保険料＝給与総額の 9.35〜10.42%	保険料＝給与総額の 1.60%

保険料は会社と従業員が折半する

　会社を設立して労働保険の届け出が終了したからといって、手続きがすべて終了したわけではありません。会社を設立した場合、労働保険とは別に社会保険にも加入する必要があります。

　社会保険とは、一般には厚生年金や健康保険、介護保険のことです。厚生年金は、社員が年を重ねたり、障害を負ったりして働けなくなった場合の生活保障を行います。健康保険は、私傷病に対する保険給付や私傷病によって働けなくなった場合の所得補償です。介護保険は、将来の介護についての保障を行います。なお、社会保険は、厚生年金、健康保険、介護保険がセットとなっていますので、原則としてバラバラに加入することはできず、3つの保険に一度に加入します。

社会保険は労働者がいなくても加入する

　労働保険は労働者のための保険なので労働者がいない会社は加入できませんが、社会保険は、法人であれば、たとえ社長1人だけの会社であっても、加入が義務付けられています。社会保険は労働保険と違い、労働者だけを対象とするのではなく、常勤の職員を対象とするので、会社役員及び

社長も社会保険の加入者となります。

　社会保険は、法人であれば加入が義務付けられていますが、任意適用事業所といって常時労働者が5人未満の個人事業の事業所等の場合には、加入するかしないかは各事業所の判断に任されています。加入する場合には、事業所で働く人の2分の1以上の同意を得て手続きをする必要があります。

社会保険の保険料は会社と社員が折半で負担する

　社会保険の保険料は、労働保険と比べると高額になります。これは年金制度など、労働保険に比べて給付の範囲が広いからです。保険料は、厚生年金で給与総額の18.3％、健康保険は都道府県により9.35〜10.42％、介護保険料は1.60％となり、会社と社員が折半して保険料を納付します。介護保険料は40歳〜64歳の間だけ給与から差し引きます。原則として、保険料は会社と社員分をまとめて会社が毎月月末に銀行引き落としで納付します。

　社会保険の加入手続きは、日本年金機構（旧社会保険事務所）で行います。保険料は、口座引き落としが原則のため、引落口座を決めてから、添付書類の登記事項証明書などを揃えて手続きを行います。現金納付を希望する場合は、その旨申し出ることができます。

書式 健康保険新規適用届

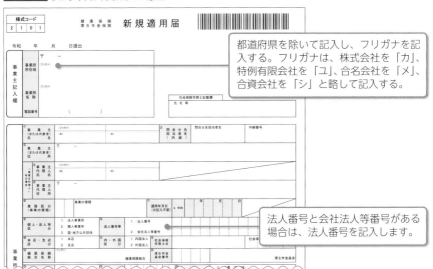

10 パートタイム・有期雇用労働法

POINT
・非正規社員も正社員と同様に労働基準法の適用を受ける。
・派遣労働者と派遣先労働者との不合理な労働条件を禁止。

正社員と非正規 不合理な待遇差は禁止

労働基準法は、パートタイマー（有期雇用労働者を含む。以下同様）など非正規の労働者にも解雇制限や割増賃金などが適用されます。しかし、退職金、賞与などの待遇面では、パートタイマーは、正社員に比べて労働条件に格差があるのが現状です。

そこで、正社員と非正規社員との格差が不合理にならないように、「パートタイム・有期雇用労働法」（短時間労働者及び有期雇用労働者の雇用管理の改善等に関する法律）によって格差の調整が行われます。

格差の調整の措置

同じ企業内では、正社員とパートタイマーとの間で、基本給や賞与など、あらゆる待遇について、仕事の内容、責任などが同じ場合は同じ待遇、違いがあればその違いに応じた待遇にするなど、均衡（不合理な待遇差をしない）、均等（条件が同じなら待遇も同じ）の措置が求められます。

不合理かどうかについての最終的な判断は裁判において行われますが、国は原則となる考え方を示したガイドラインを定めています。

ガイドラインでは、業務の危険度や作業環境に応じた手当について、正社員と同一の危険度、または作業環境の業務であれば、パートタイマーにも正社員と同様の手当を支給しなければならないとされています。その他、基本給や賞与、手当、福利厚生などの待遇差についても例示されています。

賃金や福利厚生など、正社員とパートタイマーで支給不支給、金額の差などの格差がある場合には、その原因か手当を支給する理由を手当一つ一つの本来の趣旨に立ち戻って検討し、格差が生まれた理由や格差の妥当性などを説明できるようにする必要があります。退職金制度についても、同様にその制度の意味から問い直す必要があります。

●派遣労働者の待遇差の解消方法は2つ

（1）派遣先労働者との均等・均衡方式

（2）労使協定による一定水準を満たす待遇決定方式

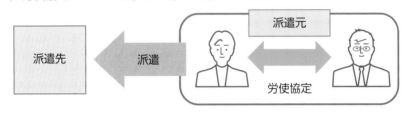

採用時の説明

　正社員を採用する場合には、労働基準法により労働条件を明示（P48参照）しなければなりませんが、パートタイマーの場合には、正社員で明示すべきものに加え、「昇給の有無」、「退職手当の有無」、「賞与の有無」、「相談窓口」も文書で明示しなければなりません。

　この「相談窓口」とは、パートタイマーから「評価制度はどうなっているのか」、「賃金はどうやって決まったのか」など、雇用管理について質問・相談を受け付ける窓口となります。

　さらには、賃金制度がどうなっているか、どのような教育訓練があり、どのような福利厚生施設が利用できるか、正社員になるための措置はどのようなものがあるかなどを説明する必要があります。

　また、採用後であっても、正社員との待遇差について説明を求められた場合には、それに応じなくてはならず、説明を求めたことについて、そのパートタイマーに不利益を及ぼすことも禁止されています。

　待遇差について、会社とパートタイマーの間で解決ができないときは、各都道府県労働局に助言や調停を求めることができます。

派遣労働者についても派遣先と同様の待遇が求められる

　派遣労働者についても、派遣先の労働者との間で不合理な待遇差は禁止されます。しかし、派遣労働者は、いろいろな会社に派遣されて働きますので、派遣先にすべて合わせるとなれば、その都度、賃金等の労働条件が変化してしまい、かえって不安定な働き方になってしまいます。

　そのため、派遣労働者の待遇については、派遣元が派遣先から情報提供を受けて、派遣先の通常の労働者と均等で均衡のとれた待遇を確保する方法と、派遣元と派遣労働者の労使協定で同様の待遇を確保する方法のいずれかの施策を講じなければなりません。

●労使協定で定める事項

① 　労使協定の対象となる派遣労働者の範囲

② 　賃金の決定方法（次のア及びイに該当するものに限る。）

　　ア 　同種の業務に従事する一般労働者の平均的な賃金の額と同等以上

　　イ 　職務の内容等の向上があった場合に賃金が改善されるもの

③ 　職務の内容等を公正に評価して賃金を決定すること

④ 　賃金以外の待遇の決定方法（派遣会社の通常の労働者（派遣労働者を除く））との間で不合理な相違がない。

⑤ 　段階的・計画的な教育訓練を実施すること

⑥ 　有効期間

行政による事業主への助言・指導等

　正社員との待遇差（均衡待遇や待遇差の内容・理由に関する説明についても含む）について、当事者同士の話し合いで解決できないときは、都道府県労働局にて、無料、非公開の紛争解決手続きを利用できます。

●中小企業の範囲

下表のいずれかを満たせば中小企業となります。

業種	資本金の額または出資の総額		常時使用する労働者数（企業全体）
小売業	5,000万円以下		50人以下
サービス業	5,000万円以下	または	100人以下
卸売業	1億円以下		100人以下
その他	3億円以下		300人以下

PART
2

募集・採用・労働契約

1 募集・採用に関する法律

POINT
・男性のみ、女性のみという募集はできない。
・募集要項の採用人数は男女同数でなければならない。
・履歴書は返還できなければ会社がきちんと破棄する。

社員の募集には制限がある

会社が採用を行うときには、原則として、男性のみ、女性のみという募集の仕方はできません。それは、男女雇用機会均等法により禁止されているからです。営業マンなど男性のみに限定させるようなイメージを募集要項に書くことや、男性歓迎、男性向きなど、暗に男性向けであるということとを意識させる募集もできません。

また、募集人数に、男性80名、女性20名などと採用人数に差を設けることなども禁止されています。募集年齢に関する制限に関しても、雇用対策法により募集年齢は原則不問としなければなりません。

このように、社員募集に関してはさまざまな制限がありますが、本来、会社が誰を雇うかは自由に行えるものです。先述のように募集時には男女雇用機会均等法や雇用対策法等によって差別的取扱いをすることは禁止されていますが、採用をしなければならないと強制をしているわけではありません。実際に面接をして、結果的に採用が全員男子だったとしても、これは法令違反ではありません。

募集
男性80名
女性20名

履歴書と個人情報の扱い

多くの会社は求人を行う際に応募者から履歴書を送ってもらい、書類選考を行います。この履歴書には応募者の住所、職歴、趣味など多くの個人情報が含まれています。

採用された応募者の履歴書は、社員管理の一環として会社で保存することは問題ありませんが、不採用になった応募者の履歴書の取扱いについて返還しなければいけないのかという問題があります。もちろん返還できる場合は応募者に返還することが望ましいのですが、応募者多数の場合など、普段の業務に支障が生じてしまいます。この場合は、<u>募集の段階であらかじめ会社が責任をもって履歴書を破棄しますという断り</u>を入れた上で、破棄することが望ましいといえます。

募集のルール（男女雇用機会均等法第5条）

募集・採用時の禁止事項

❶募集または採用にあたって、その対象から男女のいずれかを排除すること。

❷募集または採用にあたっての条件を男女で異なるものとすること。

❸採用選考において、能力及び資質の有無等を判断する場合に、その方法や基準について男女で異なる取扱いをすること。

❹募集または採用にあたって男女のいずれかを優先すること。

❺求人の内容の説明等募集または採用に係る情報の提供について、男女で異なる取扱いをすること。

合理的な理由が必要なもの

❶募集または採用にあたって、労働者の身長、体重または体力を要件とすること。

❷転居を伴う転勤に応じることができることを要件とすること。

こんなときには？

Q ある会社に応募したところ、転居を伴う転勤に応じなければ採用しないといわれました。しかし、この会社には、転居を必要とするような支店はなく、今後もないと思います。これは応募した女性である私を排除するための間接差別ではないでしょうか。

A 採用の際に、転居を伴う転勤に応じることができることを要件とする場合、業務の遂行上とくに必要であるといったような合理的な理由がなければいけません。この会社に転居を伴わなければ通勤できないような支店もなく、今後もそのような支店開設の計画がないのであれば、間接差別であり、男女雇用機会均等法違反となります。

2 ハローワーク(公共職業安定所)での求人

POINT
・ハローワークの求人なら、パート、アルバイト、期間社員の募集も無料で行える。
・労働法違反をするとハローワークの求人不受理となる。

ハローワークは国の行政機関

　社員の募集方法には、縁故採用から始まり、新聞折り込みチラシ、求人誌への掲載など、さまざまな方法があります。それぞれ一長一短はありますが、費用もかからず手軽な方法としてハローワークの求人があります。

　ハローワーク（公共職業安定所）は、国が設置している行政機関であり、求人は無料です。募集情報はインターネットでも公開することができますので、広い範囲から人材を募集することができます。

労働法違反をすると求人不受理となる

　日本の労働環境は、まだ中途採用よりも新卒採用が主流となっています。

　新卒で良い会社に入社できればよいのですが、そうでない場合には、その後の職業人生で思わぬ苦労を強いられることになります。

　これまでにも、ハローワークで募集をしている会社だから安全だと思って入社したが、実はブラック企業だったという例が多く見られました。

　希望をもって入社した会社が、実はブラック企業だったのでは、求職者には大きな痛手となります。

　そこで、ハローワークでは①法令に違反する求人、②労働条件が通常の労働条件と比べて著しく不適当な求人、③求人者が労働条件を明示しない求人の他、④一定の労働法違反を行った求人者からの求人、⑤暴力団等による求人は、受け付けを行なわないこととしています（不受理）。

●求人不受理の対象と期間

対象の法律	不受理となるケース	不受理期間
労働基準法、最低賃金法	１年間に２回以上、同一の対象条項違反により是正指導を受けた場合	２回目の是正指導から法違反の是正後６ヵ月間
	対象条項違反により送検され、公表された場合	送検されてから１年間、かつ是正後６ヵ月間
職業安定法、男女雇用機会均等法及び育児・介護休業法	対象条項に違反し、勧告に従わず、公表された場合	公表から法違反の是正後６ヵ月間

　この求人不受理は、ハローワークの求人が対象であり、民間の職業紹介事業や大学などには、その効果は及びませんが、ハローワークからは同じような取り扱いをするようにとの要請が行われるので、大卒や民間からの採用にも影響します。また、高校生の求人に関しては、ハローワークを経由することになっていることから、高卒の求人を出している会社などにも影響が大きいと考えられます。

　労働基準監督官の是正勧告に従わなかったり、報告が遅れた場合には、再度監督官が訪問して是正勧告書を出すことがありますので、是正勧告を受け取ったら速やかに法違反を改善して報告をすることが求められます。２度目の是正勧告が交付されると、違反を是正してから６か月は求人を出せなくなりますから、十分な注意が必要です。

　なお、この求人の不受理は、事業所を単位としており、本社一括採用ではなく、支社ごとに採用を行っている場合には、違反のあった支社のみが対象となり、他の支社には影響は及ばないことになります。

●求人不受理の対象となる労働法違反例

・強制労働の禁止　　　　　・賃金関係（最低賃金、割増賃金等）
・労働時間　　　　　　　　・休憩、休日、有給休暇
・出産等を理由とする不利益取扱の禁止等
・妊娠中、出産後の健康管理措置
・育児休業、介護休業等の申出があった場合の義務、不利益取扱いの禁止等
・所定外労働等の制限　　　・妊産婦の坑内業務の制限等
・男女同一賃金の原則　　　・セクハラ、マタハラ、パワハラ等
・労働条件の明示　　　　　・年少者に関する労働基準

3 外国人労働者の雇い入れ

POINT
・在留資格のない外国人労働者は雇用できない。
・外国人の雇用では在留資格と在留期限を確認する。
・留学生の雇用には在留資格の変更の手続きが必要。
・外国人も日本人同様に労働保険や社会保険に加入する。

在留許可とは日本に滞在できる権利のこと

日本人と同じように制限のない在留資格

| 永住者 | 日本人の配偶者等 | 永住者の配偶者等 | 定住者 |

就労できない在留資格

| 文化活動 | 短期滞在 | 留 学 | 研 修 | 家族滞在 |

　今では、外国人労働者を受け入れている企業も多くなっています。

　しかし、外国人を雇用する際に注意しなければならないことがあります。それは、在留資格の種類と在留期間です。在留資格には種類があり、在留期限を過ぎている外国人労働者はもちろん、家族滞在などの働く資格のない在留資格取得者を雇い入れることはできません。

　在留期間は、パスポートや外国人登録証明書に、在留資格は在留カードに記載してあります。万一、就労可能な在留許可を持っていなかったり、オーバーステイ（不法長期滞在）の外国人を雇用した場合には、雇用主には、3年以下の懲役もしくは300万円以下の罰金が科せられますので、面接のときにはきちんとこれらの書類を確認することが重要です。

　なお、留学生などが留学の在留資格で入国したにも関わらず、アルバイトをする場合には、まったく働いてはいけないわけではなく、資格外活動許可を地方入国管理局より取得すれば、学業に支障がない範囲内（週28時間以内、夏休みなどの期間では週40時間以内）で働くことが可能です。

外国人を採用するときは

●資格の範囲内で就労可能な在留資格

教授、芸術、宗教、報道、高度専門職1号・2号、経営・管理、法律・会計業務、医療、研究、教育、技術・人文知識・国際業務、企業内転勤、介護、興業、技能、特定技能1号・2号、技能実習1号・2号・3号、特定活動(他のいずれにも該当しない資格) ※在留資格が特定活動の場合は、パスポートに添付される指定書により就労可能かどうかの判断をします。

　新規採用に応募してきた留学生が優秀なので採用したいという場合もあるでしょうが、在留資格が留学生のままでは雇い入れることができませんので、在留資格変更の手続きが必要になります。

　たとえば、通訳や英会話講師などで採用するのであれば、所轄の入国管理局で、現在の在留資格を技術・人文知識・国際業務の在留資格に変更する手続きを行います。また、転職時にも注意が必要です。転職時には、事前に就労資格証明書を取得しておきましょう。これは、あらかじめ転職先の会社に就職しても大丈夫かどうかの確認書類です。在留資格は、勤務先についても審査されるので、転職後の仕事内容が前職と同じであっても、在留資格更新時に許可が下りない可能性もあるからです。なお、外国人だからといって労働保険や社会保険の適用除外ではありません。労働保険や社会保険は、日本人と同じように採用した会社が加入の手続きを行います。

書式

●資格外活動許可とは
外国人が現に有している在留資格に属さない収入を伴う事業運営活動または報酬を受ける活動を行うための許可のこと。

資格外活動許可書

上陸許可スタンプ　　　在留カード

37

4 外国人労働者の受け入れ拡大

POINT
・新たな在留資格は14分野の指定業種に限られる。
・給料は日本人と同等以上でなければならない。
・受け入れには空港への送り迎えも必要になる。

外国人労働者の受け入れ

　あらゆる業界で人手不足が叫ばれており、居酒屋やコンビニエンスストアでは外国人留学生が主力という店舗も少なくありません。少子高齢化が進む日本では、これからも人手不足は簡単には改善しないと思われます。

　これまでも、外国人が日本で働くことは可能でしたが、高度な知識や技能が求められるなど、働ける業種も限られて、使い勝手の悪い制度でした。

　そこで、政府は人材確保が困難とされる指定業種（特定産業12分野）について、新たな在留資格（特定技能1号、2号）を設け、日本で働く要件を大幅に緩和し、外国人労働者の受け入れを行うこととなりました。なお、この制度は、国外の外国人を呼び寄せるだけではなく、現在日本にいる外国人（留学生など）も試験に合格するなど要件を満たせば、利用できます。

●特定産業分野
　介護（訪問系サービスを除く）、ビルクリーニング、素形材・産業機械製造・電気・電子情報関連産業、建設、造船・舶用工業、自動車整備、航空、宿泊業、農業、漁業、飲食料品製造業、外食業

特定技能1号と2号

　在留資格には特定技能1号、2号がありますが、特定技能1号は日本語基礎テスト又は日本語能力検定4級以上と各分野に応じた技能試験に合格すれば通算5年まで日本で働くことが可能となります。また、外国人技能実習制度の技能実習2号を良好に終了した者は技能試験、日本語試験ともに免除となります。ただし、家族の帯同は基本的には認められていません。

　特定技能2号とは、1号より熟練した技能を有すると試験等で認められたもので、在留期限の上限はなく、家族の帯同も可能であり、さらには、

条件を満たせば永住権も獲得可能です。

　特定技能2号の在留資格は、これまで建設業と造船・船舶工業の2業種のみでしたが、昨年より介護を除き総ての業種が2号への変更が可能となりました。なお、介護分野には、特定技能ではない在留資格として介護があります。

具体的な外国人労働者の受け入れ

　外国人を特定技能の在留資格で雇い入れる場合には、雇い入れる側にも要件があります。それは、外国人の給料が日本人と同等以上であることや、過去5年以内に入国管理法や労働法に違反していないか、1年以内に非自発的離職者や雇主側に責任がある行方不明者を発生させていないか、外国人を支援する体制が整っているか、外国人を支援する計画（1号特定技能外国人支援計画）が適切かといったことです。また、受け入れた後も、所轄の出入国在留管理局などに、3ヵ月ごとに、受け入れている人数、支援計画の実施状況、特定技能外国人及び同一の業務に従事する従業員の報酬の支払い状況などを報告する必要があります。

　なお、この外国人を支援する体制については、出入国在留管理庁長官の登録を受けた登録支援機関に委託することも可能です。

● 1号特定技能外国人支援計画で定めること

①事前ガイダンス、②出入国時の送迎、③住居確保・生活に必要な契約支援（携帯電話やガス水道の契約の補助など）、④生活オリエンテーション（日本のルール、マナー災害時の対応など）、⑤公的手続等への同行支援、⑥日本語学習の機会の提供、⑦相談・苦情への対応、⑧日本人との交流促進（地域のお祭りの案内など）、⑨転職支援（整理解雇の際に転職先を探す手伝いなど）、⑩定期的な面談・行政機関への通報（3か月に1回以上面談し、違法行為があれば通報する）

●特定技能総合支援サイト

　外国人の雇用は、手続きが煩雑すぎるとされていましたが、法務局では、「特定技能総合支援サイト」（https://www.ssw.go.jp/）を立ち上げて、制度の普及を図っています。

5 内定には採用決定と採用予定がある

POINT
・採用決定と採用予定では違いがある。
・採用決定後の採用取消しには厳しい制限がある。
・採用予定者の採用取消しは労働契約の解除にはあたらない。

内定には労働契約が成立するかしないかの違いがある

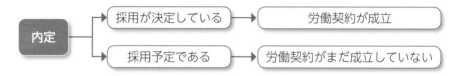

　一般に内定という言葉は新規学卒者を採用する際に使われますが、この内定には「採用が決定している」と「採用予定である」の２つの種類があります。この２つは似ていますが、前者は労働契約が成立しており、後者は労働契約がまだ成立していません。

　労働契約が成立するかしないかでは、法律上の取扱いに大きな違いがあります。

採用決定と採用取消し

　一般的に社員を採用するときには、採用決定と同時に働き始めることはありません。「来週から」とか「来月１日から」と入社日を決めて採用します。学卒者では採用決定から入社日までがさらに長く、採用決定から入社までに数カ月間の期間を要します。

　では、採用決定から入社日までの間に入社させられない事情が生じた場合は、どのようになるのでしょうか。一般に契約は双方の合意により成立しますので、会社が「採用します」と言って、応募者が「よろしくお願いします」と答えた時から労働契約は成立することになります。労働契約が成立すると、会社側から労働契約を破棄する場合は解雇と同じ取扱いとなり、採用取消しを行うには非常に厳しい制限があります。

　なお、学校を卒業できなかった、あらかじめ定めた採用取消し事項に該

当した。その他、明らかに採用には不適格だと分かったといったように、採用決定を取り消す理由が応募者側にある場合には、特に制限なく、会社側から採用を取り消すことができます。

●採用予定と採用予定取消し

このように、採用決定者に対する採用決定の取消しにはさまざまな制限がありますが、双方がまだ合意に至っていない<u>採用予定者の場合には、労働契約が成立していないので</u>、会社側から採用を取り消したとしても労働契約の解除にはあたりません。

しかし、採用予定の取消しも、会社が自由に行えるわけではなく、会社側の解除理由が不当であれば、損害賠償を求められることもあります。

採用を取り消さないまでも、自宅待機など採用の時期を会社側の都合で繰り下げることもあります。4月に入社する予定を7月入社にするなどの<u>繰り下げを行った場合には、会社都合の休業にあたり、休業補償を支給する必要があります。</u>

さらに、やむを得ず採用取消しを行う場合には、応募者が新卒者であれば、学校とハローワークに事前に通知をする必要があります。

内定取消しで企業名が公表されることもある

正当な理由がないままに内定取消しを行うと、企業名が公表されることもあります。次の場合には厚生労働省から企業名が公表されます。

●企業名を公表する場合

> ア 2年度以上連続して内定取消しを行ったとき。
>
> イ 同一年度内において10名以上の者に対して内定取消しを行ったとき（内定取消しの対象となった新規学校卒業者の安定した雇用を確保するための措置を講じ、これらの者の安定した雇用を速やかに確保した場合を除く）。
>
> ウ 事業活動の縮小を余儀なくされているものとは明らかに認められないときに、内定取消しを行ったとき。
>
> エ 次のいずれかの事実が確認されたとき。
> ・内定取消しの対象となった新規学校卒業者に対して、内定取消しを行わざるを得ない理由について十分な説明を行わなかったとき。
> ・内定取消しの対象となった新規学校卒業者の就職先の確保に向けた支援を行わなかったとき。

6 労働者を雇ったら行う雇用保険の手続き

POINT
・労災保険はパート・アルバイトの区別なく加入する。
・期間内であれば、雇用保険の加入手続きに添付書類は不要。
・雇用保険に加入しているかどうかはハローワークで確認できる。

雇用保険の加入手続き

　社員を採用した場合には、労災保険と雇用保険に加入します。労災保険についてはパート・アルバイトの区別なく加入しますが、手続きは必要ありません。雇用保険の場合は、採用された者が雇用保険の対象者であればハローワークで加入手続きを行います。加入手続きは、入社した月の翌月10日までに行わなければなりません。手続きにあたっては、被保険者番号、マイナンバーが必要になります。また、届出期限を過ぎて届出をする場合は、労働者名簿、賃金台帳、出勤簿などが必要となります。

●雇用保険の対象者

①1週間の所定労働時間が週20時間以上の者　※65歳以上の例外がある。
②31日以上の雇用の見込みがある
③学生でない（夜学を除く）

　被保険者番号とは、それぞれの労働者が持つ雇用保険の番号で、転職後もそのまま引き継がれてハローワークにて管理されます。被保険者番号が分からない場合は、履歴書など前職が分かるものをハローワークに提示すれば、調べてもらえます。

　加入手続きが遅れた場合でも、入社日に遡って加入することができますが、6ヵ月以上遅れてしまった場合には、届出が遅れた理由を説明する遅延理由書と入社時及び直近の出勤簿、賃金台帳等が必要となります。

雇用保険に加入すると

　雇用保険の加入手続きが完了すると、雇用保険被保険者資格取得等確認通知書が発行されます。この通知書は、上段が資格喪失届・氏名変更届、中段が事業主通知用、下段が被保険者証と確認通知書（被保険者通知用）

となり、被保険者証・被保険者通知用は労働者に交付し、会社通知用は会社が保存します。多くのパートタイマーが働いている会社では、パートタイマーが雇用保険に加入しているかどうかの管理が大きな負担となります。雇用保険の加入者が不明な場合は、ハローワークで会社の被保険者を確認することができます。

●雇用保険の加入

提出期限	雇用した日の属する月の翌月10日まで
提出先	事業所の所在地を管轄する公共職業安定所（ハローワーク）
確認書類	不要。ただし、期限を過ぎて届出をする場合や初めて被保険者資格取得届を出す場合は、以下の書類が必要⇒　出勤簿（タイムカード）、賃金台帳、労働者名簿、雇用契約書（労働条件通知書）

書式 雇用保険被保険者資格取得届／健康保険被保険者資格取得届

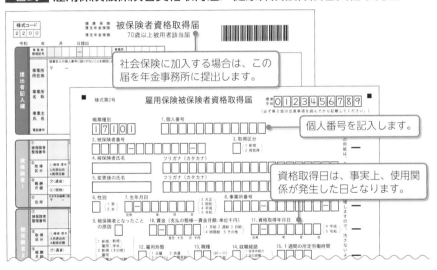

マルチジョブホルダー制度

通常は、一つの事業所で週所定労働時間が20時間以上が雇用保険の加入要件ですが、65歳以上であって二つの事業所の所定労働時間の合計が20時間以上であれば、本人の申し出により雇用保険に加入できる制度です。加入を希望する65歳以上の労働者が自分自身で、公共職業安定所で手続きをする必要があります。

7 労働者を雇ったら行う社会保険の手続き

POINT
・社会保険には社長も加入しなければならない。
・週30(又は20)時間以上働くアルバイトも社会保険に加入する。
・健康保険には、労働者本人だけではなく被扶養者も加入する。

社員採用にともなう社会保険の手続き

社会保険である厚生年金、健康保険、介護保険は、3種類をセットで会社の住所を所轄する年金事務所で加入手続きを行います。試用期間の終了後などではなく、入社日に加入しなければなりません。社会保険に加入するのは、社長や正社員はもちろん、正社員と比べて働く時間が4分の3以上あるアルバイトも対象となります。つまり、労働時間が週40時間の会社では、週30時間(社会保険に加入している人が101人以上の会社は週20時間)以上働くアルバイトも社会保険に加入しなければなりません。

さらに、2024年10月からは同51人以上の会社についても、社会保険の加入対象となる労働時間が週30時間から週20時間に引き下げられる予定です。

なお、これまで被扶養者であった方が社会保険の加入対象者に該当した場合には、自身の社会保険加入が優先されますので、被扶養を抜けて自分の社会保険に加入することになります。

●アルバイトの社会保険加入者の判断基準

社会保険加入者が100人以下の企業

1週間の所定労働時間及び1月の所定労働日数が正社員の4分の3以上のアルバイトは、社会保険に加入 注:労使の合意(労働者の2分の1以上の同意)があれば、101人以上の企業と同じ基準とすることも可。

社会保険加入者が101人以上の企業(2024年10月以降は51人以上)

以下の条件をすべて満たすアルバイトは、社会保険に加入
①1週間の所定労働時間が20時間以上(残業を除く)
②2ヵ月を超える雇用の見込みがある場合
③月の給料が8万8千円以上(賞与、残業代、交通費を除く)
④学生ではない(夜間、定時制の学生は除く)

労働者に家族がいる場合

社会保険に加入する場合には、年金事務所に健康保険・厚生年金保険被保険者資格取得届（P43参照）を提出します。このときに添付する資料はありません。労働者に家族（扶養者）がいる場合には健康保険被扶養者届を、また、20～60歳未満の扶養される配偶者がいる場合には、国民年金第3号被保険者資格取得届を同時に提出します。

健康保険では、労働者本人だけではなく、労働者によって生計を維持されている以下の人々も被扶養者として加入します。

①配偶者、子、孫、兄弟姉妹と父母、祖父母などの直系尊属
②労働者と同居している被保険者の3親等以内の親族

●生計を維持されているとは？

健康保険の被扶養者になるための要件である「生計を維持されている」とは、具体的には次の①及び②を満たす必要があります。

①被扶養者の年収が130万円未満（60歳以上、または障害厚生年金の対象者は、年収180万円未満）
②年収が扶養者の年収の2分の1以下である。

●被扶養者の範囲図（3親等の親族図）

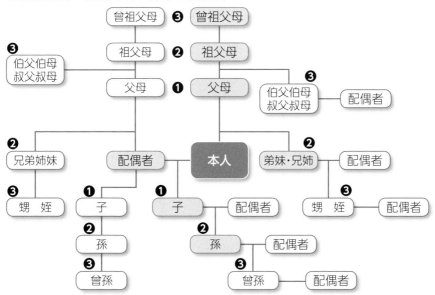

※数字は親等数を示す。 ▢以外の者は同一世帯に属することが条件となる。

8 試用期間の利用

POINT
・正当な理由があれば、試用期間の途中でも解雇できる。
・試用期間中とは教育期間でもある。
・試用期間の長さは法律で決まっていない。

試用期間とは本当の能力や適性を判断する期間

●試用期間のイメージ

試用期間	試用期間	本採用

4/1　　　　　　　　4/14　　　　　　　6/30

|← 解雇予告手当不要 →|

　面接時に応募者を好ましいと判断して入社させてみたけれども、あてが外れたということはよくあります。応募者の本当の能力や適性を面接や試験だけで判断することは難しく、仕事ができるかどうかは実際に働いてみなければ分かりません。

　そこで重要となるのが試用期間です。試用期間とは、実際に働かせてみて適性を判断する期間といえます。適性判断の時期ですから、通常の解雇と比べて制限が緩和されていて、会社に正当な理由があれば、試用の結果、本採用をしないことや、試用期間の途中で解雇することも可能です。

　もちろん、試用期間であるからといっても労働契約は成立していますから、無秩序に不当な解雇ができるわけではありません。

　試用期間中とは本人の適性をみる期間ですが、同時に教育期間でもあります。特殊技術を評価されて入社した技術者ならともかく、新卒採用の社員に対して能力不足を原因に本採用の拒否をすることは認められません。

　なお、試用期間開始後14日以内の解雇の場合には解雇予告手当の支払いも不要となります。

1年も・・・

試用期間1年

試用期間の長さは決まっていない

試用期間の長さは「3ヵ月」という会社が多くみられますが、これは法律で決まっているわけではありません。たとえば、特殊な技能を要する仕事などで「半年は見ないと適性が分からない」といったことであれば、試用期間を6ヵ月としても問題はありませんが、1年を超えると試用期間としては長すぎて無効となる恐れがあります。

また、病気やケガなどで欠勤が続き、本採用とするには不安があるといった場合には、試用期間の延長も可能です。この場合は、あらかじめ就業規則等で規定を作成しておかなければなりません。

多くの会社では3ヵ月経てば自動的に正社員に移行するという制度になっています。試用期間の制度が形骸化しているともいえ、このような場合には、試用期間とは決めていても実態は入社時から正社員になっていると判断されかねません。

これを防ぐには、試用期間だけの労働契約書を取り交わしたり、本採用時には役員面接を行うなどのきちんとした区別を行い、事前に本採用拒否もありえる旨説明するなど、試用期間としての実態を伴うようにしましょう。

●試用期間中に本採用を拒否、解雇が行いやすいケース
①協調性が欠如している　　②欠勤、遅刻が多い
③学歴、経歴を偽って入社した　④能力不足（新卒は不可）
⑤入社時提出書類の未提出
＊ただし試用期間中は教育期間でもあるので、会社が問題を放置し、指導を行っていない場合は解雇できない。

●就業規則の試用期間の規定例
第○条【試用期間】
1　新たに採用した者については、採用の日から3ヵ月間を試用期間とする。ただし、特殊な技能、または経験を有する者については試用期間を短縮し、または設けないことがある。
2　試用期間中または終了後、会社が特に必要と認めた場合には試用期間を延長する場合がある。ただし延長1回の期間は3ヵ月以下とし、延長回数は3回を限度とする。
3　試用期間は勤続年数に通算する。

9 労働条件の明示

POINT
・絶対的明示事項は書面で交付しなければならない。
・労働条件と実態が異なれば、労働者は契約を破棄できる。

労働条件は明示しなければならない

　労働契約とは、労働者と使用者の間で交わす働くことについての契約です。労働契約を結ぶときには、労働基準法第15条により賃金や就業時間などの労働条件を雇入通知書や就業規則などで明示しなければなりません。明示すべき労働条件には、必ず明示しなければならない絶対的明示事項と、該当する項目がある場合に明示する相対的明示事項があります。また、絶対的明示事項に関しては昇給を除き書面で交付することが求められます。

　なお、明示された労働条件と実態が異なる場合には、労働者は即時に契約を破棄できますが、一定の要件下で帰郷旅費の請求も可能です。

●絶対的明示事項
①労働契約期間　　②就業の場所、従事すべき業務
　※将来的に就業場所となりえる場所、業務の範囲も明示する。
③始業及び終業の時刻、所定労働時間を超える労働の有無、休憩時間・休日・休暇、就業時転換に関する事項
④賃金（退職金や臨時の賃金、賞与等を除く）の決定・計算・支払いの方法、賃金の締切・支払いの時期、昇給に関する事項
⑤退職に関する事項（解雇の事由を含む）
⑥契約更新の基準、更新上限の有無と内容（有期労働契約の場合）

●相対的明示事項
①退職手当の定めをする場合は、労働者の範囲、退職手当の決定・計算・支払いの方法及び支払いの時期に関する事項
②臨時の賃金等及び手当の定めをする場合は、これらに関する事項
③労働者に食事、作業用品その他の負担をさせる定めをする場合は、これに関する事項
④安全及び衛生に関する定めをする場合は、これに関する事項
⑤職業訓練に関する定めをする場合は、これに関する事項
⑥災害補償及び業務外の傷病扶助に関する定めをする場合は、これに関

　する事項
　⑦表彰及び制裁の定めをする場合は、種類及び程度に関する事項
　⑧休職に関する事項

有期労働契約の更新と無期転換

　契約期間が1年、2年などの有期労働契約では、契約の締結と更新のタイミングごとに、書面により契約更新の有無、更新上限（通算契約期間又は更新回数の上限）の有無、更新する場合の基準、更新内容等を明示する必要があります。また、更新契約の上限を新たに設ける場合や、現在の上限を短縮する場合にも事前に説明が必要です。

　有期労働契約は、契約を更新して通算5年を超えると労働者が希望すれば無期雇用（契約期間の定めがない契約で、正社員ではない）に転換します。この無期転換を申し込めるタイミングごとに、書面により無期転換が申し込めること、申し込んだ場合(転換後)の労働条件を明示しなければなりません。

　1年契約では、6回目の契約時に5年を超えますが、契約期間3年の場合には3年の有期労働契約が終わり、最初の更新時に計6年の労働契約となるので、3年を超えた時点（初回契約更新時）に無期労働契約への申し込みが可能となります。

パートタイマー、有期労働者の追加事項

　パートタイマー（有期労働者を含む。以下同じ）に対しては、パートタイム・有期雇用労働法により前記の絶対的明示事項と相対的明示事項に加えて昇給や賞与、退職手当の有無についても明示する必要があります。また、パートタイマーの雇用管理の改善について、相談窓口を設置し、その氏名等も明示する必要があります。

●パートタイム・有期雇用労働法《第6条》
　①事業主は、パートタイム労働者を雇い入れたときは、速やかに、「昇給の有無」「退職手当の有無」「賞与の有無」「相談窓口」を文書の交付等により明示しなければならない。→違反の場合は10万円以下の過料
　②事業主は、①の4つの事項以外のものについても、文書の交付等により明示するように努めるものとする。
　※相談窓口の明示（相談担当の氏名、相談担当の役職、相談担当部署）

雇用契約書

年　　月　　日

　　　　　　　　（以下甲）は　　　　　　　　　（以下乙）を以下記載のとおり甲の社員として雇用し、乙は甲の指示に従い誠実に勤務することを約した。

第1条【契約期間】
　　契約期間は2024年04月1日から2025年3月31日とする。

> 原則、3年が上限。

第2条【更新・再更新】
　　前条の期間満了前1ヵ月前までに、甲から契約を更新しない旨の通知がない場合は、本件雇用契約は、同一内容にて1年間自動的に更新されるものとする（再更新についても同様とするが、期間の延長は2029年3月31日を上限とする）。

> 更新上限の有無、更新の上限（更新回数又は通算期間）を記入する。

第3条【就業の場所】
　　雇 用 直 後　甲の本社。
　　変更の範囲　海外及び全国への配置転換あり。

第4条【従事すべき業務の内容】
　　雇 用 直 後　経理事務
　　変更の範囲　会社の定める業務

> 新入社員は変更の範囲を広く、専門職などは変更の範囲を狭くする。

第5条【賃金及び手当】
　　1　賃金は日給月給制とし1月180,000円とする。
　　2　交通費　交通費は1月10,000円とする。

第6条【賃金締切日】
　　賃金は毎月末日に締め切って翌月10日に乙の指定する銀行口座に振り込むものとする。

> 昇給だけでなく降給もある。

第7条【賃金の見直し】
　　1　賃金の見直し（昇給、降給を含む）は毎年11月に、乙の勤務成績、態度、制裁の有無及び甲の経営状態を考えて甲が行う。
　　2　甲は乙の勤務成績などを参考に、臨時に賃金の見直しを行うことができる。

第8条【就業時間、出勤日、休憩及び休日】
　　就業時間　　　　9：00〜18：00
　　休憩時間　　　　12：00〜13：00
　　休　　日　　　　土曜日、日曜日、祝祭日
　　年末年始休暇　　12月28日〜1月5日

> 原則、1日8時間、週40時間労働。

第8条【年次有給休暇】
　　甲は、乙の勤続期間に応じて法で定められた年次有給休暇を付与する。

第9条【解雇】
　　乙が以下の各号のいずれかに該当するときは、契約期間の途中であっても論旨解雇または懲戒解雇に処するものとする。
　（1）正当な理由がなく、欠勤が14日以上に及び、出勤の催促に応じないまたは連絡が取れないとき　この際　行方が知れず懲戒解雇処分の通知が本人に対してできない場合は、家族や届出住所への郵送により懲戒解雇の通知が到達したものとみなす
　（2）正当な理由なく、しばしば遅刻、早退、欠勤を繰り返し、再三の注意を受けても改めないとき
　（3）故意または重大な過失により、会社に重大な損害を与えたとき
　（4）重要な経歴を偽り採用されたとき、および重大な虚偽の届出・申告を行ったとき
　（5）偽装、架空の取引等を行い、甲に損害を与え、または信用を害したとき

（6）その他前各号に準ずる重大な行為があったとき

> 解雇については、就業規則があれば、「詳細は就業規則による」とすることもできます。

第10条【退職】

1　乙が次の各号のひとつに該当するときは退職とする。
　①乙が退職を願い出て会社が承認したとき。
　②乙が死亡したとき。
　③甲が契約を更新しないとき。

2　乙は退職する場合は、少なくとも退職希望日の30日前に文書にて甲に申し出ること。

3　乙が会社に出社せず30日が経過し、甲が乙と10日間連絡が取れないときは、その日を持って退職とする。

第11条【契約更新の基準】

契約の更新は乙の業務量、勤務成績及び甲の経営状態及び業務の都合を勘案して甲が決定する。

第12条【雇用管理の改善等に関する事項に係る相談窓口】

相談部署　〇〇〇〇　相談担当者役職氏名　〇〇〇〇　〇〇〇〇　連絡先　〇〇〇〇

その他　乙は、法令及び、甲の就業規則、諸規定、慣習を良く守り、誠実に職責を全うする。
この契約締結後、就業規則の制定及び改変があったときは、両者ともこれに従うものとする。

　これらの契約が守られ、円滑に業務が行われるように努め、万一、上記以外の事柄で問題が生じた場合は、話し合いにより円満に解決していくよう努めるものとする。

雇用者　（甲）　　　　　　　　　　　　被雇用者(乙)
　　　　　　　　　　　　　　　　　　　住所
　　　　　　　　　　　　　　　　　　　氏名

こんなときには？

Q 　10年前から働いているパートタイマーが雇用保険に加入していないことが分かりました。10年前に遡って加入できるでしょうか？

A 　従来は、雇用保険に遡って加入できるのは2年前まででしたが、平成22年10月からは、それ以前の雇用保険料が給与から天引きされていた期間も遡って加入できるようになりました。

Q 　家族がインフルエンザに罹った社員を休ませたいのですが、給料を支払う必要はありますか？

A 　本人から休業を申し出た場合には、ノーワークノーペイの原則に従い、休業した間の賃金の支払いは不要ですが、会社が命令して休ませる場合には、平均賃金の6割の休業補償が必要です。

Q 　就業場所、業務内容の変更の範囲はどう決めたらよいですか？

A 　新入社員など、これから育成してゆく社員は変更の範囲を広く取るべきですが、専門職など技能を見込んで雇用した者などは絞り込むべきです。変更の範囲が広すぎると、たとえ当初の採用目的の業務への適性がなくても、職種職場の変更を経ないと解雇は難しくなります。

10 労働契約の期間

POINT
- 有期契約とは、期間を区切って働く契約のことである。
- 定めのない雇用期間では、いつでも契約を破棄できる。
- 有期契約であっても、基準もなく契約が長期間続いた場合には、期間の定めのない契約とみなされる。

定めのない契約と有期契約

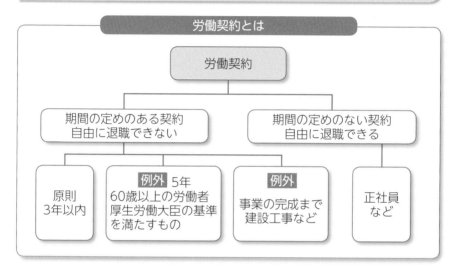

労働契約とは

労働契約

| 期間の定めのある契約
自由に退職できない | 期間の定めのない契約
自由に退職できる |

| 原則
3年以内 | **例外** 5年
60歳以上の労働者
厚生労働大臣の基準
を満たすもの | **例外**
事業の完成まで
建設工事など | 正社員
など |

　通常では、正社員であれば、入社すると解雇や自分から辞職しない限り、定年まで勤務します。この雇用形態を「定めのない契約」といいます。一方、「有期契約」とは、1年、2年と期間を区切って働く契約のことです。

　労働契約も契約ですから、破棄するためには、原則として、双方の合意かやむをえない理由が必要です。たとえば、1年契約で働いている労働者が期間の途中で退職しようとしても、原則として会社側との合意か、労働者側にやむをえない理由がなければ退職することはできません。

　また、契約を破棄された側に損害が生じた場合は、破棄した側は損害賠償を行わなければなりません。なお、定めのない雇用期間の場合は、いつでも契約を破棄することができます。

雇用期間には制限がある

有期労働契約の契約期間中は労働者を拘束することから、あまりにも長い期間の労働契約を禁止しています。そのため、上限は原則3年です。

これには例外があり、厚生労働大臣が認めた専門的知識を有する労働者の場合や、高齢者の雇用の安定のため60歳以上の労働者などは最長期間が5年となっています。また、建設工事のように、一定の事業の完了に必要な期間を定める契約の場合には、期間満了まで契約をすることができます。

有期労働契約といっても、更新時に契約書を作成しなかったり、長期間にわたり自動更新をしてきたなど、有期の契約が形骸化している場合には、期間の定めのない契約とみなされますので注意が必要です。

有期労働契約を3回以上更新、または1年を超えて働いている場合で、次回の期間更新を行わない場合は、期間満了日の30日前までに、更新しない旨の予告をしなければなりません。この場合、更新しない理由の証明書を労働者から請求された場合は、遅滞なく交付しなければなりません。

●厚生労働大臣が認める専門知識を有する労働者とは

①博士の学位取得者

②公認会計士、医師、歯科医師、獣医師、弁護士、一級建築士、税理士、薬剤師、社会保険労務士、不動産鑑定士、技術士、弁理士のいずれか

③システムアナリスト試験またはアクチュアリー試験の合格者

④特許法に規定する特許発明の発明者、意匠法に規定する登録意匠を創作した者、または種苗法に規定する登録品種育成者

⑤大学卒で実務経験5年以上、短大・高専卒で実務経験6年以上、または高卒で実務経験7年以上の農林水産業の技術者、鉱工業の技術者、機械・電気技術者、土木・建築技術者、システムエンジニアまたはデザイナーで、年収1,075万円以上の者　など

こんなときには？

Q システムエンジニアとして5年間の有期雇用契約で働いています。現在、年俸の引き下げを打診され、退職を検討しています。有期雇用契約での年俸の引き下げは、雇用契約上、やむを得ない理由となるのでしょうか？

A 年俸の引き下げは、労働条件の重大な不利益変更となるため会社単独の意思ではできず、社員の同意を得る必要があります。年俸の引き下げに同意できず退社しても、それはやむを得ない理由となります。

11 採用時に必要な書類

POINT
・誓約書を盾にとって解雇することはできない。
・身元保証人は会社の損害をすべて賠償するわけではない。

採用時に必要な書類

労働者を働かせる上で必要となる書類は、あらかじめ採用時にきちんと確認しておくことが大切です。

採用の際に必要な書類には、履歴書、前職があれば雇用保険被保険者証など、雇用保険、社会保険に加入するために必要な書類のほか、あるといいのは、入社誓約書、身元保証書、通勤経路図、給与振込同意書などがあります。

●入社時に必要な書類等一覧

☐ 履歴書
☐ 誓約書
☐ 身元保証書
☐ 雇用保険被保険者証（前職がある人）
☐ 源泉徴収票（前職がある人）
☐ 給与振込同意書
☐ 通勤経路図
☐ 緊急連絡先
☐ 各種資格証の写し
☐ 住民票（本籍地を除く）
☐ マイナンバー（本人及び被扶養者分）
☐ 年金番号（60歳未満の配偶者を扶養する場合は配偶者の年金番号）
※年金手帳は、2022年4月以降の新規加入者に対する発行は廃止され、代わりに、基礎年金番号通知書が発行されています。

●誓約書

誓約書とは、入社にあたって、これから頑張って働くという気構えを持ってもらうための書類といえます。入社時に働く決意を深めてもらうことが重要なのであって、この誓約書を盾にとって解雇することはできません。たとえば「会社に迷惑をかけた場合は金30万円を支払う」などの、損害額をあらかじめ規定するような誓約書を作ることもできません。

●身元保証書

　身元保証書の提出を義務付けている法人は多い反面、きちんと整備していない場合も多くみられます。身元保証書とは、間違いない人物であることの証明であり、万一、会社に損害を与えた場合には、その損害を本人に代わって賠償することを約束する書類です。

　しかし、現実には身元保証人へ賠償を求めることは困難といえます。労働者の監督責任はあくまで会社側にあり、会社の指導、管理体制に不備はなかったかが、まず問われるからです。さらに、会社には、問題が発生する恐れが判明した時点で、身元保証人に遅滞なく通知する義務もあり、身元保証書作成時にも予め賠償額の限度額を明記する必要もあるからです。

●運転記録証明書

　運転が必須の業務で社員を採用する際には、「運転記録証明書」を提出してもらいましょう。この証明書では、過去の事故の記録が分かるだけでなく、運転手としての適性を判断する材料にもなります。

　この証明書は、交番や警察署で申請書をもらって郵便局で申し込むか、自動車安全運転センターの窓口で申し込むことになります。

書式

行政処分を受けた履歴が記載されています。

●労働者名簿

　労働者を雇い入れた場合は、労働者名簿を作成します。この書類には、氏名、性別、住所（本籍地を除く）、従事する業務の種類（30人未満の労働者を使用する事業は不要）、雇入の年月日を記入します。また、退職または死亡後も、退職の年月日及びその事由（解雇の場合は、その理由）、死亡の年月日及びその原因を記載して5年間（当面は3年間）保存します。

●マイナンバー

　マイナンバーとは、日本に住民票がある者すべてに発行される12桁の個人番号のことです。法人に対しては事業所番号が発行されます。

　マイナンバーには個人情報が集約されており、その取扱いや管理は厳格でなければなりません。会社には高度なセキュリティ対策が求められます。

12 雇入れ時の安全衛生教育

POINT
・新入社員や職種転換には安全衛生教育が必要
・教育は自社で行っても外部委託でも良い。
・危険・有害な業務には特別の安全教育が必要

安全衛生教育は義務である

　会社が、社員（パート・アルバイトを含む）を雇い入れた時や作業内容を変更したときには、新人や業務になれない社員がケガなどをしないように、労働安全衛生法により安全や衛生についての教育（安全衛生教育）が義務付けられています。

●**雇入れや職種転換時に教育しなければいけない項目**

①機械等、原材料等の危険性又は有害性及びこれらの取扱い方法に関すること。

②安全装置、有害物抑制装置又は保護具の性能及びこれらの取扱い方法に関すること。

③作業手順に関すること。

④作業開始時の点検に関すること。

⑤当該業務に関して発生するおそれのある疾病の原因及び予防に関すること。

⑥整理、整頓及び清潔の保持に関すること。

⑦事故時等における応急措置及び退避に関すること。

⑧前各号に掲げるものの他、当該業務に関する安全又は衛生のために必要な事項。

　この教育は職種を問わないので、小売業などの、一見して危険と思われない職場であっても実施しなければならず、事務職であっても、腰痛防止や転倒防止、地震・火災などの際の避難方法、整理整頓など、教育しなければならないことがあります。

　安全衛生教育の詳細については、厚生労働省の運営する「職場の安全サイト」https://anzeninfo.mhlw.go.jpが参考になります。

　なお、安全衛生教育には、雇入れ時の教育の他にも、危険又は有害な業務で一定のものに対しては特別教育が、建設業や製造業などでは、新たに職長になった者に対しての職長教育などがあります。

PART

3

賃　金

1 賃金とは

POINT
- 無償で提供する弁当や定期券は実物支給の賃金である。
- 安価な弁当は賃金となる場合がある。
- 賃金の記録は、退職後５年間(当面は３年間)は保存義務がある。

通勤定期券は賃金である

会社が社員に対して支払った金品
- 賃金 → 割増賃金の計算に入れる（労働の対価）
- 福利厚生 → 割増賃金の計算に入れない（労働の対価ではない）

　会社が社員に対して金品を支払うときに、それが賃金なのか福利厚生なのかでは大きな違いがあります。賃金であれば会社には労働基準法により支払いの義務が生まれます。また、同じ賃金でも割増賃金の計算に入れる賃金と、入れない賃金があります。

　労働基準法上の賃金とは、会社が労働者に支払う労働の対価としての報酬のことであり、基本給、手当、賞与などの名前は関わりがありません。

　賃金は、通貨で支払うことが義務付けられていますが、実物支給の賃金もあります。会社が無償で提供する弁当や交通費の代わりに支給する定期券などです。また、慶弔見舞金などのように賃金かそうでないかあいまいなものもあります。このようなあいまいなものについては、それが労働の対価であるのか、恩恵的な福利厚生であるのか、会社に支払い義務があるのかどうかで判断します。

●賃金とは
　①会社が労働者に支払うもの
　②労働の対価であるもの
　③基本給、手当、賞与など名称を問わない

結婚祝い金は賃金にはあたらない

　弔慰金や結婚祝い金などの慶弔見舞金など恩恵的なものは福利厚生ですから、原則として賃金には該当しませんが、就業規則などで支払いが確定していれば、賃金に該当します。<u>弁当など食事の無償提供も、本来は賃金ではありませんが、就業規則などで規定されていれば賃金に該当します</u>。

　無償ではなくても賃金となることがあります。たとえば、本来500円の弁当を100円で提供するなど、対価を徴収しても、<u>その金額が本来の金額の3分の1以下であった場合は、本来の金額から徴収額を引いた金額が賃金となります</u>。この場合、差額の400円が賃金となります。

　労働基準法には、会社は賃金台帳を作成し、労働者の賃金について記録をすることが定められています。この記録は、**賃金支払いの日から5年間（当面は3年間）**保存しておく義務があります。記入する項目は、氏名、性別、賃金計算期間、労働日数、労働時間数、時間外・休日・深夜労働時間数、賃金の内訳、控除内訳です。

● **賃金であるかないかの具体例**

賃金であるもの	賃金でないもの
給与、手当、賞与などの労働の対価	労働の対価でない福利厚生
就業規則等上の支払規定があるもの（**通勤定期券、無償の食事**など）	就業規則等上の定めのない恩恵的なもの（**慶弔見舞金**や**結婚祝い金**など）
雇用保険、社会保険、税金の労働者負担分を会社で負担するもの	実費の支給（**出張旅費、制服**など）

● **賃金の禁止事項**

①国籍、信条、社会的身分を理由に、賃金その他の労働条件を差別してはならない。

②女性であることを理由に、賃金について男性と差別をしてはならない。

③労働組合に加入していることをもって差別してはならない。

こんなときには？

Q 　労働保険料も社会保険料も全額を会社が支払っていますが、これは賃金でしょうか？

A 　会社が負担している労働保険、社会保険の労働者負担分は、賃金に該当します。所得税を会社が代わりに支払っている場合も賃金に該当します。

2 賃金支払いの5原則

POINT
・賃金は現金で直接、全額を、一括で支払う。
・銀行振り込みをするには協定を結ばなければならない。

労使間の同意があれば例外扱いもできる

●賃金支払いの5原則は絶対厳守が基本

労使間の
話し合いを
行う
→
合意する
→
賃金控除
協定を
交わす
→
就業規則
に規定を
加える

　賃金の支払いには労働基準法により定められた5つの原則があります。

1　通貨払いの原則

　賃金は現金で支払わなければならず、小切手やポイントで支払うことはできません。例外として、労働者の同意により振り込みが可能ですが、「会社のメインバンクだから」などと会社が振込先を指定することはできず、労働者の希望する口座に振り込まなければなりません。また、労働者の同意を前提として一定の制限はありますが、厚生労働大臣が指定した資金移動業者（○○PAYなど）を利用して賃金を支払うことも可能です。

2　直接払いの原則

　賃金は直接労働者に支払います。<u>たとえ労働者が同意していても、本人以外に支払うことはできません</u>。親や妻であっても同様です。これは、親や配偶者または第3者による中間搾取を禁じたものです。本人の同意によって借金の貸主が賃金を受け取りに来ても支払ってはいけません。ただし、裁判所や税務署による差押えの場合は、例外となります。

3　全額払いの原則

　<u>働いた分の給与はその全額</u>を支払わなければなりません。これは、労働者の足留めをすることを禁じるものです。ただし、税金や社会保険料などを控除して支払うことは例外として認められています。また、労使協定があれば、社内預金などの控除が可能となります。なお、遅刻や欠勤などの分を給与から差し引くことは、違反にはなりません。

4　毎月1回以上支払う毎月払いの原則

　給与は少なくとも毎月1回は支払わなければなりません。ですから、たとえ年俸制といえども年1回の支給はできず、最低でも12回に分けて毎月支払う必要があります。なお、賞与や臨時支払いの賃金は例外として扱われます。

5　毎月、支払い日を決めて支払う同一支払い日の原則

　給与は毎月決められた日に支払われなければなりません。毎月末日の指定は有効ですが、たとえば「毎月第2金曜日」という指定は、月によりその日付が大きく変わりますので無効となります。なお、給与支払日が休日のために繰り上げて支払うことは違反とはなりません。

賃金支払いの5原則

原　則		例　外
賃金は通貨で支払わなければならない（現物支給はできない）。	通貨払い	労働者の同意を得れば労働者の指定する口座に振り込むことができる。
労働者に直接賃金を支払わなければならない（本人以外には払えない）。	直接払い	差し押さえの場合には本人以外に支払いができる。
賃金はその全額を支払わなければならない（分割払いはできない）。	全額払い	社会保険料や税金は労働者の同意を得れば天引きもできる。
毎月1回（以上）支払わなければならない（隔月払いはできない）。	毎月払い	ボーナスや臨時支払いの賃金は不定期払いができる。
毎月同じ日に支払わなければならない（不定期払いはできない）。	同一支払い日	支払日が金融機関の休日にあたるため、繰り上げて支払う。

こんなときには？

Q　社員の給料を銀行振り込みにしているのですが、当社のメインバンクに支払先を統一できないでしょうか。

A　全員の同意が得られるなら可能です。賃金を銀行振り込みで支払う場合には、本人の同意を得ること、本人名義の口座に振り込むこと、賃金支払い日の午前10時までに払い出しが可能であることの3点が必要です。しかし、これはあくまでも同意のあることが前提です。強制的に会社の指定口座に振り込むことはできません。

3 賃金の非常時払いと前払い

POINT
・労働者の非常時には、すでに働いた分の賃金は支払わなければならない。
・前払いをした給与の返済であっても給与からの天引きはできない。

賃金の非常時払いは法律で定められている

●非常時払いの請求		●支払う賃金
①出産し、疾病にかかり、または災害をうけた。 ②生計を維持する者が結婚し、または死亡した。 ③やむを得ない事由により1週間以上にわたって帰郷する場合。	**請求** →	①すでに働いた分の賃金。 ②賞与算定期間が終了し、金額が確定している賃金。

労働基準法では労働者が出産、疾病、災害、その他、厚生労働大臣の定める非常の場合に賃金を請求した場合には、支払期日前であっても、既往の労働（すでに働いた分）に対する賃金を支払わなければならないとしています。疾病や災害は会社とは関係のない私傷病であっても支払わなければなりません。

この非常時払いは、労働者本人だけに限らず、労働者の収入で生活をしている家族にもあてはまります。たとえば、労働者が結婚する場合はもちろん、その扶養する娘が結婚する場合であっても該当します。なお、支給しなければならない賃金は既往の賃金（すでに働いた分の賃金）ですから、まだ働いていない分の賃金まで前払いで支払う必要はありません。

なお、この賃金の非常時払いは、賞与についても適用され、賞与算定期間が終了し、金額が確定していれば支払わなければなりません。

賃金の非常時払いによっても労働者の必要とする金額を満たさず、さらに賃金の前払いを申し込まれても、会社には応じる義務はありません。もちろん、会社には支払いの義務がないだけなので、恩恵的に前払いに応じることは可能です。

≡ 賃金からの天引きと前借金の返済方法

　会社から借金をしている場合は、これから支給される月々の給与から天引きして返済にあてる方法がふさわしいと思えますが、これは賃金の全額払いの原則に違反して禁止されています。いったん給与を全額支給してから、あらためて借金を納めてもらう方法が正しい返済方法です。

　しかし、給与から借金を天引きすることは返済方法として利にかなっているといえます。裁判例では「労働者が自由な意思に基づいて相殺に同意したという合理的で客観的な理由」があれば、相殺は可能とされています。ただし、この「合理的で客観的な理由」は厳しく判断されますので、安易に給与からの天引きはできません。

　会社としては、貸付をする際には、賃金控除の協定書以外にも、きちんと金銭賃貸借の書面を作成するなど、相殺についての個別同意の合意文書を作成しておくことが重要です。

●厚生労働大臣の定める非常の場合とは

①労働者の収入によって生計を維持する者が、出産、疾病または災害に遭遇した場合

②労働者またはその収入によって生計を維持する者が結婚し、または死亡した場合

③労働者またはその収入によって生計を維持する者がやむを得ない事由により、1週間以上にわたって帰郷する場合

●前借金と相殺

原　則	賃金は全額を支払わなければならない。
前借金	原則として賃金との相殺は禁止（身分的拘束を伴わないものは可）。
例　外	労働者が自由な意思に基づいて合意しており、その理由が合理的かつ客観的に明らかな場合（非常に厳密に解釈される）は認められる。

こんなときには？

Q 退社した社員が会社に借金を残していますが、社員からは借金を返してもらえそうにありません。退職金との相殺はできるのでしょうか？賃金控除の協定書は作成していません。

A 労働基準法の定めでは借金と退職金との相殺はできません。いったんは退職金を支払うしかなく、借金は、訴訟などの手段で取り返すしかありません。

4 出来高払いと保障給

POINT
- 出来高払い制度にはマイナス面もある。
- 出来高払い制度（歩合給）でも割増賃金は発生する。

出来高払い制度と完全歩合給制は合理的?

出来高払い制度 ─┬─ 月々の給与に反映させる方法
　　　　　　　　 └─ 賞与などに反映させる方法

　仕事の成果の分だけ給与を支払うという出来高払いの賃金制度は、労使共に納得性の高いものといえます。

　営業職などでよく見られる歩合給制度も出来高払い制度の1つです。会社としては働いてくれた社員には多くの給与を支払い、そうでない者には給与を少なく支払うという合理性があり、社員からも、自分の努力が給与にダイレクトに反映されるので納得性の高い制度です。営業職は完全歩合給制が合理的であるとして導入を検討している会社が多いと思われます。

　賃金制度に出来高払いを導入する方法には、大きく2つの方法があります。それは、月々の給与に反映させる方法と、賞与などに反映させる方法です。自分の努力が毎月の給与にすぐに反映されれば、モチベーションの向上には役立ちますが、一方では目先のことにとらわれて、長期的な観点からの仕事をおろそかにしがちというマイナス面もあります。

出来高払い制度に向いていない職種もある

　出来高払い制度によって機能する仕事と機能しない仕事があります。この制度を導入する前提としては、たとえば営業職のように対象となる仕事の成果が数字としてはっきり分かることが大切です。事務職のように成果が見えにくい部署には、この出来高払い制度は向かないといえます。

　出来高払い制度に向いているとはいっても、たとえば営業職の給与を完全歩合給にすることは不可能といえます。それは、労働基準法では賃金は労働の対価であり、たとえ売り上げが上がらなくても、その分の労働時間

に対する対価は支払わなければならないからです。

　ただし、最低保証を付けるなどによって、目に見える仕事の成果が上がらなくても、ある程度の給与を保障するような制度であれば、賃金のすべてが歩合給制であっても違法ではありません。とはいっても、あまりに変動の激しい歩合給制の導入は弊害をもたらします。

　最低保証の額についての明確な決まりはありませんが、労働基準監督署の指導では、固定的賃金と併せて通常の賃金の6割以上を保証するようにとされています。

歩合給制でも割増賃金は支払わなければならない

　歩合給は仕事の成果に対して支払うものだからといっても、歩合給を払っていれば割増賃金は不要というわけではありません。歩合給であっても、法定労働時間を超えて労働した場合には割増賃金の支払いは必要です。

　この場合の割増賃金の計算の基礎となる賃金は、歩合給の額を総労働時間で割った額となります。

出来高払いの割増賃金の計算式

| 歩合給 | ÷ | 総労働時間 | = | 割増賃金の時間単価 |

| 割増賃金の時間単価 | ×0.25× | 残業時間 | = | 割増賃金額 |

計算例

●1月の歩合給が月額27万円、月所定労働時間172時間、残業8時間の場合
①**割増賃金の時間単価の計算**
　270,000円÷(172時間＋8時間)＝1,500円
②**割増賃金額の計算**
　1,500×0.25×8時間＝3,000円
※給与総額は273,000円となり、残業代は3,000円となります。

こんなときには？

Q　トラックドライバーをしています。有給休暇を取りたいのですが、基本給は支給されますが、歩合給はありません。これは当然なのでしょうか？

A　有給休暇を取得したから不利になることはありません。この場合は、基本給にプラスして、1日の平均的な歩合給を計算して、その額を支給することになります。

5 最低賃金

POINT
・最低賃金には地域別と産業別（特定）の2種類がある。
・最低賃金額以上の賃金を労働者に支払わなければならない。
・最低賃金に満たない分は支払わなければならない。
・残業手当や通勤手当は最低賃金には含まれない。

最低賃金には地域別と産業別の2種類がある

　賃金は最低額の基準が最低賃金として法律に定められています。

　この最低賃金には、都道府県ごとに定めた地域別最低賃金と、産業ごとに定めた特定最低賃金の2種類があります。

　会社は最低賃金額以上の賃金を労働者に支払わなければなりません。最低賃金に満たない給与を支払っていた場合には、不足分は無効となり、最低賃金と同じ金額を支払わなければなりません。賃金を決めるときには、会社の地域と業種に当てはまる最低賃金を確認しておきましょう。

●最低賃金には2種類ある

```
              最　低　賃　金
        ┌──────────┴──────────┐
   地域別最低賃金              特定最低賃金
  各都道府県ごとの         各都道府県が特定の産業を
  最低基準                 指定する最低基準
```

※地域別最低賃金と特定最低賃金が同時に適用される会社では、金額の高い方が基準となる。

最低賃金以下の賃金もある

　最低賃金の対象者は、正社員、アルバイト、嘱託の区別なく、すべての労働者に適用されることが原則ですが、障害者など一部の労働者については都道府県労働局長の許可を得ることで最低賃金額以下の賃金で雇い入れることができます。

●**最低賃金の対象外になる者**

いずれも都道府県労働局長の許可を得ることが必要となる。

①精神または障害により著しく労働能力が低い者

②試用期間中の者

③厚生労働省が定めた職業訓練を受けている者

④軽易な業務に従事する者

⑤断続的労働に従事する者

最低賃金の対象となる賃金の範囲は、毎月の労働に応じて支払う基本的な賃金ですが、**通勤手当や家族手当**などは、最低賃金には含まれません。

●**最低賃金の対象とならない賃金**

①臨時に支払う賃金（結婚手当てなど）

②1ヵ月を超える期間ごとに支払われる賃金（賞与など）

③残業手当

④精皆勤手当、通勤手当及び家族手当など

最低賃金は都道府県別に決まっている

1時間当たりの都道府県別令和5年度（令和6年4月現在）の地域別最低賃金は次の通りです。最低賃金は、毎年10月頃に見直されます。

都道府県	最低賃金時間額 (円)	都道府県	最低賃金時間額 (円)	都道府県	最低賃金時間額 (円)
北海道	960	石　川	933	岡　山	932
青　森	898	福　井	931	広　島	970
岩　手	893	山　梨	938	山　口	928
宮　城	923	長　野	948	徳　島	896
秋　田	897	岐　阜	950	香　川	918
山　形	900	静　岡	984	愛　媛	897
福　島	900	愛　知	1027	高　知	897
茨　城	953	三　重	973	福　岡	941
栃　木	954	滋　賀	967	佐　賀	900
群　馬	935	京　都	1008	長　崎	898
埼　玉	1028	大　阪	1064	熊　本	898
千　葉	1026	兵　庫	1001	大　分	899
東　京	1113	奈　良	936	宮　崎	897
神奈川	1112	和歌山	929	鹿児島	897
新　潟	931	鳥　取	900	沖　縄	896
富　山	948	島　根	904	全国平均	1004

6 休業手当

POINT
・休業手当は平均賃金の６割の額となる。
・交通機関のストライキには休業手当は不要である。

会社都合の休業には、休業手当の支給が必要

労働基準法では、会社の都合で社員を休業させる場合には、休業手当として平均賃金の６割を支払う義務があります。これは、丸１日の休業だけでなく、早上がりや午後からの退勤を命じるといった場合も同様です。休業が会社の責任かどうかは厳格に判断されます。会社に責任がないといえるのは、休業の理由が会社の関与できない外部の要因であり、会社として経営上、最大限の注意をしてもなお避けられない、いわば、不可抗力であるものに限ります。

たとえば、地震や交通機関の大規模なストライキ、労働争議などについては、会社には責任がありませんが、機械の故障や、営業停止処分、来客の減少による休業は、経営上の注意が足りなかったと考えられますので、会社の責任となり休業手当の支給が必要です。資材や原材料不足による休業については、一般的には必要な資材や原材料を確保しておくことは会社の責務であり、不可抗力とはいえませんが、国による突然の輸入禁止が長期にわたるなど、その理由が会社外であり、会社として対策の打ちようのないものについては、例外として休業手当の支給は不要となります。

なお、パート、アルバイトに対して、「今日は暇なので２時間早く上がってください」といったような場合が散見されますが、集客が少ないのは会社の経営責任であり、この場合は休業手当の支給が必要となります。

民法よりも労働基準法の基準が優先する

労働基準法では休業補償について平均賃金の６割を補償すれば足りるとしています。ところが民法では、会社の責任による休業の場合には100％の補償をしなければならないとされています。労働基準法は民法の特別法ですから、民法よりも労働基準法が優先します。

そうすると、労働者が本来100%の補償を
もらえたものが60%しかもらえなくなってし
まいます。労働条件の最低基準である労働基
準法の基準が一般法である民法の基準より低
いのは、労働基準法の場合には、絶対的に支
払わなければならないのに対して、民法では、
双方が合意すれば、休業補償の減額や不支給も可能だからです。

労基法
6割

民法
10割

また、休業の理由についても、労働基準法は広く会社の責任を認めて
いるのに対して、民法の場合は、その範囲が狭くなっています。営業停止処
分を受けて営業ができないなど、休業の責任の多くが会社にある場合には、
労働者は民法に基づいて100%の休業補償を会社に求めることができます。

● 民法と労働基準法の休業補償の違い

対象となる休業の範囲

労働基準法の休業手当
平均賃金の60%補償

・労働基準法では休業補償について平
均賃金の6割を補償すれば足りるとし
ている。
・民法よりも労働基準法が優先する。

民法上の休業手当
平均賃金の100%補償

・会社の責任による休業の場合は
100%の補償をしなければならない。
・民法では、双方が合意すれば休業補
償は支払わなくてもよい。

● 遅出、早帰りの場合の休業手当

労働基準法が義務づけている平均賃金の6割とは、1日のトータルの給
与です。そのため、遅出や早帰りなどの場合は、その日の賃金が平均賃金
の6割に達していれば支給は不要で、達していない場合には、差額を支給
することになります。

計算例

● 1日8時間労働で日当8,000円の人が4時間で帰された場合

日当8,000円×60％＝補償額4,800円

既払額時給1,000円×4時間＝4,000円

補償額4,800円－既払額4,000円＝差引支給額800円

※日当と平均賃金が等しい場合

7 平均賃金

POINT
・出来高払い制の給与には最低保障がある。
・育児、介護休業期間は平均賃金の算定から除外する。
・平均賃金は、過去3ヵ月間の給与をもとに計算する。

休業手当や年次有給休暇の算出には平均賃金を用いる

　労働基準法の平均賃金は、解雇予告手当、休業手当、年次有給休暇、災害補償、減給の制裁などの計算に使います。計算は、算定理由の発生した日以前の過去3ヵ月間に支払った給与総額を、その期間の総日数で割って算出します。日給月給制などで給与締切日がある場合は、直前の締切日以前3ヵ月間に支払った給与と、その期間の総日数で計算します。

　ただし、この計算方法では、パート、アルバイトなどの働く日数や時間の少ない労働者では、正社員に比べて平均賃金が低くなってしまいます。

　そこで、こうした日給制、時給制または出来高払い制の給与には最低保障があります。この場合は、過去3ヵ月間に支払った給与をその期間中に労働した日数で割った金額の6割が補償されます。

平均賃金の算定には除外する期間と賃金がある

　平均賃金の算定では、次の期間中の期間及び賃金は計算から除外します。

●平均賃金の算定から除外する期間
　　①業務上負傷し、または疾病のため休業した期間
　　②産前産後の休業期間　　③使用者の責任で休業した期間
　　④育児休業法、介護休業法による育児、介護休業期間　　⑤試用期間

●平均賃金の算定から除外する賃金
　　①臨時に支払われた賃金
　　②賞与など3ヵ月を超える期間ごとに支払う賃金
　　③法令又は労働協約の定めに基づかないで支給される現物給与
　　　※労働協約の無い現物支給の給与は違法であることに注意（通貨払いの原則）

■ 最低保証額はいくらになるか

平均賃金の計算式

＊賃金締切日がある場合は、直前の賃金締切日を基準に計算

●月給制の場合

$$平均賃金＝\frac{3ヵ月間に支払った賃金総額}{3ヵ月間の暦月}$$

●日給、時給、出来高払いの場合（最低保障の計算）

$$平均賃金＝\frac{3ヵ月間に支払った賃金総額}{3ヵ月間の労働日数}×60\%$$

計算例

● 4月給与30万円、5月給与30万円、6月給与30万円の場合

$$\frac{30万円＋30万円＋30万円}{30日＋31日＋30日}＝9,890.10円 （平均賃金）$$

●出来高払いの場合の最低保障の例

	4月	5月	6月
給 与	10万円	9万円	12万円
労働日	10日	9日	12日

①原則計算

$$\frac{10万円＋9万円＋12万円}{30日＋31日＋30日}＝3,406.59円 （原則計算による平均賃金）$$

②最低保障の計算

$$\frac{10万円＋9万円＋12万円}{10日＋9日＋12日}×60\%＝6,000円 （最低保障の平均賃金）$$

①原則計算による平均賃金＝3,406.59円＜②最低保障の平均賃金＝6,000円
よって平均賃金は6,000円となる。

こんなときには？

Q 入社後1ヵ月しか経っていない者の平均賃金はどうやって求めるのですか？

A 雇い入れ後3ヵ月に満たない者については、雇い入れ後に支払った給与と
期間をもとに計算します。

8 割増賃金

POINT
・1日8時間、週40時間を超えると時間外労働になる。
・週休2日のうち1日は法定休日にあたらない。

週40時間を超えて働かせてはならない

割増賃金の支払いが必要になる労働には次のようなものがあります。

●時間外労働

労働基準法には労働時間の上限は、原則1日8時間、週40時間までと規定されています。この時間を超えて労働者を働かせる場合には三六協定（さぶろく協定）を締結するとともに、通常の賃金の25％以上の割増賃金を支払う必要があります。月間に60時間を超える時間外労働については通常の賃金の50％以上の割増賃金の支払いが必要となります。残業を行っても、1日8時間、週40時間以内に収まれば、割増賃金の支払いは必要なく、通常の賃金を支払えば足ります。

●休日労働

労働者を法定休日に働かせた場合は、休日労働に関する割増賃金を支払わなければなりません。その額は、通常の賃金の35％増しとなっています。

この35％増しになる休日労働とは、法律で定められている1週1日、4週4日の休日のことをいいます。たとえば土日休日の会社で土曜日に出勤させて日曜日に休んだ場合、35％の割増賃金を支払う必要はありません。

ただし、週40時間を超えた場合には時間外割増賃金として25％増しの割増賃金の支払いが必要になります。

●深夜労働

深夜10時から翌朝5時までの間に働かせた場合も、通常の賃金の25％増しの割増賃金を支払う必要があります。

●割増賃金の複合

時間外割増賃金と休日労働は複合しませんが、時間外割増賃金と深夜割

増賃金、休日労働と深夜割増賃金は複合します。

●代替休暇

　月間60時間を超える時間外労働について、労使協定により60時間を超えた部分の割増賃金を休暇に代替することで、割増率を50％から25％に下げることができます。

例　92時間の残業があった場合
　　（残業時間92時間－60時間）×（50％－25％）＝8時間
　　8時間の代替休暇（代替休暇は1日単位か半日単位の取得に限る）

●労使協定で定める事項

　　①代替休暇の時間数の具体的な算定方法（上記参照）
　　②代替休暇の単位（1日か半日か）
　　③代替休暇を与えることができる期間（60時間を超えた月から2ヵ月以内）
　　④代替休暇の取得日の決定方法、割増賃金の支払日（休暇もしくは割増賃金のどちらを選ぶかの確定）

※代替休暇を取得するかしないかは労働者の意思によりますので、会社が代替休暇を強制することはできません。

時間外割増賃金	1日8時間週40時間以内	割り増し　0％
時間外割増賃金	1日8時間週40時間超	割り増し25％
時間外割増賃金	月60時間を超える時間外労働	割り増し50％
休日労働割増賃金	1週1日、4週4日を満たさない	割り増し35％
深夜労働割増賃金	深夜10時～朝5時	割り増し25％

時間外労働＋深夜労働 50％	休日労働＋深夜労働 60％	休日労働＋時間外労働 35％
時間外割増25％	休日割増35％	休日労働のみ35％
深夜割増25％	深夜割増25％	＊複合はしない

9 割増賃金の計算方法と固定残業

POINT
・割増賃金の計算は、まず手当を含めた時給を求める。
・手当によって計算に入れるものと入れないものがある。
・固定残業制度は残業代の固定化が目的。

割増賃金の計算方法

　割増賃金の計算は、手当を含めた時給を求めるところから始めます。給与が時給制だけであれば、その時給の金額がそのまま割増賃金の単価となります。日給の場合は、その金額を1日の所定労働時間で割ったもの、月給の場合は、その月の所定労働時間数で割ったものが割増賃金の単価になります。

　なお、日、週、月によって所定労働時間が変わる場合は、それぞれ1週間、4週間、1年間の平均所定労働時間で割ったものが割増賃金の単価になります。たとえば、月給制の場合には、所定労働時間が、月により19日とか21日などと変わりますので、月給を1年間の平均所定労働時間で割ったものが割増賃金の単価となります。

名目のみの手当は計算から除外できない

　割増賃金の計算では、手当によって計算に入れるものと入れないものがあります。

　この計算に入れない手当の代表的なものとしては、①家族手当、②通勤手当、③別居手当、④子女教育手当、⑤臨時に支払われた賃金、⑥1カ月を超える期間ごとに支払われる賃金、⑦住宅手当などがあります。

　これらの除外できる賃金は実質で判断されますので、住宅手当の名目であっても、持家社員にも貸家住まいの社員にも全員に支給される住宅手当のように、名目のみで実質の伴わない手当は除外することはできません。

固定残業制度について

　残業代などの割増賃金を、あらかじめ定額で支給する制度として、固定残業制度があります。しかし、制度への理解不足からトラブルが発生し、裁判で固定残業制度を否認されるケースが多くなっています。

　そもそも、固定残業制度とは、定額の割増賃金をあらかじめ支給しておくことにより、残業代を固定化することを目的とするものです。

　固定残業制度は裁判などで否認されますと、残業代を1円も支払っていないとされかねず、多大な損害を会社にもたらしますので、制度導入は慎重に検討する必要があります。固定残業制度が有効であるには、①労働者に説明を尽くし充分に理解させること、②対価として適正な金額であること、③固定残業の対価と他の賃金を明確に分けること、この3点が必須です。また、実際の残業時間が予定した固定残業代を超える場合は、その差額の支払いも必要です。固定残業制度の導入時に契約書を交わすことは当然として、その後も昇給などの固定賃金の上昇に応じて固定残業代を増額するなど、導入後のメンテナンスも重要になります。

●割増賃金の単価

時　給	・時給＝その金額
日　給	・日給＝その金額を1日の所定労働時間で割ったもの ・1日の所定労働時間が異なる場合は1週間の平均で割ったもの
週　給	・週給＝その金額を週の所定労働時間で割ったもの ・週の所定労働時間が異なる場合は4週間の平均で割ったもの
月　給	・月給＝その金額を月の所定労働時間で割ったもの ・月の所定労働時間が異なる場合は1年の平均で割ったもの
出来高給	・賃金計算期間において出来高払いによって計算された金額の総額を、当該賃金計算期間における総労働時間数で割ったもの

●月給制の場合の割増賃金の単価の出し方

$$割増賃金の単価 = \frac{（基本給＋計算に入れる手当）}{年平均所定労働時間数}$$

●割増賃金の計算から除外する手当

　　①家族手当　　　　　②通勤手当　　　　　③別居手当
　　④子女教育手当　　　⑤臨時に支払われた賃金
　　⑥1ヵ月を超える期間ごとに支払われる賃金　　　⑦住宅手当

10 賞与

POINT
・賞与は、恩恵的給付と請求権のある賃金に分かれる。
・賃金としての賞与には法的な制約がある。
・賞与には将来へのインセンティブの性格がある。

賞与には、請求権のないものとあるものがある

賞 与	社員に請求の権利のない恩恵的給付 （会社の裁量によって支払われる）
	請求権のある賃金 （支払い方法、時期、支払い金額の計算方法などが決められている）

　基本給や手当が労働の対価であるのに対して、賞与には、今までの功労報奨、将来へのインセンティブ、利益の分配という労働の対価以外のさまざまな要因が入り混じっています。

　賞与は、社員に請求の権利のない恩恵的給付と請求権のある賃金に分かれます。支払い時期も支払金額も決まっておらず、支払いの有無も含めて、まったく会社の裁量によって支払われるものが恩恵的給付の賞与です。一方で、支払い方法、時期、支払い金額の計算方法などが決められている賞与は、賃金となります。

　恩恵的給付の賞与には、基本給や各種手当に比べて会社に大幅な裁量がありますが、賞与が賃金になると、法的にさまざまな制約が加わります。

賞与は利益の分配である

　これまでの賞与の支給方法では、基本給の2ヵ月分、3ヵ月分などと、基本給の倍率によって行われてきました。また、査定があるとはいえ、支給される賞与額もあまりに極端な差はつけないことが主流でした。

　これは、これまでの賞与制度が、賞与も労働の対価であり、社員の生活

を支えるために支給するという考えに基づいているからです。一方で昨今では、賞与は利益の分配であり、業績のよかった社員により厚く遇したいという考えから、ポイント制の賞与制度を導入する会社が増えてきました。

賞与は利益の分配であるという考え方は、非常に説得力があります。そもそも賞与が労働の対価であれば、賞与を支給するのではなく、賞与分だけ基本給を厚くすればよいからです。

ポイント制の賞与制度とは、まず賞与原資を確定し、各社員の成績によってポイントを付け、全社員のポイントを集計し総ポイント数を求めます。その後、賞与原資（総額）を総ポイント数で割り、ポイント当たりの賞与単価を求めて、各社員のポイントに応じた賞与を支払うというものです。

■ 賞与は報奨金の性格を持っている

賞与は労働の対価であるという考えに立てば、賞与の査定期間中に在籍していた者には、たとえ賞与支払い日に在籍していなくても、賞与を支払わなくてはいけないことになります。

しかし、一般では多くの会社が、就業規則等に「賞与は支払日に在籍する者に支給する」という在籍日要件をもうけて、退職者への賞与の支払いを行っていません。この取扱いの有効性は裁判でも認められています。これは、賞与が将来へ向けてのインセンティブ（報奨金）という性格も持つということを認めているからです。

こんなときには？

Q 割増賃金の計算で、1円未満の端数はどうすればいいでしょうか？

A 1円未満の端数の場合、50銭以上は1円、50銭未満は切り捨てて計算します。なお、労働時間の端数では、15分や40分などの1時間未満の端数については、1ヵ月間の合計を算出して、30分以上を1時間に、30分未満を切り捨てて計算します。

Q 長期入院しています。退院後も通院するために所定労働日数の7割しか働けません。私は有給休暇をもらえるのでしょうか。

A 年次有給休暇は、8割以上の出勤率を満たしているかどうかによって付与されるかどうかが決まります。私傷病等（労災の場合は出勤とみなす）により出勤率が8割未満の場合は、付与される日数は0日となります。

11 退職金

POINT
・退職金制度は必ず設けなければならない制度ではない。
・退職金には確定給付型と、受取額が変動する確定拠出型がある。
・退職金の不支給は慎重に判断する。

退職金制度はなくてもよい

退職金を廃止、縮小する企業が増えています。退職金とは、社員の長年にわたる会社への功労をたたえ、老後の生活のために支給するものですが、不景気の続く環境のなかでは、その負担に会社が耐えきれなくなっているのです。また、退職金は、優秀な社員が退職しないための足留め策も兼ねていましたが、昨今では転職の機会も増えて、転職への抵抗も少なくなり、その効果も薄れているようです。

退職金制度は、法律上、設けなくてもよい制度です。しかし、いったん設けると、会社は退職金を支払う義務を負い、制約を受けることになります。

退職金制度には確定給付型と確定拠出型がある

```
                退職金制度
        ┌──────────┴──────────┐
  確定給付型の退職金              確定拠出型の退職金
(受取額があらかじめ決まっている)      (受取額が変動する)
```

退職金制度には、受取額があらかじめ決まっている確定給付型の退職金と、受取額が変動する確定拠出型の退職金があります。

多くの会社の退職金制度は確定給付型の退職金です。この制度は、あらかじめ給付する退職金額が決まっているため、社員にとっては老後の生活設計がしやすいことが利点です。反面、将来の給付額が決まっているため、会社が積み立てた金額が不足した場合は、穴埋めが必要となります。

確定拠出型の退職金は、会社が積み立てる金額が決まっており、将来受け取る退職金が運用によって変化する退職金制度です。確定拠出年金（401K）がこれにあたります。この制度では会社が掛け金を支払い、社員

がそれを運用し、その運用結果に応じて将来の退職金（年金）が決まる仕組みです。会社にとっては掛け金の支払いを行えばよいので、確定給付の退職金と比べて将来の積立金不足という問題は起こりません。

退職金の不支給は慎重に判断する

不祥事を起こして会社に損害を与えた社員に対して退職金は支払わなければならないのでしょうか。不祥事を起こして懲戒解雇となる社員には退職金を払いたくないでしょう。

しかし、社員にとっては退職金の不支給は死活問題です。一度の過ちでこれまでの功労を帳消しにするには、懲戒解雇よりも高いハードルがあります。

退職金

不支給

裁判では、不支給が認められるには、退職金規程などで定めた不支給事由に該当するだけではなく、その不支給の原因となる行為が、入社以来の功労を帳消しにするほどの背信行為であることが必要です。

たとえ、社員から退職金辞退の合意書を受け取っていたとしても、直ちにそれが有効とは限りません。会社が誘導して強制的に書かせたのではないか、社員が本当に自発的に本心から合意したかどうかが、問われます。

● **退職金制度で規定すること**

退職金制度を定めたら必ず就業規則または退職金規定などに定めること
①退職金が支給される労働者の範囲
②退職金の決定、計算方法及び支払い方法
③退職金の支払い時期

● **退職金の種類**

確定給付型	将来の退職金受取額が決まっているので、社員は将来設計が容易。積み立て不足が生じた場合、会社が補填しなければならない。
確定拠出型	将来の退職金額は自分の運用によって変化し、将来が不安となる。会社の積立額が決まっているので、積み立て不足の心配がない。

12 60歳以降の賃金

POINT
・60歳超で年金額＋給与が50万円を超えると、年金は減額。
・60歳以降の給与が75％未満に下がったら補償がある。

60歳を過ぎて働くと年金が減額される

総報酬月額相当額＋基本月額≦50万円
（年金と給与の合計が50万円以下）
 減額なし（全額支給）

総報酬月額相当額＋基本月額＞50万円
（年金と給与の合計が50万円超）
 収入に応じて減額される

　年金が満額をもらえるのは65歳からです。その結果、60歳を過ぎても年金をもらいながら働く人が増えてきました。現在の年金制度では、働きながら年金をもらうと年金が削減されます。これが在職老齢年金制度です。

　この制度では、1ヵ月あたりの賃金と年金額の合計が50万円を超えると年金額が減額されます。また、在職中は厚生年金を支払う一方で年金を受け取りますが、支払った保険料は、将来の年金が増額される原資となります。従来は、在職中支払った年金額は退職時に反映されていましたが、2022年から65歳以上の在職者は、毎年10月に年金額に反映されています。

60歳以降に下がった給与を補填する制度がある

　60歳以降で働く場合、ほとんどの場合は60歳になる前に比べて給与が下がります。雇用保険には、この下がった給与を補填する制度があります。

　高年齢者雇用継続基本給付金は、60歳以降も失業保険をもらわずに会社に勤める人に対して、60歳になる前6ヵ月の給与平均と比べて60歳以降の給与が75％未満に下がった場合に一定額の補償を65歳になるまで行う制度です。この制度は、勤続5年に達した時から利用できます。

　高年齢者再就職給付金は、60歳以降に失業保険をもらって再就職をした場合に支給されるものです。支給される期間は、失業保険の残日数が200日以上あれば2年間、100日以上200日未満の場合は1年間となります。

高年齢者雇用継続基本給付金の支給額

高年齢者雇用継続基本給付金は、次の算式により算定された低下率に基づき支給額が決定されます。

$$\boxed{\text{低下率（X）}} = \frac{\text{支給対象月の賃金額（みなし賃金額を含む）}}{\text{60歳到達前6ヵ月の平均賃金月額}} \times 100$$

⑴ 「支給対象月に支払われた賃金（みなし賃金）」が「60歳到達時の賃金月額」の61％以下の場合、支給率は15％となります。

$$\boxed{\text{支給額}} = \boxed{\text{実際に支払われた賃金額}} \times 0.15$$

⑵ 「支給対象月に支払われた賃金（みなし賃金）」が「60歳到達時の賃金月額」の61％超75％未満の場合、支給率は15〜0％の間で決められています。

$$\boxed{\text{支給額}} = -\frac{183}{280} \times \boxed{\text{実際に支払われた賃金額}} + \frac{137.25}{280} \times \text{賃金月額}$$

⑶ 支給率が75％以上の場合の他、算定された支給額が2,196円以下、または、支払われた賃金が370,452円以上の場合は支給されません。

高年齢雇用継続基本給付金

60歳前6ヵ月の給与平均 40万円	高年齢雇用継続基本給付金 60歳以降の給与 20万円

▲55歳　　　　　　　　　　　　▲60歳　　　　　　　　　　　　▲65歳

例 60歳前6ヵ月間の給与40万円、60歳以降の給与20万円の場合。
60歳以降の給与は60歳前の給与の50％低下しているので、受給できる高年齢者雇用継続基本給付金の額は、60歳以降の給与20万円の15％である30,000円となる。

こんなときには？

Q 給与をもらいながら年金が減額されない方法はありますか？

A 年金が減らされるのは社会保険に加入している場合です。自営業の場合や働く時間が短いなどの理由で社会保険に加入していない場合、給与の金額がいくら多くても年金は減額されません。

81

（平成29年１月20日策定）

3　労働時間の考え方

　労働時間とは、使用者の指揮命令下に置かれている時間のことをいい、使用者の明示又は黙示の指示により労働者が業務に従事する時間は労働時間に当たる。そのため、次のアからウのような時間は、労働時間として扱わなければならないこと。

　ただし、これら以外の時間についても、使用者の指揮命令下に置かれていると評価される時間については労働時間として取り扱うこと。

　なお、労働時間に該当するか否かは、労働契約、就業規則、労働協約等の定めのいかんによらず、労働者の行為が使用者の指揮命令下に置かれたものと評価することができるか否かにより客観的に定めるものであること。また、客観的に見て使用者の指揮命令下に置かれていると評価されるかどうかは、労働者の行為が使用者から義務づけられ、又はこれを余儀なくされていた等の状況の有無等から、個別具体的に判断されるものであること。

ア　使用者の指示により、就業を命じられた業務に必要な準備行為（着用を義務付けられた所定の服装への着替え等）や業務終了後の業務に関連した後始末（清掃等）を事業場内において行った時間

イ　使用者の指示があった場合には即時に業務に従事することを求められており、労働から離れることが保障されていない状態で待機等している時間（いわゆる「手待時間」）

ウ　参加することが業務上義務づけられている研修・教育訓練の受講や、使用者の指示により業務に必要な学習等を行っていた時間

4　労働時間の適正な把握のために使用者が講ずべき措置

（１）始業・終業時刻の確認及び記録

　使用者は、労働時間を適正に把握するため、労働者の労働日ごとの始業・終業時刻を確認し、これを記録すること。

（２）始業・終業時刻の確認及び記録の原則的な方法

　使用者が始業・終業時刻を確認し、記録する方法としては、原則として次のいずれかの方法によること。

ア　使用者が、自ら現認することにより確認し、適正に記録すること。

イ　タイムカード、ＩＣカード、パソコンの使用時間の記録等の客観的な記録を基礎として確認し、適正に記録すること。

（３）自己申告制により始業・終業時刻の確認及び記録を行う場合の措置

　上記（２）の方法によることなく、自己申告制によりこれを行わざるを得ない場合、使用者は次の措置を講ずること。

ア　自己申告制の対象となる労働者に対して、本ガイドラインを踏まえ、労働時間の実態を正しく記録し、適正に自己申告を行うことなどについて十分な説明を行うこと。

イ　実際に労働時間を管理する者に対して、自己申告制の適正な運用を含め、本ガイドラインに従い講ずべき措置について十分な説明を行うこと。

ウ　自己申告により把握した労働時間が実際の労働時間と合致しているか否かについて、必要に応じて実態調査を実施し、所要の労働時間の補正をすること。

　特に、入退場記録やパソコンの使用時間の記録など、事業場内にいた時間の分かるデータを有している場合に、労働者からの自己申告により把握した労働時間と当該データで分かった事業場内にいた時間との間に著しい乖離が生じているときには、実態調査を実施し、所要の労働時間の補正をすること。

エ　自己申告した労働時間を超えて事業場内にいる時間について、その理由等を労働者に報告させる場合には、当該報告が適正に行われているかについて確認すること。

　その際、休憩や自主的な研修、教育訓練、学習等であるため労働時間ではないと報告されていても、実際には、使用者の指示により業務に従事しているなど使用者の指揮命令下に置かれていたと認められる時間については、労働時間として扱わなければならないこと。

オ　自己申告制は、労働者による適正な申告を前提として成り立つものである。このため、使用者は、労働者が自己申告できる時間外労働の時間数に上限を設け、上限を超える申告を認めない等、労働者による労働時間の適正な申告を阻害する措置を講じてはならないこと。

　また、時間外労働時間の削減のための社内通達や時間外労働手当の定額払等労働時間に係る事業場の措置が、労働者の労働時間の適正な申告を阻害する要因となっていないかについて確認するとともに、当該要因となっている場合においては、改善のための措置を講ずること。

　さらに、労働基準法の定める法定労働時間や時間外労働に関する労使協定（いわゆる 36 協定）により延長することができる時間数を遵守することは当然であるが、実際には延長することができる時間数を超えて労働しているにもかかわらず、記録上これを守っているようにすることが、実際に労働時間を管理する者や労働者等において、慣習的に行われていないかについても確認すること。

PART

4

労働時間

1 労働時間とは

POINT
・労働時間とは仕事をしているかどうかは問われない。
・一般的な健康診断の時間は労働時間ではない。

労働時間と拘束時間は違うもの

労 働 時 間

労働時間
1日8時間、週40時間を上限

仮眠時間
警報、電話、異常事態に対応する義務がある場合

移動時間
会社の指揮、命令が及ぶ場合

教育訓練時間
出席が義務付けられている場合

健康診断の時間
受診が義務付けられている特殊健康診断の場合

手待ち時間
電話番など、仕事に待機している場合※

※図中の「手待ち時間」とは、作業はないが指示があれば仕事ができる時間のことである。

労働基準法では、1日8時間、週40時間を労働時間の上限としています。

労働者が会社に拘束される時間を拘束時間といいます。そのうち、使用者の指揮監督下にある時間が労働時間であり、実際に仕事をしているかどうかは問われません。指揮監督下にない時間が休憩時間であり、指揮監督下とは、労働から離れることが保証されているかどうかで判断します。

●労働時間

労働基準法上の制限があるのは、拘束時間、労働時間、休憩時間のうち労働時間だけです。労働時間は、実際に仕事をしているかどうかは問われませんので、実際に作業を行っている時間だけではなく、客待ちの手待ち時間や、作業前の準備や作業後の後片付けの時間も労働時間に含まれます。

●仮眠時間

警備業務やビル管理業務などでは、業務中に仮眠時間が設けられています。この仮眠時間について裁判例では、仮眠中であっても、警報、電話、異常事態に対応する義務があれば労働時間であると判断しています。

●移動時間

通勤時間は労働時間ではありませんが、直行の場合は、最初の直行先に

到着した時間からが労働時間、直帰の場合は、最後の訪問先を出た時間までが労働時間となります。また、拘束時間中に電車や飛行機などで移動し、移動中はまったく自由に時間を使える場合は、労働時間ではありません。

●教育訓練時間

教育訓練に出席することが義務付けられているのであれば、労働時間に該当します。また、出席しないと人事考課の査定で不利になる場合などは、事実上の強制とみなされますので、労働時間に該当します。

●健康診断の時間

会社は労働者に健康診断を受けさせる義務があります。一般的な健康診断の時間は労働時間ではありませんが、じん肺健康診断、有機溶剤健康診断など危険有害な作業を行う場合に義務付けられている特殊健康診断は労働時間に該当します。

●労働時間と拘束時間

通勤	出社	勤務開始	休憩	勤務終了	通勤

拘束時間

労働時間　　　　　　労働時間

●労働時間かどうかの判断（例）

いずれの場合も前提条件として、労働者が指揮命令下にあるかどうかがポイントとなる。

	労働時間	労働時間ではない
待機（手待）時間	指示などがあれば、直ちに作業に従事する必要がある場合（例：休憩時間の電話番など）。	作業に従事せず、働くことから解放されている。
移動時間（事業所から現場まで。また、出張の移動など）	他の社員を乗せて車を運転する。上司と同行する。商品を運ぶなど、移動が業務となっている場合。	自宅から出張場所などへの移動、直行、直帰、及び移動中の時間に、働くことから解放されている場合（例：コンビニに立ち寄ったり、銭湯に行ったりすることも自由にできる）。
業務開始前の準備。業務終了後の後始末、清掃など。	本来業務に付随する行為、その行為を行うよう義務づけられている。その行為をしなければ従業員に不利益がある。	強制はなく、その行為をしなくてもかまわない場合。
持ち帰り残業	使用者からの明示、黙示の指示がある。明らかに、持ち帰らなければ終わらないような過大な仕事量がある場合（黙示の指示）。	使用者からの明示、黙示の指示はまったくなく、自分の考えから自発的に持ち帰って仕事をしている場合。
仕事上の接待	原則として労働時間ではないが、担当者として接待会場の準備やゴルフコンペの運営、顧客の送迎をするなどの場合は、労働時間と考えられる。	

2 1日8時間、週40時間の原則

POINT
・一般事業場の労働時間は1日8時間、週40時間。
・特例措置対象事業場の労働時間は1日8時間、週44時間。
・業務が2日にまたがる場合は通算して1勤務と考える。

労働時間は、1日8時間、1週間で40時間が原則

労働時間には、特例措置対象事業場を除き1日8時間まで、1週間に40時間までという規制があります。1日とは午前零時から午後12時まで、1週間とは、就業規則等で定めている場合を除き、日曜日から土曜日までとなります。

深夜も業務を行う飲食業や病院などの業務の場合には、労働時間が午前零時をまたぐ場合があります。この場合は、労働開始時間の属する日の1勤務と考えます。たとえば、午後6時から翌朝3時までの勤務の場合は、労働時間を2日に分けて初日6時間、2日目3時間と計算するのではなく、初日に18時から27時までの9時間を働いたと考えます。

一般の事業場は
労働時間＝1日8時間、週40時間まで

特例措置対象事業場とは
労働時間＝1日8時間、週44時間まで 常時使用する労働者が10名未満の ・商業（卸・小売業、理美容業、倉庫業、不動産管理業など） ・映画・演劇業（映画の映写、演劇、その他興業の事業など） ・保健衛生業（病院、診療所、保育園、老人ホーム、浴場など） ・接客娯楽業（旅館、飲食店、ゴルフ場など）

休日労働の1日は午前零時から午後12時

法定休日労働は、原則として暦日（午前零時から午後12時）によって計算します。休日労働（法定休日労働）は、残業等の取扱いとは違い、残業などで午前零時を越えて勤務したとしても、一勤務日としては取り扱わず、

次の勤務日の労働として計算します。

　休日労働（法定休日）が翌日にまで長引いてしまった場合は、午前零時を超えた分は翌日の労働として計算します。

40時間まで

STOP

●1日の考え方

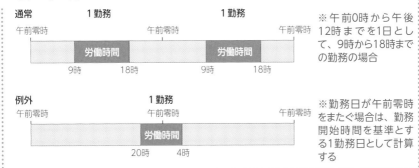

※午前0時から午後12時までを1日として、9時から18時までの勤務の場合

※勤務日が午前零時をまたぐ場合は、勤務開始時間を基準とする1勤務日として計算する

●1週40時間の例

パターンA　月曜日から金曜日まで働く完全週休2日制の場合

曜日	日	月	火	水	木	金	土
労働時間	休日	8時間	8時間	8時間	8時間	8時間	休日

労働時間は5日×8時間で週40時間

パターンB　月曜日から金曜日まで働き、土曜日を半日勤務とする場合

曜日	日	月	火	水	木	金	土
労働時間	休日	7時間	7時間	7時間	7時間	7時間	5時間

労働時間は5日×7時間＋1日×5時間で週40時間

こんなときには？

Q　美容院を3店舗経営しています。各店舗の従業員は7名です。総従業員数が21名ですが、特例事業場になるのでしょうか？

A　労働基準法は事業場を単位とします。企業全体の従業員の数に関わりなく、事業場の人数が10名に満たなければ特例措置対象事業場として労働時間は週44時間までとなります。

3 変形労働時間制

POINT
・変形労働時間制では、平均労働時間を1週40時間に収める。
・変形労働時間制には、1年、1ヵ月、1週間単位の3つの制度がある。

労働時間には例外制度がある

労働時間の基本は1日8時間、週40時間ですが、業界・業務によっては季節による繁閑の差があったり、月初はヒマだが月末は忙しいということもあります。そこで、一律に労働時間を規制するのではなく、一定の期間中の労働時間を平均して1週40時間に収まればよいという例外制度として変形労働時間制があります。

変形労働時間制には、その対象となる期間の長さに応じて、1年単位、1ヵ月単位、1週間単位の労働時間制の3つの制度があります。

それぞれの制度には長所短所がありますが、1年間を通したスケジュールが立てられて、季節によって繁閑の差があるような事業所には、1年単位の変形労働時間制がふさわしく、それ以外の事業所は1ヵ月単位の変形労働時間制がふさわしいといえます。

1週間単位の変形労働時間制は、利用できる事業所が限られており、1ヵ月単位の変形労働時間制よりも不利な点が多いといえます。

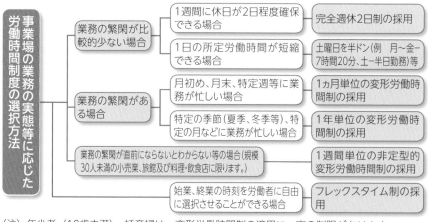

（注）年少者（18歳未満）・妊産婦は、変形労働時間制の適用に一定の制限があります。

変形労働時間制の種類と特徴

　1ヵ月単位、1年単位とは期間の最長をあらわし、4週間単位、3ヵ月単位の変形労働時間制も可能です。

		1ヵ月単位の変形労働時間制	1年単位の変形労働時間制	1週間単位の非定型的変形労働時間制	フレックスタイム制
変形労働時間制についての労使協定の締結		○※1	○	○	○
労使協定の監督署への届出		○※1	○	○	△（清算期間が1ヵ月を超える場合は届出が必要）
特定の事業・規模のみ				○（労働者数30人未満の小売業・旅館・料理店・飲食店）	
労働時間・時刻など	休日の付与日数と連続労働日数の制限	週1日または4週4日の休日	週1日※2	週1日または4週4日の休日	週1日または4週4日の休日
	1日の労働時間の上限		10時間	10時間	
	1週の労働時間の上限		52時間※3		
	1週平均の労働時間	40時間（特例44時間）※4	40時間	40時間	40時間（特例44時間）※4
	時間・時刻は会社が指示する	○	○	○	
	出退勤時刻の個人選択制				○
	あらかじめ労働日時を明示	○	○※5	○	△※6
就業規則変更届の提出（10人以上）		○（10人未満の事業場でも準ずる規程が必要）	○	○	○

※1　労使協定の締結または就業規則などで定めることにより導入が可能です。
※2　対象期間における連続労働日数は6日（特定期間については12日）です。
※3　対象期間が3ヵ月を超える場合は、48時間。
※4　特例事業場（商業、接客、娯楽業等で労働者が10人未満の事業場は44時間）
※5　1ヵ月以上の期間ごとに区分を設け労働日、労働時間を特定する場合、休日、始・終業時刻に関する考え方、周知方法等の定めを行うこととなります。
※6　コアタイム、フレキシブルタイムがある場合。

4

労働時間

4 1ヵ月単位の変形労働時間制

POINT
・変形労働時間制の導入は、就業規則の定めか労使協定が必要。
・変形労働時間制は、働く日と時間の特定が必要。

制度の導入には就業規則の定めが必要

1ヵ月単位の変形労働時間制とは、1ヵ月以内の特定の期間を平均すると、1週間の労働時間が40時間（特例事業所は44時間）以下であれば、残業代の支払いなしで1日8時間以上1週40時間以上働かせてもよい制度です。1ヵ月以内の期間ですから、特定の期間は4週間単位でも2週間単位でもかまいません。この制度を利用すれば、1日7時間勤務、隔週土曜日出勤や1日10時間勤務で週休3日といった勤務形態を取ることもできます。

1ヵ月単位の変形労働時間制を導入するためには、就業規則に定めるか、労使協定を締結して、所轄の労働基準監督署に届け出る必要があります。

なお、10人未満の事業所の場合は就業規則の届出義務がないことから、労使協定によらず就業規則で定めた場合、届出は不要となります。

1ヵ月単位の変形労働時間制で定めること。

①対象労働者の範囲

②対象期間及び起算日（対象期間は1ヵ月以内）

③労働日及び労働日ごとの労働時間

　※シフト表などで日ごとの労働時間をあらかじめ具体的に定めること。

④労使協定の有効期間（労使協定のみ）

変形労働時間制は、あらかじめ働く日と時間を特定しなければならないので、日々や週の残業時間を管理しないで、1ヵ月の労働時間のみをもって残業時間を管理するといったことはできず、日、週、月それぞれで残業の計算をしなければなりません。なお、振替休日は可能ですが、あまりに多い振替は好ましくありません。

残業時間の求め方

1ヵ月単位の変形労働時間制の残業時間の求め方は次の通りです。

① 1日ごとにみると、残業となるのは1日8時間を超える所定労働時間を定めた日はそれを超えた時間、それ以外の日は8時間を超えた時間となる。

② 1週間ごとにみると、40時間を超えて労働時間を定めた週はそれを超えた時間、それ以外の週は40時間を超えた時間となる。

③ 「1日ごと、1週間ごと」以外の場合には、平均する対象期間中に総労働時間が法定労働時間を超えた時間となる。

●残業時間の目安

平均する対象期間が**4週間**の場合⇒**160時間**を超えた時間が残業時間

平均する対象期間が**30日**の月の場合⇒**171時間**を超えた時間が残業時間

平均する対象期間が**31日**の月の場合⇒**177時間**を超えた時間が残業時間

※通常通り働いていれば、上記に該当する時間をチェックすればよい。

●上限労働時間の計算法

上限の労働時間は、次の計算で求められます。

$$40時間 (特例事業所は44時間) \times 対象期間の総日数 \div 7日 = 上限時間$$

例 1ヵ月の変形労働時間制の3月の上限時間は

40時間×31日÷7日＝177.1時間

177時間6分が上限となる。

書式 1ヵ月単位の変形労働時間制に関する協定届

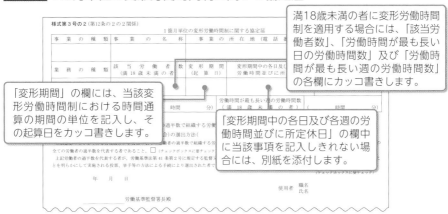

満18歳未満の者に変形労働時間制を適用する場合には、「該当労働者数」、「労働時間が最も長い日の労働時間数」及び「労働時間が最も長い週の労働時間数」の各欄にカッコ書きします。

「変形期間」の欄には、当該変形労働時間制における時間通算の期間の単位を記入し、その起算日をカッコ書きします。

「変形期間中の各日及び各週の労働時間並びに所定休日」の欄中に当該事項を記入しきれない場合には、別紙を添付します。

5 1年単位の変形労働時間制

POINT
・労働時間が長い会社は1年単位の変形労働時間制。
・1年の平均で労働時間が週40時間を超えなければ残業代を支払う必要はない。

1年単位の変形労働時間制とは

●平均週労働時間が40時間に収まれば残業代を支払う必要はない

				10時間	←残業代不要	
					8時間	
	6時間	6時間	6時間			0時間
4時間						
(月)	(火)	(水)	(木)	(金)	(土)	(日)

　1年単位の変形労働時間制は、1年以内の対象期間中の労働時間が、平均週40時間に収まれば、1日8時間を超えたり、週40時間を超える日や週があったとしても残業代を支払う必要がないという制度です。

　1年単位の変形労働時間制は対象期間が最長1年間と長く、そのままでは、極端な設定（1月は16時間労働、2月は全休など）も可能なため、労働時間や労働日数には最高限度があり、1日の労働時間は最高10時間、1週間の労働時間は最高52時間、1年の労働日数は最高280日、連続して労働させられる日数は6日間となっています。なお、対象期間が3ヵ月を超える場合は、週労働時間が48時間を超える週は連続3週までとなります。

● 1年単位の変形労働時間制の最高限度

| 対象期間の最高労働時間 | = | 40時間 | × | 対象期間の総日数 | ÷ 7日 |

　対象期間により労働時間の最高限度は次のようになります。

対象期間	最高限度
1年（365日）	2085時間
6ヵ月（182日）	1040時間
3ヵ月（91日）	520時間

1年単位の変形労働時間制には制限がある

1年単位の変形労働時間制には、次のような制限があります。

	制　限
1日の労働時間	最高10時間
1週間の労働時間	最高52時間
1年間の最高労働日数	280日
連続労働日数	6日 (特定期間中は12日)

●途中退職者の取扱い

1年単位の変形労働時間制では、労働者は対象期間のすべてを通じて働いていることが前提ですが、対象期間の途中で退職する場合もあります。

この場合は、退職者の対象期間中の労働時間を集計して週40時間以内に収まれば、残業手当の支払いは必要ありませんが、集計の結果が週40時間を超えた場合は、残業手当を支払わなければなりません。

反対に、集計の結果が週40時間未満であったとしても、40時間に満たない部分を給与から控除することはできません。

●残業手当の計算方法

平均労働時間が40時間の場合の残業手当は次の方法で求められます。

$$残業時間 = 在職期間中の総労働時間 - \left\{ 在籍期間中の歴日数 \div 7日 \times 40時間 \right\}$$

1年単位の変形労働時間制を利用するには、労使協定で、①対象労働者の範囲、②対象期間、③対象期間内の労働日及び各労働日ごとの労働時間、④特定期間、⑤協定の有効期間を定め、労働基準監督署長に届け出を行う必要があります。

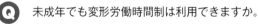

こんなときには？

Q 未成年でも変形労働時間制は利用できますか。

A 年少者（満18歳に満たない者）には変形労働時間制は適用できませんが、義務教育修了者は、次の変形労働時間制で労働させることができます。

①1週48時間、1日8時間の範囲内での1ヵ月単位または1年単位の変形労働時間制。

②1週の法定労働時間の枠内で、1日の労働時間を4時間以内とすることを要件に、他の日について10時間まで労働させること。

1年単位の変形労働時間制に関する協定届

書式

最高10時間まで

最高52時間まで

様式第4号（第12条の4第6項関係）				
1年単位の変形労働時間制に関する協定届				
事 業 の 種 類	事 業 の 名 称	事 業 の 所 在 地 （ 電 話 番 号 ）		常時使用する労働者数
				人
該 当 労 働 者 数 （満18歳未満の者）	対象期間及び特定期間 （ 起 算 日 ）	対象期間中の各日及び各週の 労働時間並びに所定休日	対象期間中の1週間の平均労 働時間数	協定の有効期間
（ 人 人）		（別紙）	時間 分	
労働時間が最も長い日の 労 働 時 間 数 （満18歳未満の者）	（ 時間 分 時間 分）	労働時間が最も長い週の 労 働 時 間 数 （満18歳未満の者）	（ 時間 分 時間 分）	対象期間中の 総労働日数	日
労働時間が48時間を超える週の最長 連続週数		週	対象期間中の最も長い連続労働日数	日間
対象期間中の労働時間が48時間を超 える週数		週	特定期間中の最も長い連続労働日数	日間
旧 協 定 の 対 象 期 間			旧協定の労働時間が最も長い日の労 働時間数	時間 分
旧協定の労働時間が最も長い週の労 働時間数		時間 分	旧協定の対象期間中の総労働日数	日
協定の成立年月日		年 月 日		

協定の当事者である労働組合（事業場の労働者の過半数で組織する労働組合）の名称又は労働者の過半数を代表する者の　職名
　氏名

協定の当事者（労働者の過半数を代表する者の場合）の選出方法

　上記協定の当事者である労働組合が事業場の全ての労働者の過半数で組織する労働組合である又は上記協定の当事者である労働者の過半数を代表する者が事業場の全ての労働者の過半数を代表する者であること。□（チェックボックスに要チェック）

　上記労働者の過半数を代表する者が、労働基準法第41条第2号に規定する監督又は管理の地位にある者でなく、かつ、同法に規定する協定等をする者を選出することを明らかにして実施される投票、挙手等の方法による手続により選出された者であって使用者の意向に基づき選出されたものでないこと。□（チェックボックスに要チェック）

　　　年　　月　　日

使用者　職名
　　　　氏名

労働基準監督署長殿

最高3週まで　　　　最高12日まで　　　　最高280日　　　　最高6日まで

こんなときには？

Q 1年単位の変形労働時間制を利用したいのですが、導入のためには年間カレンダーを作らなければいけないのでしょうか？

A 年間カレンダーが作れればベストですが、作れない場合は、制度導入の最初の期間（1ヵ月以上の期間）分だけカレンダーを作り、残りの期間は各期間の労働日数と総労働時間を決めれば1年変形の労働時間制を導入することができます。なお、制度導入後は最初の期間を除いた各期間が始まる30日前までに具体的な労働日と労働時間を決めます。

Q 当社の社員が、先月から出社前にアルバイトをしていることがわかりました。アルバイトと当社での勤務時間の合計は1日10時間となりますが、割増賃金は発生するのですか？

A 労働基準法上の労働時間は、通算することになりますので、たとえ勤務先を変わったとしても通算して8時間を超えれば割増賃金を支払う必要があります。この場合、割増賃金の支払い義務は、原則として、後から契約した事業所にあります。したがって、今回の場合は、出社前のアルバイト先に割増賃金の支払い義務が生じることになります。

1年単位の変形労働時間制に関する労使協定

規定例

1年単位の変形労働時間制に関する労使協定

㈱○○○○と従業員代表○○○○は、12ヵ月単位の変形労働時間制に関し、次のとおり協定する。

> 1ヵ月を超えて12ヵ月以内の期間

（勤務時間）

第1条　所定労働時間は12ヵ月単位の変形労働時間制によるものとし、12ヵ月を平均して週40時間を超えないものとする。

　　2　1日の所定労働期間、始業、終業の時刻、休憩時間は次のとおりとする。

　　　　①月曜日～金曜日
　　　　所定労働時間　　1日8時間00分
　　　　始　　業　　　　8時45分　　　終業　17時45分
　　　　休　　憩　　　　12時00分～13時00分
　　　　②土曜日
　　　　所定労働時間　　1日9時間00分
　　　　始　　業　　　　9時00分　　　終業　19時00分
　　　　休　　憩　　　　11時30分～13時30分の間で　60分間

（起算日）

第2条　変形期間の起算日は令和○○年4月1日とする。

（休日）

第3条　休日は、別添年間休日カレンダーのとおりとする。

> 具体的な休日は、別添のカレンダーを用意するとわかりやすい。

（対象となる従業員の範囲）

第4条　本協定による変形労働時間制は、次のいずれかに該当する従業員を除き、全従業員に適用する。

①　18歳未満の年少者

②　妊娠中または産後1年を経過しない女性従業員のうち、本制度の適用除外を申し出た者

③　育児や介護を行う従業員、職業訓練または教育を受ける従業員その他特別の配慮を要する従業員に該当する者のうち、本制度の適用免除を申し出た者

（時間外労働）

第5条　所定労働時間を超える労働については、割増賃金を支払う。

（適用期間が協定期間に満たない者の取り扱い）

第6条　変形期間の途中で採用された者、出向等で転入あるいは転出した者、退職する者等に対しては、その者が適用された期間を平均して1週間当たり40時間を超えた労働時間について労働基準法第37条の規定にもとづく割増賃金を支払う。

（有効期間）

第7条　本協定の有効期間は起算日から12ヵ月間とする。

令和　○○年○○月○○日

代表取締役　　○○○○

従業員代表　　○○○○

6 1週間単位の変形労働時間制

POINT
・1週間単位の変形労働時間制なら、週40時間の範囲内で1日10時間まで労働させることができる。
・多くの事業所では1ヵ月単位の変形労働時間制が使いやすい。

導入できる事業所は限られる

　1週間単位の変形労働時間制とは、日によって業務に繁閑の差が大きくて労働時間の予測が難しい事業所に対応するものです。任意の1週間を対象期間として、対象期間の前日までに1週間の各日の労働時間を書面で通知して、週40時間の範囲内で1日10時間まで労働させることができます。

　ただし、この制度を利用できる事業所は、常時使用する労働者が30人未満の小売業、旅館、料理店、飲食店などに限られます。

●1週間単位の変形労働時間制が利用できる事業所

> 労働者が30名未満の小売業、旅館、料理店、飲食店

1ヵ月単位の変形労働時間制の方が有利?

特例事業場（10人未満）

1週間単位の労働時間制	**1ヵ月単位の労働時間制**
週40時間労働	週44時間労働

　通常、特例事業場（＝労働者が10名未満の小売業、旅館、料理店、飲食店）では、週労働時間は44時間制を利用できますが、1週間単位の労働時間制を利用した場合には、週労働時間は40時間以内にしなければならず、1日の労働時間が10時間を超えることもできません。

　こうしたことから、同じ変形労働時間制であれば、44時間制が使えて1日の労働時間に制限のない、1ヵ月単位の変形労働時間制が有利といえます。

1週間単位の変形労働時間制の例

1週間単位の変形労働時間制では、1週40時間の範囲内で労働時間を決定します。翌週の予定は、前週の末までに書面で交付します。各曜日の勤務時間は週ごとに決めることもできます。

		←―――――――― 1週40時間 ――――――――→					←――― 1週40時間 ―――→		
労働時間						10時間				
							8時間		8時間	
			6時間	6時間	6時間					6時間
		4時間								
曜日	日	月	火	水	木	金	土	日	月	火

↑来週の予定を通知

年間の繁閑差が大きい会社は1年変形労働時間制、通常の会社では1ヵ月変形労働時間制が使いやすく、1週間変形労働時間制は利用しにくいといえます。

	業種制限	導入手続	労働時間の上限
1年単位の変形労働時間制	なし	就業規則及び労使協定	1日10時間、1週52時間3ヵ月を超える場合は1週48時間
1ヵ月単位の変形労働時間制	なし	就業規則または労使協定	なし
1週間単位の変形労働時間制	労働者が30人未満の小売業、旅館、料理店、飲食店	労使協定	1日10時間

＊労使協定は労働基準監督署へ届け出る必要がある。

こんなときには？

Q 1週間単位の変形労働時間制では、週の開始前までに次週の勤務時間割を通知することとされていますが、勤務時間割を変更したい場合はどうすればいいのでしょうか？

A 労働基準法では1週間単位の変形労働時間制について緊急でやむを得ない事由がある場合は、前日までに書面で通知することにより変更できるとしています。ただし、この変更は台風の接近などの緊急事態を想定しており、単に忙しいからなどといった主観的な理由による変更は認められません。

7 フレックスタイム制

POINT
・フレックスタイム制とは出退勤時間や一日の労働時間を労働者が決める制度
・フレックス制でも割増賃金はある
・労働時間の清算期間は3ヵ月以内

フレックスタイム制とは

フレックスタイム制とは、会社が、ある一定期間（清算期間）において働く時間の総枠を定めるが、日々の始業時刻、終業時刻や1日の労働時間の長さは、**労働者の裁量に任せる**という制度です。

フレックスタイム制の主な利点は、勤務時間を労働者の自主性に任せるために、労働者は業務に集中したいときに集中すれば、余った時間はプライベートに使えることです。来週は旅行に行く、子供の参観があって休みたい、今週は長く働いて来週は短くしたい、といったことができます。

なお、フレックスタイム制は、始業退社時間が労働者により異なりますので、組織としての意思疎通の低下を招く恐れがあります。そのため、コミュニケーションの円滑化の工夫が必要です。

また、勤務時間を労働者が決めるといっても、どのくらいの期間に何時間働くのか、清算期間の長さと働く時間の総枠を定める必要があります。

●**フレックスタイムを利用するための要件**

　1　就業規則等への記載　　　2　労使協定の締結

　労使協定の内容
　　①対象となる労働者の範囲　　②清算期間（3ヵ月以内）
　　③清算期間の総労働時間　　　④標準となる1日の労働時間
　　⑤コアタイム、フレキシブルタイムの設定（制度を設ける場合）

フレックスタイムにも遅刻、早退がある

どれほど工夫をしても、全員がそろわなければ業務に支障が生じることもあるでしょう。そこで、働く時間を労働者に委ねていても、必ず出社していなければいけない時間帯を指定する制度として、コアタイムがあります。

ただし、コアタイムは、本来自由である労働時間に制限を加えるのですから、その時間が極端に長い場合は、フレックスタイムの否定になります。

フレックスタイムでは、出退社の時間を労働者に任せているため、遅刻、早退の概念はありませんが、<u>コアタイムがある場合にはコアタイムに対して遅刻、早退した場合は減給の対象</u>となります。また、フレックスタイムであっても、会社は労働時間の管理をしなければなりません。

●コアタイムとフレキシブルタイム

フレキシブルタイム	コアタイム	休憩	コアタイム	フレキシブルタイム

8時　　　　　　10時　　　12時 13時　　14時　　　　　20時

←──出社が自由な時間──→←────出社義務時間────→←──退社が自由な時間──→

フレックスタイムの賃金計算

フレックスタイム制は始業・終業時刻や一日の労働時間を労働者に委ねているため、時間外労働は支払わなくてもよい、会社は労働時間を管理しなくてもよいと思われがちですが、そうではありません。<u>フレックスタイム制であっても時間外労働の支払いは必要</u>です。

一般には１日８時間、週40時間を超えた場合が時間外勤務になり、割増賃金の支払いが必要になりますが、フレックスタイム制の場合には、<u>清算期間中の労働時間の総枠を定め、その総枠を超えたら時間外労働となります</u>。また、その総枠を割り込んだ場合は、その時間が欠勤となります。

●総枠の上限

$$\text{清算期間における法定労働時間の総枠} = \text{１週間の法定労働時間（40時間）} \times \text{清算期間の歴日数} \div 7$$

※特例措置対象事業場は、上記の40時間を44時間に読み替える。ただし、特例措置対象事業場であっても、清算期間が１ヵ月を超える場合は、１週間の法定労働時間は40時間として計算する。

●一般の事業所の総枠

総枠の期間					
1ヵ月		2ヵ月		3ヵ月	
清算期間の歴日数	法定労働時間の総枠	清算期間の歴日数	法定労働時間の総枠	清算期間の歴日数	法定労働時間の総枠
31日	177.1時間	62日	354.2時間	92日	525.7時間
30日	171.4時間	61日	348.5時間	91日	520.0時間
29日	165.7時間	60日	342.8時間	90日	514.2時間
28日	160.0時間	59日	337.1時間	89日	508.5時間

労働時間の清算期間は3ヵ月以内

　フレックスタイム制では清算期間における総枠の法定労働時間を超えた場合に割増賃金が発生しますが、その清算期間は3ヵ月が上限とされています。

　この3か月の間であれば、最初の月に多く働いて、翌月や翌々月に短く働くといった、月をまたいでの労働時間のやり取りが可能です。

　最初の一月(ひとつき)は毎日12時間働けば、翌月は毎日4時間働くということも可能になりますが、極端な長時間労働には歯止めをかけなくてはいけません。

　翌月で清算を行うとしても一月の労働時間が週平均で50時間を超えた場合には、超えた部分について割増賃金の支払いが必要となります。

　なお、フレックスタイム制においても労働時間の上限規制は適用されますので、45時間を超えて働くことができる月は年間6回まで、単月での時間外労働と休日労働の合計が100時間未満等の制限は守らなければなりません。

　また、清算期間が1ヵ月を超える場合には、フレックスタイムの労使協定を労働基準監督署に届け出ることになります。

●週平均50時間となる月間の労働時間数

月の歴日数	週平均50時間となる月間の労働時間数
31日	221.4時間
30日	214.2時間
29日	207.1時間
28日	200.0時間

フレックスタイム制に関する労使協定

協定例

　○○産業株式会社と○○産業労働組合とは、労働基準法第32条の3の規定にもとづき、フレックスタイム制について、次のとおり協定する。

第○条（フレックスタイム制の適用社員）

> 対象者を明確にします。

　営業部及び開発部に所属する従業員にフレックスタイム制を適用する。

第○条（清算期間）

　労働時間の清算期間は、4月、7月、10月、1月の1日から翌々月末日までの3箇月間とする。

第○条（総労働時間）

　清算期間における総労働時間は、1日7時間に清算期間中の所定労働日数を乗じて得られた時間数とする。

　総労働時間＝7時間×3箇月の所定労働日数

第○条（1日の標準労働時間）

　1日の標準労働時間は、7時間とする。

第○条（コアタイム）

> コアタイムは設けても
> 設けなくてもかまいません。

　必ず労働しなければならない時間帯は、午前10時から午後3時までとする。

第○条（フレキシブルタイム）

　適用社員の選択により労働することができる時間帯は、次のとおりとする。

　始業時間帯＝午前6時から午前10時までの間
　終業時間帯＝午後3時から午後7時までの間

第○条（超過時間の取扱い）

　清算期間中の実労働時間が総労働時間を超過したときは、会社は、超過した時間に対して時間外割増賃金を支給する。

第○条（不足時間の取扱い）

　清算期間中の実労働時間が総労働時間に不足したときは、不足時間を次の清算期間にその法定労働時間の範囲内で繰り越すものとする。

第○条（有効期間）

　本協定の有効期間は、○○年○月○日から1年とする。

8 時間外労働 三六協定

POINT
・三六（さぶろく）とは「労働基準法第36条」のこと。
・三六協定書は、時間外労働や休日労働の労使協定である。
・残業には限度基準が決められている。

三六協定とは時間外労働や休日労働の協定

　労働時間は1日8時間週40時間が原則です。これを超えて労働させる場合や休日に労働をさせる場合には、労働基準監督署に「三六（さぶろく）協定書」を提出します。三六協定書の「三六」とは、「時間外及び休日の労働についての基準」を定めた「労働基準法第36条」からつけられたものです。

　三六協定書は、時間外労働や休日労働を行うための労使協定です。具体的には、時間外労働を行う業務の種類、理由、労働者の数、1日の最高残業時間、1日以上の一定の期間についての最高残業時間、有効期限を従業員代表者（労働組合がある場合は労働組合）と協議し、書面にして労働基準監督署に届け出を行います。

　ただし、三六協定を締結すれば、それだけで制限なく残業ができるわけではありません。残業には限度時間が設けられています。また、三六協定書を届け出たからといって、残業代の支払いを免れるわけではないので、それぞれ時間外労働には25％（月間60時間超は50％）、休日労働には35％の割増賃金の支払いが必要です。

●**残業の限度時間**

残業の限度時間　月間45時間、年間360時間
特別条項がある場合
　・年間720時間以内
　・時間外労働と休日労働の合計が月間100時間未満
　・時間外労働と休日労働の合計が、複数月（2〜6ヵ月）平均で、いずれも80時間以内
　・月間45時間を超える時間外労働は年間6回まで

特別条項付き三六協定

残業には限度時間がありますが、どうしても限度時間を超えて時間外労働をしなければならないことはあります。この場合は、その残業が臨時的なものであれば特別条項付き三六協定を結ぶことにより合法的に残業を行うことができます。

特別条項付き三六協定は、残業の限度時間を超えて残業を行わなければいけない場合の事情、限度時間を超えて残業をさせる手続き方法、あらかじめ決めた限度時間を超えた場合の残業の限度時間（2番目の天井）、限度時間を超えることができる回数などを定めます。

● （特別条項として）臨時的と認められるもの（例）

1　予算、決算業務
2　ボーナス商戦に伴う業務の繁忙
3　納期のひっ迫
4　大規模なクレームへの対応
5　機械のトラブルへの対応

●臨時的と認められないもの

1　特に事由を限定せず業務の都合上必要、業務上やむを得ない、業務繁忙なときなど
2　使用者が必要と認めるとき
3　年間を通じて適用されることが明らかな事由

災害時の緊急対応

災害時には、残業時間の上限を超えても残業をせざるを得ない事態も起こりえます。そこで、労働基準法では、災害その他避けることができない事由によって、臨時の必要がある場合には、時間外労働の上限規制にかかわらず、労働基準監督署長の許可（緊急の場合は事後でも可）を受けることにより、時間外・休日労働を可能とすることができます。

対象となるのは地震、火災、風水害への対応や、人命または公益保護に関すること、突然のサーバー攻撃によるシステムダウンなど、重大で予見できないような緊急事態への対応に限られます。

なお、残業したことに対する割増賃金は通常通り支給する必要があります。

9 時間外労働の上限

POINT
・時間外労働の上限は原則月間45時間・年間360時間まで
・年間720時間を超えて時間外労働を行ってはならない。
・月間45時間を超える時間外労働ができるのは、年6回まで。

時間外労働の上限

　時間外労働は月間45時間、年間360時間までとされています。これを超える場合には臨時的で特別の事情が必要であり、これについての労使協定（三六協定の特別条項）を結び、労働基準監督署に届け出なければなりません。

　ただし、この特別条項を結んだ場合であっても、年間の時間外労働は720時間以内でなければなりません。さらに、時間外労働と休日労働の合計は、月間100時間未満に抑えなければなりません。

　また、時間外労働と休日労働の合計が、2ヵ月平均、3ヵ月平均、4ヵ月平均、5ヵ月平均、6ヵ月平均とした場合に、すべて一月当たり80時間以内でなければなりません。月45時間を超えて時間外労働を行えるのも年間6回までとされています。この上限に違反した場合には、6ヵ月以下の懲役または30万円以下の罰金が科されます。

●複数月（2～6ヵ月）平均の算出

例　9月については、前月までの実績をもとに以下のように2～6ヵ月平均を算出します。

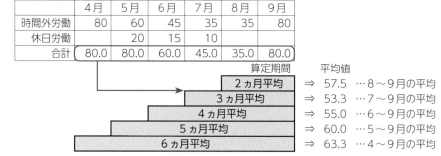

	4月	5月	6月	7月	8月	9月
時間外労働	80	60	45	35	35	80
休日労働		20	15	10		
合計	80.0	80.0	60.0	45.0	35.0	80.0

算定期間		平均値	
2ヵ月平均	⇒	57.5	…8～9月の平均
3ヵ月平均	⇒	53.3	…7～9月の平均
4ヵ月平均	⇒	55.0	…6～9月の平均
5ヵ月平均	⇒	60.0	…5～9月の平均
6ヵ月平均	⇒	63.3	…4～9月の平均

　同様に他の月についても2～6ヵ月平均を算出するため、すべての月について、隣接する2～6ヵ月の平均が80時間以内となるよう管理しなければなりません。

●上限規制の例外

　労働時間の上限規制については、建設業、自動車運転の業務、医師については下記のように例外が設けられています。ただし、1カ月100時間、2～6カ月平均80時間の残業というのは過労死の認定ラインとなります。法の規制内であっても、過重労働による労災が発生した場合には会社の責任は免れません。

　会社には、従業員を健康で安全に働かせる義務がありますので、上限規制はともかく、会社として残業時間の削減に積極的に取り組むことが求められます。

事業	残業規制の内容
一般の事業	通常時（原則）は以下の通り 　月45時間、年間360時間まで 特別条項により延長可能な範囲 　月100時間、年間720時間まで延長可能 　※2～6か月の平均80時間以内とすること。
建設業	●通常時は一般の事業と同様。 ●災害の復旧・復興の事業に関しては、時間外労働と休日労働の合計について、①月間100時間未満、②2～6カ月平均80時間以内までとする規制は適用されない。
自動車運転の業務	●特別条項付き36協定を締結する場合の年間の時間外労働の上限は年間960時間。 ●時間外労働と休日労働の合計について、①月間100時間、②2～6カ月平均80時間以内とする規制は適用されない。 ●時間外労働が月45時間を超えることができるのは、年6か月までとする規制は適用されない。
医師	●特別条項付き36協定を締結する場合の時間外・休日労働の上限は、960時間、指定を受けた救急医療機関等は1860時間となる。 ●時間外労働と休日労働の合計について、①月間100時間、②2～6カ月平均80時間以内とする規制は適用されない。 ●時間外労働が月45時間を超えることができるのは、年6カ月までとする規制は適用されない。 ●医療法に追加的健康確保措置に関する定めがある。

コラム　賃金請求権が2年から3年へ

　残業代などの賃金の請求権は、従来は2年で時効（退職金は5年）でしたが、民法が改正されて令和2年4月1日からは時効が5年（当面の間は3年）となりました。同様に賃金台帳やタイムカード等も5年間（当面の間は3年間）の保存が義務づけられています。

　残業代未払があると、過去5年分（当面は3年分）の清算を求められることになり、その金額も高額になりますから、会社としては残業代未払いがないか、労働時間の管理は適切か、今まで以上に注意を払う必要があります。

限度時間を超える場合の健康・福祉の措置

　特別条項を結んで限度時間を超えて働く場合には、労働者の健康・福祉を確保するため右記の措置をするよう求められています。

書式

> 三六協定は、事業場単位で締結し届け出る必要があります。
> 別々の場所に工場や支店などがある場合は、協定を締結し、
> それぞれの所在地を管轄する労働基準監督署長に届け出ます。

時間外労働　に関
休　日　労　働

様式第9号（第16条第2項関係）

事業の種類	事業の名称
金属製品製造業	○○金属工業株式会社　○○工場

		時間外労働をさせる必要のある具体的事由	業務の種類	労働者数（満18歳以上の者）
時間外労働	① 下記②に該当しない労働者	受注の集中	設計	10人
		臨時の受注、納期変更	機械組立	20人
		製品不具合への対応	検査	10人
	② 1年単位の変形労働時間制により労働する労働者	月末の決算事務	経理	5人
		棚卸	購買	5人
休日労働		休日労働をさせる必要のある具体的事由	業務の種類	労働者数（満18歳以上の者）
		受注の集中	設計	10人
		臨時の受注、納期変更	機械組立	20人

> 労働者数には管理監督者なども含みます。

> 「事由」は具体的に定めて、「種類」は業務の範囲を細分化し、明確に定める必要があります。

上記で定める時間数にかかわらず、時間外労働及び休日労働を合算した時間数は、1箇月について100日

協定の成立年月日　○○○○　年　3　月　12　日

協定の当事者である労働組合（事業場の労働者の過半数で組織する労働組合）の名称又は労働者の過半数を代表

協定の当事者（労働者の過半数を代表する者の場合）の選出方法（　投票による選挙
　　上記協定の当事者である労働組合が事業場の全ての労働者の過半数で組織する労働組合である又は上記協定の

　上記労働者の過半数を代表する者が、労働基準法第41条第2号に規定する監督又は管理の地位にある者でな
る手続により選出された者であって使用者の意向に基づき選出されたものでないこと。☑（チェックボックス
　　　　　○○○○　年　3　月　12　日

○　○　労働基準監督署長殿

労働者の健康・福祉を確保するための措置

①医師による面接指導　②深夜業（22時～5時）の回数制限　③終業から始業までの休息時間の確保（勤務間インターバル）　④代償休日・特別な休暇の付与　⑤健康診断　⑥連続休暇の取得　⑦心とからだの相談窓口の設置　⑧配置転換　⑨産業医等による助言・指導や保健指導

> 事業所ごとに届け出を行います。

> 有効期間は最長1年まで。

> 1年間の上限時間を計算する際の起算日を記入します。

する協定届

労働保険番号

法人番号

事業の所在地（電話番号）

（〒○○○－○○○○）
○○市○○町１－２－３
（電話番号 : ○○○－○○○○－○○○○ ）

協定の有効期間

○○○○年４月１日
から１年間

所定労働時間（1日）（任意）	延長することができる時間数					
	1日		1箇月（①については45時間まで、②については42時間まで）		1年 ①については360時間まで、②については320時間まで 起算日（年月日）○○○○年４月１日	
	法定労働時間を超える時間数	所定労働時間を超える時間数（任意）	法定労働時間を超える時間数	所定労働時間を超える時間数（任意）	法定労働時間を超える時間数	所定労働時間を超える時間数（任意）
7.5時間	3時間	3.5時間	30時間	40時間	250時間	370時間
7.5時間	2時間	2.5時間	15時間	25時間	150時間	270時間
7.5時間	2時間	2.5時間	15時間	25時間	150時間	270時間
7.5時間	3時間	3.5時間	20時間	30時間	200時間	320時間
7.5時間	3時間	3.5時間	20時間	30時間	200時間	320時間

> 上限があります。（P.104参照）

> 上限があります。（P.104参照）

所定休日（任意）	労働... 法...	働き...にお...
土日祝日	1か月に1日	8：30～17：30
土日祝日	1か月に1日	8：30～17：30

時間未満でなければならず、かつ2箇月から6箇月までを平均して80時間を超過しないこと。☑
（チェックボックスに要チェック）

する者の　職名　検査課主任
　　　　　氏名　山田花子

> 労働基準法上の管理監督者以外の者であること（役職者でなければよい）。

）当事者である労働者の過半数を代表する者が事... ...者であること。☑
（チェックボックスに要チェック）

く、かつ、同法に規定する協定等をする者を選出することを明らかにして実施される投票、挙手等の方法によ...に要チェック）

使用者　職名　工場長
　　　　氏名　田中太郎

10 休日、振替休日、代休

POINT
・法定休日の割増賃金は3割5分増しとなる。
・祝祭日、お盆、年末年始の休暇も法定外休日となる。
・振替休日を翌週に振り替えると割増賃金が必要になる。

法定休日は年間52日

法定外休日
祝祭日、お盆、年末年始など

法定休日
52（53）日

週休2日制の場合の
年間最低休日日数105日

　労働基準法では休日を1週間のうち少なくとも1日、または4週間で4日以上与えなくてはならないとしています。この休日に労働をさせた場合には、休日労働の割増賃金として3割5分増しの手当てを支払わなければなりません。この休日のことを法定休日と呼びます。法定休日は、週のうち何曜日でもよく、週により変化させることもできます。

　多くの会社が週休2日制となっています。これは、1日8時間労働であれば5日働くと40時間に達し、週のうち2日を休日に当てないと法律を満たさないことになるからです。この法定休日以外の休日を法定外休日と呼びます。なお、祝祭日、お盆、年末年始の休暇も法定外休日となります。

　振替休日とは、休日と労働日を交換（事前）すること。代休とは、休日に働いて他の労働日の労働を免除（事後）する制度です。どちらも休日に働き、代わりに他の日を休むのですが、法律上の取扱いは大きく違います。

　振替休日の場合は、休日が移動しただけですので賃金の計算は通常通りですが、代休の場合は、すでに休日労働をしていますので休日の労働分の賃金（割増賃金を含む）を支払って、代休日の賃金を控除する形になります。この休日の労働分の賃金には割増賃金も含まれますので、割増賃金分だけ社員に支給しなければいけないことになります。

　なお、振替休日の場合でも翌週に振り替えると、1週間に40時間を超えて働くことになりますので、25％の割増賃金の支払いが必要になります。

1日の考え方について

　労働時間の１勤務は、出勤から午前０時を超えても退勤までを通算して計算しますが、休日（有給含む）は、原則として暦日を指します。始業が22時で終業が翌朝７時のような勤務でも、休日は、午前０時から午後12時まで確保する必要があります。有給休暇も同様に、午前零時をまたぐ勤務日に有給を取る場合には、２日分の有給を消化することになります。

　ただし、常に午前０時をまたがって働いている場合など、交替制における２日にわたる１勤務及び常夜勤勤務者の１勤務については、当該勤務時間を含む継続24時間を１労働日として取り扱って差し支えないとされています。

休日の原則

　休日の原則と休日のパターンは次の通りです。
・１週間に１日または４週間に４日の休日
・年間の最低休日日数は52（53日）
・週休２日制の場合の年間最低休日日数は105日

●基本的な休日のパターン

	1日目	2日目	3日目	4日目	5日目	6日目	7日目
第1週	労働日	労働日	労働日	労働日	労働日	労働日	法定休日
第2週	労働日	労働日	労働日	労働日	労働日	労働日	法定休日
第3週	労働日	労働日	労働日	労働日	労働日	労働日	法定休日
第4週	労働日	労働日	労働日	労働日	労働日	労働日	法定休日

●変則的なパターン①　⇒1週間のうち、どの日でも休日があればよい。

	1日目	2日目	3日目	4日目	5日目	6日目	7日目
第1週	法定休日	労働日	労働日	労働日	労働日	労働日	労働日
第2週	労働日	労働日	労働日	労働日	労働日	労働日	法定休日
第3週	労働日	労働日	労働日	労働日	労働日	労働日	法定休日
第4週	法定休日	労働日	労働日	労働日	労働日	労働日	労働日

●変則的なパターン②　⇒4週4日の休日があればよい。

	1日目	2日目	3日目	4日目	5日目	6日目	7日目
第1週	労働日	労働日	労働日	労働日	労働日	労働日	労働日
第2週	労働日	労働日	労働日	労働日	労働日	労働日	労働日
第3週	労働日	労働日	労働日	労働日	労働日	労働日	労働日
第4週	労働日	労働日	労働日	法定休日	法定休日	法定休日	法定休日

11 休憩時間

POINT
・休憩時間は自由が保障された時間でなければならない。
・昼休憩中の電話応対は休憩時間ではなく労働時間である。
・休憩時間には最低限度はあるが最長限度はない。

6時間を超えると途中に休憩時間を与える

休憩時間とは、使用者の指揮監督下にない時間のことです。言い換えれば労働から離れることが保証されている時間といえます。

労働基準法では、労働時間中のストレスや疲労を回復させるために、1日の労働時間が6時間を超える場合は45分間以上、8時間を超える場合は1時間以上の休憩を労働時間の途中に与えることを規定しています。**休憩時間は労働時間の途中に与えるものですから、たとえ6時間30分で終わる仕事であっても、休憩なしで仕事をさせて、その分、早く帰らせるということはできず、途中に必ず45分間の休憩を入れなければなりません。**

休憩時間は自由に利用させることが原則ですが、自由とはいっても、飲酒の禁止や他の従業員の休憩の妨害となる行為をしないなどの**職場の安全管理、規律管理上の制限をすることは可能**です。また、休憩時間中に会社施設内での自由が保証されれば、外出を許可制にすることも可能です。

なお、昼休憩中に電話の応対をしなければいけない場合は、労働から解放されているとはいえず、休憩時間ではなく労働時間となります。

休憩の与え方には決まりがある

休憩は事業所ごとに一斉に取らせることが原則です。しかし、運輸交通業、商業、金融・広告業、映画・演劇業、通信業、保健衛生業、接客娯楽業などでは、休憩を一斉に取らせなくてもかまいません。なお、こうした業種以外であっても労使協定を結べば一斉休憩を与えなくてもかまいません。

休憩時間には最低限度の時間は決められていますが、**最長何時間という制限はありません。**労働時間の途中に6時間の休憩など長時間の休憩を設

けることも可能です。労働時間が長い飲食店などでは、休憩時間を午後2時から午後5時までといった長い休憩時間を設けることもあります。また、運送業を除き、まとめて何分以上といった分割に関する規定もないため、午前15分、昼休憩30分、午後15分といったように、休憩時間を分割することも可能です。

運送業の休憩時間

運送業のドライバーは、長時間労働が常態化しており、疲労の蓄積は予期せぬ事故を招きかねません。

そこで、運送業の自動車運転者には特別に「自動車運転者の労働時間等の改善のための基準」が定められ、一般の労働者よりも細かく拘束時間、労働時間、休息時間などについて規定されています。なお、この基準は令和6年4月に大幅な改正がなされました。

基準は、トラック、タクシー、バス、それぞれのドライバーごとに定められており、特徴的なものとしては、拘束時間（労働時間＋休憩時間）の上限があること、休息時間（勤務と次の勤務の間の時間）の長さが定められていることなどです。

●基本となる拘束時間の基準

	トラック	タクシー	バス
1年、1カ月の拘束時間の上限	年間3300時間（最大3400時間）月間284時間（最大310時間）（※2）	年間規制はなし月間288時間（最大300時間）（※2）	年間3300時間（最大3400時間）月間281時間（最大294時間）（※1）
1日の拘束時間	13時間以内（上限15時間、14時間超は週2回までが目安）	13時間以内（上限15時間、14時間超は週3回までが目安）	
休息時間	連続11時間を基本として、9時間を下回らない		
運転時間	連続4時間以内運転時間は2日平均1日9時間以内、2週平均1週44時間以内まで	なし	連続4時間以内（高速バス、貸し切りバスの高速道路の運転は2時間が目安）

（※1）1年3300時間以内、1ヵ月281時間以内の制限か、52週3300時間以内、4週平均1週65時間以内のいずれかを選択できる。
（※2）2名乗務体制、隔日勤務体制、車庫で待機するタクシーやハイヤーの運転手については特例の基準がある。

12 みなし労働時間制

POINT
・みなし労働時間制は労働時間が把握できない場合に限られる。
・労働時間が1日8時間を超える場合は、労使協定を結ぶ必要がある。

労働時間が把握できない場合にみなし労働時間

みなし労働時間＝労働時間
実際に働いている時間（会社が把握できない）

外回りの営業職などや出張など、会社が労働時間を把握することが難しい場合には、事業場外のみなし労働時間制が利用できます。この制度は、実際の労働時間が把握できないので、決めた時間だけ労働したとみなすという制度です。この制度では、みなし時間を8時間と設定すれば、たとえ、実際に外回りで働いている時間が5時間であっても10時間であっても、8時間とみなして労働時間を算定します。

みなし労働時間が利用できるのは、労働時間が把握できない場合に限定されています。たとえ外回りの営業員であっても、スケジュール表での管理や、携帯電話などで報告をさせることで、労働時間を把握して算定ができる場合には、この制度は利用できません。

1日8時間を超えると割増賃金が必要

1日8時間を超えるみなし労働時間制
1日8時間 ←―――割増賃金の支払い―――→

みなし労働時間制では、1日8時間までなら労働基準監督署への届け出は必要ありませんが、1日8時間を超えるみなし労働時間制を採用する場合には、労使協定を結んで労働基準監督署へ届け出る必要があります。

また、この制度でも8時間を超える部分については割増賃金の支払いが

発生します。

　深夜労働や休日労働などは、みなし労働時間には含まれません。深夜に労働した場合や、休日に労働した場合は、**別途、割増賃金の支払いが必要**となります。会社によっては、営業職に対して営業手当は支払うが、残業代は支払わないというところがあります。しかし、営業職といっても、労働時間を把握できる場合、残業代の代わりに営業手当を支給しているとしても、労働時間が1日8時間を超えた場合には、超えた部分が残業となり割増賃金を支払わなくてはなりません。

事業場外のみなし労働時間制

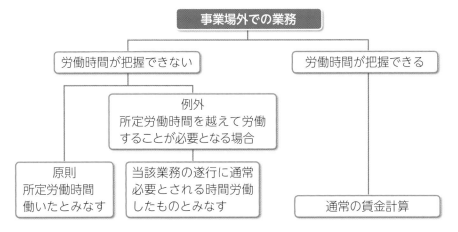

●事業場外のみなし労働時間が使えない場合
①グループで行動し、そのなかに労働時間の管理をする者がいる場合
②無線や携帯電話などで使用者の指示を受けながら仕事をする場合
③訪問先、帰社等の指示を受け、その通りに働く場合

こんなときには？

Q あらかじめ1日10時間を働くとする、みなし労働時間制は可能ですか。

A 可能ですが、この場合は、2時間分の割増賃金相当額を手当てとして支給することが必要です。

13 専門業務型裁量労働時間制

POINT
- 労働者に仕事の仕方をゆだねるのが裁量労働時間制である。
- 裁量労働時間制には、専門業務型と企画業務型がある。
- 専門業務型裁量労働時間制を採用できる業種は限られている。

仕事の仕方を労働者にまかせる裁量労働時間制

裁量労働時間制とは、労働者に時間配分や仕事の仕方などを委ねた場合に、あらかじめ定めた時間を働いたとみなす制度です。予定する（みなす）時間を8時間と定めた場合には、実際に働いた時間が10時間、または12時間であっても、8時間となります。通常では、10時間働くと2時間分の、12時間働くと4時間分の割増賃金を支払う必要がありますが、裁量労働時間制の場合には、支払う必要はありません。

この制度は、業務の性質上、労働者に仕事の進め方、時間配分などを労働者に委ねた方が適当であると厚生労働省が認めた業務を対象とし、専門業務型裁量労働制と企画業務型裁量労働制の2種類があります。

なお、裁量労働時間制においても、労働者の過重労働による健康災害防止のため、会社は労働者の勤務状況を把握し、健康的に働けるように配慮をする必要があります。

専門業務型は専門性の高い業種に限られる

裁量労働時間制には業務の性質上、会社が具体的な指示を出すことが困難と定められた20の業務を対象とする専門業務型裁量労働時間制と、企画・立案・調査及び分析の業務を対象とする企画業務型裁量労働時間制の2種類があります。

専門業務型裁量労働時間制を採用できる業種は以下の通りです。

●**専門業務型裁量労働時間制を採用できる専門性の高い業種**
　　①新商品もしくは新技術の研究開発または人文科学もしくは自然科学に関する研究の業務
　　②情報処理システムの分析または設計の業務

③新聞や出版などの記事の取材もしくは編集の業務またはテレビ、ラジオなどの放送番組の制作のための取材もしくは編集の業務

④衣服、室内装飾、工業製品、広告などの新たなデザインの考案の業務

⑤放送番組、映画などの製作の事業におけるプロデューサーまたはディレクターの業務

⑥コピーライターの業務

⑦システムコンサルタント

⑧インテリアコーディネーター

⑨ゲーム用ソフトウェアの創作の業務

⑩証券アナリスト

⑪金融工学等の知識を用いて行う金融商品の開発の業務

⑫大学の教授、准教授または講師・助教の業務

⑬公認会計士　　⑭弁護士　　　⑮建築士

⑯不動産鑑定士　⑰弁理士　　　⑱税理士

⑲中小企業診断士　⑳M&Aアドバイザー

●制度導入には新たな労使協定が必要

　専門業務型裁量労働時間制を導入するためには、就業規則などの社内規程を整備して、対象業務、みなし時間、苦情処理などの必要事項を記載した労使協定を労働基準監督署へ届け出た上で、対象労働者から、個別に裁量労働の適用を受ける同意を得る必要があります。

　同意をしなかった労働者や、同意を撤回した労働者に対しては、不利益な取り扱いをすることは禁じられています。

●労使協定で定める事項

①対象となる業務(前記の20業務)

②1日の労働時間としてみなす時間

③対象業務の遂行の手段や時間配分の決定等に関し、使用者が労働者に具体的な指示をしないこと

④健康・福祉確保措置の具体的内容

⑤苦情処理のための措置と具体的内容

⑥制度の適用には労働者本人の同意が必要であることの定め

⑦労働者が同意をしなかった場合は不利益な取り扱いをしないことの定め

⑧同意の撤回に関する手続き

⑨労使協定の有効期間（3年以内が望ましい）

⑩労働時間の状況、健康・福祉確保措置の実施状況、苦情処理措置の実施状況、同意及び同意の撤回の労働者ごとの記録を労使協定の期間中及びその期間満了後3年間保存すること。

14 企画業務型裁量労働時間制

POINT
・労働時間の配分は労働者に一任される。
・裁量労働制の採用に同意しない者には強要できない。
・定期的に労働基準監督署へ報告書の提出義務がある。

企画業務型裁量労働時間制とは?

　企画業務型裁量労働時間制は、事業の運営に関しての企画、立案、調査及び分析の業務を対象として、業務遂行の手段や時間配分の決定等を大幅に労働者に委ね、使用者が具体的な指示をしないこととする裁量労働時間制です。

　企画業務型裁量労働時間制を行うには、①労使委員会を設置し、②労使委員会で決議します。③就業規則等を整備して、④労働基準監督署に決議書を届け出ます。⑤対象となる労働者の同意を得て制度を実施します。⑥労使委員会を6カ月以内ごとに1回以上開催してモニタリングを行い、⑦初回は6カ月以内に1回、その後1年ごとに1回労働基準監督署に報告を行います。

労使委員会とは?

　労使委員会とは、賃金、労働時間その他の労働条件に関する事項を調査審議し、事業主に対して意見を述べる委員会で、会社と労働者を代表する者からなる委員会です。

　委員会は労働者を代表する者が半数を占めていないといけません。また労使1名ずつという構成も認められていません。

　委員会では、委員会の収集、定数など委員会の運営について必要な事項を規定する運営規程を作成します。また、委員会は6カ月以内ごとに1回開催し、開催の都度、議事録を作成して、開催日から3年間保存しなければなりません。

　また、決議、議事録は開催の都度作成し、作業場への掲示により労働者に周知しなければなりません。

●**運営規程で規定しなければいけない事項**

①労使委員会の招集に関する事項

②労使委員会の定足数に関する事項

③労使委員会の議事に関する事項

④対象労働者に適用される賃金・評価制度の内容の使用者からの説明に関する事項

⑤制度の趣旨に沿った適正な運用の確保に関する事項

⑥開催頻度を6カ月ごとに1回とすること

⑦その他委員会の運営について必要な事項

●**労使委員会で決議しなければいけない事項** (委員の5分の4以上の多数による決議が必要)

①対象となる業務

②対象労働者の範囲

③1日の労働時間としてみなす時間

④健康・福祉確保措置の具体的内容

⑤苦情処理のための措置と具体的内容

⑥制度の適用には労働者本人の同意が必要であることの定め

⑦労働者が同意をしなかった場合は、不利益な取り扱いをしないことの定め

⑧同意の撤回に関する手続き

⑨対象労働者に適用される賃金・評価制度を変更する場合に、労使委員会に変更内容の説明を行うこと

⑩労使協定の有効期間（3年以内が望ましい）

⑪労働時間の状況、健康・福祉確保措置の実施状況、苦情処理措置の実施状況、同意及び同意の撤回の労働者ごとの記録を、労使協定の期間中及びその期間満了後3年間保存すること。

労働基準監督署への定期報告

　会社は、決議の有効期間の始期から起算して、初回は6カ月以内に1回、その後は1年以内ごとに1回、労働基準監督署に、①対象労働者の労働時間の状況、②対象労働者の健康・福祉確保措置の実施状況、③同意および同意の撤回の状況について報告しなければなりません。

15 役職者と割増賃金

POINT
・管理監督者でない課長職には残業代が必要となる。
・管理監督者でも深夜労働の割増賃金は支払う。
・経営者と一体的な立場にあるかどうかが判断の基準となる。

時間外労働を適用しない者

労働基準法では、業務の性質上、労働時間、休憩及び休日に関する規定を適用しない者が定められています。業務が、天候などの自然条件の影響を著しく受ける農業や漁業、畜産業などや、事業経営上の管理・監督者や秘書など、経営者と一体となって活動することが求められる者、宿直業務など労働の負荷が著しく軽い監視または断続的に働く者がこれにあたります。

ただし、監視または断続的労働者については、労働基準監督署の許可を受けなければ適用除外者にはなりません。

また、監視業務といっても、交通関係の監視や車両誘導など精神的緊張度の高いものや、プラント等における計器類を監視する業務、危険または有害な場所における業務は適用除外者とは認められません。

●**労働時間に関する適用除外者**
①林業を除く**農林水産業**
②**管理監督者**または**機密の事務を取り扱う者**（役職者や秘書など）
③**監視または断続的労働**に従事する者（労働基準監督署の許可が必要）

課長職であっても残業代不要というわけではない

多くの会社では、課長職以上には残業手当を支払わないとしています。

これは、労働基準法に、監督もしくは管理の地位にある者には残業手当は支払わなくてよいと定められているからです。

しかし、課長職だから残業手当を支払わないと会社が決めたとしても、

この課長職が労働基準法上の管理監督者に該当しなければ、残業手当を支払わなければなりません。労働基準法では、管理監督者に該当するかどうかは、役職の名称ではなく実態で判断されます。

労働基準法上の管理監督者に該当するかどうかは、①経営者と一体的な立場にある重要な職責と責任がある、②労働時間の規制になじまない者である、③地位に相応しい待遇を得ている、などを総合的に判断して決定します。また、管理監督者だからすべての割増賃金を支払わなくてよいわけではありません。夜10時から朝5時までの深夜労働については、管理監督者に対しても割増賃金の支払いが必要です。

管理監督者の判断基準

管理監督者とは、部長、工場長等、労働条件の決定その他の労務管理について、経営者と一体的な立場にある者であり、名称にとらわれず、実態に即して判断します。

●管理監督者の具体的な要件

①経営者と一体的な立場にある重要な職責と責任がある
肩書きだけではなく部下の人事権など実態がともなうこと。
②労働時間の規制になじまない者
出社、退社について本人に裁量権があること。
③地位に相応しい待遇を得ていること
少なくとも時給計算をしたときに残業をしている部下より時間単価が高いこと。

名ばかり管理職の店長の判断基準

飲食店チェーンの店長が、労働基準法上の管理監督者の実態がないまま名前だけ管理職として残業代が支払われないとして、問題となった事例では、この店長が管理監督者にあたるかどうかの基準が示されました。

基準には、「店舗での採用や解雇、人事考課などの権限がない」「自己の労働時間に関する裁量がない」「基本給、役職手当が充分に優遇されていない」といった判断要素が示されています。この基準に1つでも該当すると管理監督者とはみなされない恐れがありますが、管理監督者かどうかの最終判断は、その他の事情も含めて総合的に行われます。

16 長時間労働と過労死

POINT
・社員の過労死は会社が責任を問われる。
・時間外・休日労働時間が月に80時間を超える場合は、医師の面接指導を受けさせなければならない。

過労死は会社の責任となる

　過労死とは、過度の労働負荷が誘因となって、高血圧や動脈硬化などの疾患が悪化し、脳血管疾患や虚血性心疾患、急性心不全などを発症して、永続的労働不能や死に至った状態を指します。

　心筋梗塞や脳卒中などは業務とは関係なく起こりますが、その原因が業務にある場合は、労災保険が適用されます。

　会社には、従業員の労働時間を把握して社員を安全に働かせる義務がありますので、過労死は会社の責任となります。過労死では裁判に発展するケースも多く、その損害賠償額は数千万円から数億円と高額となります。会社としても社員の勤務状況には普段から注意をしなければなりません。

80時間以上の残業は要注意

　脳卒中や心筋梗塞などの場合、その疾患が業務に起因するか、しないかの判断は難しく、厚生労働省では一定の基準を設けて、過労死の判断をしています。この基準では、発症前6ヵ月間の労働時間の長さや、業務の時間的・内容的な不規則性、作業環境などをもとに判断されます。

　労働時間の長さは判断の重要な要素です。発症前1ヵ月間の残業時間が100時間を超える場合や、発症前2ヵ月～6ヵ月の間の残業時間が1ヵ月当たり80時間を超える場合は、過労死の可能性が高いと判断されます。また、残業時間が1ヵ月当たり80時間未満であっても、他の要因も含めて総合的に判断して過労死と認定される場合もあります。

　また、1ヵ月の時間外・休日労働時間が80時間を超えるような場合には、労働者から申し出があれば**医師による面接指導**をさせて、医師の指導に基づいて休暇や労働時間の短縮などの措置を行わなくてはいけません。

PART

5

休暇・休業

1 年次有給休暇

POINT
・休暇とは、労働を免除される日、休日とは労働しなくてよい日。
・試用期間も年次有給休暇の算定に加える。
・定年退職後、嘱託として再雇用されても有給は引き継がれる。

年次有給休暇は労働基準法に規定されている

休暇とは、本来働かなくてはならない日について、労働を免除する日のことです。そして、年次有給休暇とは、労働基準法により規定されているもので、働かなくても賃金が支払われる休暇のことをいいます。

年次有給休暇は、労働者が入社して6ヵ月継続して勤務し、所定労働日の8割以上出勤した場合に付与されるものです。付与される日数は、初年度で10日間、以後6ヵ月経過した日を基準日として、毎年、その日に新たな年次有給休暇の権利が発生します。なお、試用期間を置いている会社では、試用期間も「6ヵ月継続して勤務」の期間に含まれます。

●6ヵ月継続して勤務

年次有給休暇の権利を取得するには6ヵ月継続して勤務していることが要件の1つですが、この継続して勤務しているかは、労働が続いているかどうかで判断します。労働が続いているとは、たとえば試用期間から正社員に契約内容が変わって働き続ける場合はもちろん、契約社員が契約を更新して前の契約期間と合わせて6ヵ月以上働くときや、定年退職して嘱託として再雇用されたときなども労働が継続しているとみなします。

なお、契約期間の間が半年も離れている場合や、定年退職して半年後に嘱託職員として再就職した場合などは継続しているとはみなされません。

●所定労働日の8割以上出勤

所定労働日とは、就業規則や労働契約などで出勤しなければいけない日のことを指します。この所定労働日の8割以上を出勤すれば上記の継続勤務の要件と併せて年次有給休暇の権利を取得できます。

なお、この出勤率の計算に当たり、労災での休業期間中や産前産後の休暇、年次有給休暇を取得した日などは<u>出勤したとみなして</u>計算を行います。

●年次有給休暇中の賃金

　年次有給休暇を取得した日には賃金が支払われます。多くの会社は、通常働いたと同じ賃金を支給しています（月給制の場合は賃金の控除をしない）。あらかじめ就業規則等で定めることが必要ですが、年次有給休暇中の賃金は以下の3つから支給することもできます。

> ①平均賃金
> ②通常の賃金
> ③健康保険の標準報酬日額（労使協定が必要）

●年次有給休暇の権利発生要件

①雇入れ後6ヵ月間継続して勤務している。

②所定労働日数の8割以上勤務している。

●年次有給休暇の出勤率の計算方法

$$年次有給休暇の出勤率＝\frac{出勤した日}{所定労働日数} \times 100$$

●出勤率の算定の際に出勤したとみなすもの

①業務上の疾病による療養のため休養した期間

②産前産後の女性が労働基準法第65条の規定により休業した期間

③育児・介護休業法による育児休業、または介護休業した期間

④年次有給休暇を取得した期間

●出勤率の算定の際に出勤したとみなされないもの

①会社の都合ではない休業の期間　②ストライキ中の期間

③私傷病の休業期間　④生理休暇　⑤慶弔休暇

こんなときには？

Q 　パート社員が有給休暇を取得しました。働く時間が日々まちまちで、賃金の支払い方法がわかりませんが、どうしたらよいのでしょうか。

A 　時給制などで日々の労働時間が違う労働者の場合、年次有給休暇の賃金の算出は複雑です。しかし、パートタイム就業規則や雇入通知書により、年次有給休暇の際の賃金は平均賃金とすると定めておけば、その金額を支給すれば足ります。（参照＝平均賃金の算出方法☞P71参照）

2 年次有給休暇の付与日

POINT
・パートタイマーやアルバイトにも年次有給休暇はある。
・年次有給休暇には8割以上出勤の要件がある。
・年次有給休暇には付与日を統一する方法もある。

年次有給休暇の付与日数

●年次有給休暇の付与日数

勤続年数	6ヵ月	1年 6ヵ月	2年 6ヵ月	3年 6ヵ月	4年 6ヵ月	5年 6ヵ月	6年 6ヵ月 (以上)
付与日数	10日	11日	12日	14日	16日	18日	20日

　年次有給休暇は、入社後6ヵ月継続勤務し、所定労働日数の8割以上出勤した労働者に対して10日が付与されます。その後、1年が経過するごとに、毎年、要件を満たせば2年目（入社から1年6ヵ月後）に11日、3年目は12日、4年目以降は14日、5年目は16日、6年目で18日、最終的に7年目（6年6ヵ月後）には20日の年次有給休暇が付与されますが、付与された年次有給休暇は翌年度の終わりまで繰り越すことができます。

　前年度に年次有給休暇を取得していない場合、7年6ヵ月以上勤めていれば前年の20日と当年の20日を併せて40日の年次有給休暇を取得できます。

年次有給休暇の基準日

　年次有給休暇は、最短でも入社してから6ヵ月経たないと権利が発生しません。4月1日に入社した新入社員の場合は、10月1日が権利発生日となります。新卒一括採用しか行わない会社の場合に比べて、中途採用者を雇い入れる会社の場合には、一人ひとりの有給休暇の権利発生日を管理することは大きな負担です。

　そこで、法律上の付与日よりも前倒しして付与することを条件として、基準日を設けて年次有給休暇の付与日を統一する方法があります。

パートタイマーの年次有給休暇

年次有給休暇は、パートタイマーやアルバイト、嘱託社員でも権利が発生します。週30時間以上働くパートタイマー等の場合には、正社員と同じ日数が付与されますが、週の労働時間が30時間未満の者については、その働く日数に応じて付与されます。週の労働時間が不定期の場合には、1年間の労働日数に応じて年次有給休暇が付与されます。

●パートタイマー等の年次有給休暇

5

休暇・休業

週の労働日数	年間労働日数	6ヵ月	1年6ヵ月	2年6ヵ月	3年6ヵ月	4年6ヵ月	5年6ヵ月	6年6ヵ月(以上)
5日	217日以上	10日	11日	12日	14日	16日	18日	20日
4日	169〜216	7	8	9	10	12	13	15
3日	121〜168	5	6	6	8	9	10	11
2日	73〜120	3	4	4	5	6	6	7
1日	48〜72	1	2	2	2	3	3	3

＊週労働時間が30時間以上の場合には最上段の欄を使用する。

付与日数は労働日数を基準に計算する

年次有給休暇の付与日数は労働日数によって決まります。1日4時間週5日働いているパートタイマーの場合は、初年度に10日が付与されますが、1日8時間週3日働いているパートタイマーの場合、初年度は5日しか支給されません。これは一見不合理に見えますが、労働時間は年次有給休暇の賃金計算の基礎になりますので、結果から見れば合理的といえます。

例1

時給1,000円で、1日4時間週5日間働くパートタイマーの有給休暇の賃金

1,000円×4時間×10日＝40,000円

例2

時給1,000円で、1日8時間週3日間働くパートタイマーの有給休暇の賃金

1,000円×8時間×5日＝40,000円

3 年次有給休暇の分割付与

POINT
・有給休暇は午前0時から午後12時までの1日単位で取得する。
・年次有給休暇のうち5日まで、有給休暇の時間取得ができる。
・有給休暇の時間取得を導入するには労使協定の締結が必要。

年次有給休暇の単位

　有給休暇は労働者の心身の疲労を回復させるために作られた制度です。この成立の趣旨から、有給休暇は午前0時から午後12時までの1日単位で取得することが原則とされています。

　半日単位の年次有給休暇制度については、その制度導入の決定権は会社にあり、会社が、認めるか認めないかを決めることができます。そして、年次有給休暇の分割は、以前は半日まででしたが、現在は労使協定を結べば時間単位での年次有給休暇の取得もできるようになりました。

時間単位の有給休暇

　労使協定を結べば年次有給休暇のうち5日を限度に、有給休暇の時間取得ができます。

　これは、有給休暇の消化率が低く、制度が十分に生かされていないことから、時間単位で細かくすることで、より取得しやすくするために平成22年4月に導入されたものです。

　この制度の利用には、次の内容の労使協定を締結する必要があります。

①時間単位有給休暇の対象者の範囲
②時間単位有給休暇の日数
③時間単位有給休暇1日の時間数
④1時間以外の時間を単位とする場合はその時間数

　なお、半日単位の年次有給休暇は、時間単位の年次有給制度とは別の制度なので、時間単位の年次有給休暇制度の限度日数5日を超えて半日単位の年次有給休暇を付与することはさしつかえありません。

☰ 時間単位の有給休暇の不具合

年次有給休暇の時間取得は最大5日ですから、所定労働時間が8時間の場合、40時間分の有給となります。年次有給休暇を時間単位で取得できるようにすると、理論上では、40日間出勤時間を1時間遅らせることができます。さらに半日休暇を利用すれば1年分の最大（時間単位の有給で5日使っている）30日間、あわせて毎年70日間も朝の出勤時間を遅らせることができます。

時間単位の年次有給休暇は、例えば病院や役所に行く場合の少しの時間が欲しいという社員のニーズには合致していますが、その導入には慎重であった方がよいかもしれません。

●労使協定の内容

①時間単位年金の対象者の範囲

事業の正常な運営を阻害する場合は、時間単位の有給休暇の対象者を制限することができます。しかし、範囲を「ただし育児を行う者に限る」などの取得目的などによって制限することはできません。

②時間単位有給休暇の日数

最大日数が5日です。前年度からの繰り越しがある場合でも、最大10日にはならず、5日を限度とします。

③時間単位有給休暇1日の時間数

所定労働時間をもとに1日分の年次有給休暇の時間数を定めます。7時間30分などの端数がある場合は、切り上げを行います。

規定例 **年次有給休暇の時間取得についての労使協定**

第1条
すべての従業員を対象とする。

第2条【日数の上限】
年次有給休暇を時間単位で取得することができる日数は5日以内とする。

第3条【1日分年次有給休暇に相当する時間単位年休】
年次有給休暇を時間単位で取得する場合は、1日の年次有給休暇に相当する時間数を8時間とする。

第4条【取得単位】
年次有給休暇を時間単位で取得する場合は、1時間単位で取得するものとする。

> 分単位の端数がある場合は切り上げます。

5

休暇・休業

127

4 時季指定権と時季変更権

POINT
・有給休暇をいつ取得するかは労働者の自由である。
・年次有給休暇の取得は、事前申請が前提である。
・一括して年次有給休暇を取得されても拒否できない。

年次有給休暇の時季指定権と時季変更権

年次有給休暇

労働者	会 社
時季指定権⇒労働者は自由に年次有給休暇を取得できる。	**時季変更権**⇒労働者の年次有給休暇の取得日を変更する権利

●時季指定権と時季変更権

年次有給休暇をいつ取得するかは労働者の自由です。この年次有給休暇をいつ取得するかを指定する権利のことを時季指定権といいます。時季指定権は、原則として自由に行使することができますが、従業員が好き勝手に年次有給休暇を取得すると会社業務に支障が生じる可能性があります。

そこで会社は、従業員が指定した年次有給休暇の取得日が業務の正常な運営を妨げる場合に、有給休暇の取得日を変更する権利を持っています。この権利のことを時季変更権といいます。

●時季変更権の行使

時季変更権を行使できるのは、会社業務に支障をきたす場合ですが、この"業務に支障をきたす場合"とは、単に業務が忙しいという理由では不十分です。年休を取る社員の代替え要員が不在で、どうしてもその社員に働いてもらわないと業務が滞ってしまうといった理由でなければなりません。

●年次有給休暇の申し出日

年次有給休暇の取得は、事前申請が前提です。当日になって年次有給休暇を取得することは会社の持つ時季変更の権利を奪うことになります。しかし、実際には、病気などによって当日になって年次有給休暇の申請を行うこともあります。これを認めるか認めないかは会社の自由ですので、認めなくても法令に反するものではありません。

年次有給休暇は、いつまでに申し出ればよいのでしょうか。法律では年次有給休暇の申し出日の基準はありませんが、通常は、前日までに会社に申し込めば成立すると考えられます。しかし、会社も代替え要員の確保が必要ですので、"前日の終業まで"、"３日前まで"などのように、就業規則等にて定めれば、その日が基準になります。

退職時の年次有給休暇

社員が退職する時に、退職日までに一括して年次有給休暇を取得することがあります。会社にとっては、まるで裏切られたような感じがするものですが、社員からの請求を断ることはできません。会社には年次有給休暇の時季を変更する権利はありますが、取得させない権利はないからです。

仕事の引き継ぎ等で業務に支障がある場合などは、社員と話し合いを行って、退職日を後日にずらして、引き継ぎを終えてから年次有給休暇を取らせるようにしましょう。

●業務の正常な運営を妨げる場合とは

1 会社が努力したにも関わらず代替え要員がいない。
2 その日どうしても本人がいないと業務が滞ってしまう。
　具体的には下記の事項を総合的に判断する。
　①会社規模　　　　　　②業務内容
　③労働者の作業内容　　④作業の繁閑
　⑤代替え要員の有無

こんなときには？

Q 有給休暇の申請用紙を作成しました。社員が年次有給休暇を取る際に、その理由を申告させることはできますか。

A 年次有給休暇の取得は社員の自由ですので、理由によって休暇を認めないという取り扱いはできません。しかし、会社が年休の取得理由によっては時季変更権の行使を控えるなどの判断材料として記載させる場合や、同一日に同一部署から複数名の年休取得者が出た場合に時季変更権を行使する優先順位の判断材料とするためなどの場合は、申告させてもかまいません。ただし、この場合、休暇の理由の記載は本人の自由意思によるものとし、不記載を理由に差別をしてはいけません。

5 年休の計画的付与

POINT
・年次有給休暇の取得は社員の自由である。
・事業に支障がないように労使協定で計画的な付与が可能。
・年次有給休暇の権利がない者へは、特別休暇、振替休日、前渡しの方法で付与する。

有給休暇は労使協定で計画的に取得する

　年次有給休暇をいつ取るかは社員の自由です。しかし、有給休暇は年間で最大40日もあります。なかには、退職時にまとめて年次有給休暇を取得するとか、繁忙期に1カ月間海外旅行をする社員もいるでしょう。このような休暇を無制限に許していては会社業務に支障が生じてしまいます。

　また、年次有給休暇を取得していない社員に対しては、有給を消化させる義務が会社にあります。そこで、あらかじめ計画的に年次有給休暇を取得させる、年休の計画的付与という方法があります。

　年休の計画的付与とは、会社と従業員代表者が労使協定を結び、年次有給休暇について最低5日を残して労使協定で定めた日に年次有給休暇を消化してもらうという制度です。

　労使協定で定める年次有給休暇の付与日は、全社一斉、グループ単位、個人単位のいずれでもかまいません。

●計画的付与の方法

一斉付与 →	具体的な年次有給休暇の付与日を定める。
グループ単位 →	グループ別の具体的な年次有給休暇の付与日を定める。
個人単位 →	年次有給休暇の取得計画表を作成する。年次有給休暇付与日の計画表を作成する時期、手続等を労使協定で定める。

新入社員などの取扱い

　年次有給休暇の計画的付与は、最低でも5日を社員に残さなければいけないため、**社員全員に年次有給休暇の取得の権利があること**が前提です。そこで、新入社員や前年の出勤率が8割未満の者など**年次有給休暇の権利がない者**をどう取り扱うかが問題になります。

　年次有給休暇の権利がないにもかかわらず、年次有給休暇の計画的付与をすると、**会社の都合による休業となり、休業補償として平均賃金の60％を支給する必要**が生じてしまいます。年次有給休暇の取得の権利がないものに休業手当を支払うことは従業員の管理上問題がでることがあります。

　そこで、他の方法として、年次有給休暇の計画的付与日については**特別休暇**としてしまう方法、**振替休日**として他の日に働いてもらう方法、当年度または翌年度の年次有給休暇の**前渡し**として処理する方法があります。

●**年次有給休暇の権利のない者への対応**
　①平均賃金の60％を支給　　②特別休暇
　③振替休日　　　　　　　　④当年または翌年の年次有給休暇の前渡し

> 個人別付与の場合には、計画表を作成する時期、手続き方法を記入します。

規定例 年次有給休暇の計画的付与に関する労使協定

　　○○株式会社と○○株式会社従業員代表○○○○は、労働基準法第39条の第5項に基づき、年次有給休暇の計画的付与に関し、次のとおり協定する。

第1条　本協定で定める年次有給休暇の計画的付与の対象日数は、各人が有する年次有給休暇のうち前年度繰り越し分を含め5日を超える日数とする。

第2条　本協定で定める年次有給休暇の計画的付与の対象者は、全従業員とする。

第3条　本協定に基づく計画的付与日のうち全社一斉で取得するものについては別紙年間カレンダーによる。

第4条　従業員が有する本年度の年次有給休暇から、5日を差し引いた残りの日数が前条で定める日数に満たない従業員に対しては、その不足日について通常の賃金を支払うこととする。

第5条　会社はやむを得ない事情により、第3条の付与日を変更する必要が生じた場合は、変更の14日前までに変更の申し出をすることができる。従業員は著しい不利益がない限り、この変更に従うものとする。

第6条　本協定の有効期間は、令和○○年○月○日より令和○○年○月○日までの1年間とし、期間満了日の30日前までに、会社又は従業員代表者いずれからも廃止、又は変更の申し出がない場合は、本協定と同一内容にて1年間延長され、以後も同様とする。

　令和　年　月　日

　　　　　　株式会社　代表取締役　○○○○
　　　　　　株式会社　従業員代表　○○○○

> 次のいずれかの方法で支給します。
> ①平均賃金の60％を支給
> ②特別休暇として取り扱う
> ③振替休日として
> ④当年または翌年の年次有給休暇の前渡し

6 年次有給休暇の強制取得

POINT
・年間5日は有給休暇を取らなければならない。
・有給休暇の管理簿を作成し、3年間保存しなければならない。

有給休暇の強制取得

　強制的に有給休暇を取得させる制度が設けられました。これは、<u>年間10日以上年次有給休暇が付与される者は、最低5日は年次有給休暇を消化しなければならない。</u>未消化の社員には会社が強制的に取らせるというものです。

　対象となる労働者は、正社員、パートタイマー、有期雇用などの区別なく、年次有給休暇が10日以上付与されるすべての者となります。年次有給休暇が10日付与される者とは、<u>フルタイムの労働者であれば入社から6ヵ月経過している者、フルタイムでない場合でも週5日以上働く者、週30時間以上働く者はフルタイムと同じく入社から6ヵ月後、週4日勤務の者は入社から3年6ヵ月以上経過した者</u>などが該当します。（P125参照）

　また、会社には有給休暇制の管理のため、年次有給休暇管理簿の作成と保存（3年間）が義務づけられています。この管理簿には、有給休暇が付与された日（基準日）や有給休暇を取得した時季及び取得日数を記載します。

有給休暇の消化期間

　有給休暇を消化しなければならない期間は、有給休暇が付与されてから1年間となります。<u>労働者がこの期間に有給休暇を5日以上取得していない場合には、会社が法令違反に問われる</u>ことになります。

　労働者がまったく有給休暇を取得していない場合には5日間、2日間消化している場合には3日間、<u>合計して有給休暇の消化日数が5日になるように、会社は労働者に有給休暇を強制的に取らせなければなりません。</u>

　なお、有休取得の時季を会社が指定する場合には、できるかぎり労働者の希望に沿った時期に取得させなければなりません。

　有給休暇を強制的に取らせることができるのは、年間の有給休暇の消化日数が5日に達するまでの期間ですので、労働者がすでに3日間の有給休暇を消化している場合には、会社が指定できるのは2日間となります。

なお、5日間の消化義務のある有給休暇の日数のカウントは半日単位か1日単位であり、1時間単位の有給休暇は対象外となります。

　期末になって慌てないためにも、計画的に有給休暇を消化するよう促すなど、会社には普段から有給休暇の取得を促進する施策が求められます。

有給休暇の一斉付与との問題

　年次有給休暇は、入社日から6ヵ月後の付与が原則ですが、この場合は個々人ごとに年次有給休暇の付与日を管理しなくてはならないので、4月1日に一斉に年次有給休暇を付与するなどの方法を取っている場合も見られます。この場合は、付与日から1年間が5日間を消化すべき期間となります。

　入社時に10日、翌年の4月1日に改めて11日の有休を付与している場合には、最初の年次有給休暇の付与日から1年以内に2回目の年次有給休暇が到来し、5日間有給休暇を取らせる期間が重複します。この場合は、初回の付与日から2回目の付与日の1年後の期間を按分することができます。

例　入社日：2024/4/1　休暇付与日：2024/10/1（10日付与）（翌年度以降4/1に付与）

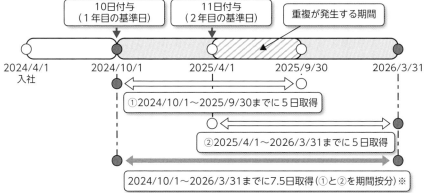

（※）「月数÷12×5日」で算出
（労働者が半日単位の取得を希望し、使用者がこれに応じた場合は「7.5日以上」、それ以外は「8日以上」となる）

こんなときには？

Q 休業から復帰した社員がいますが、この者についても年間5日間の有休休暇を取らせないといけないのですか？

A 育児休業や私傷病等で休職した者であっても、年間5日間の有給休暇は取得させなければなりません。ただし、復帰した時点で残りの就労日数が3日しかないなどの場合には、取得させなくても違法とはなりません。

7 産前産後の休業

POINT
- 出産予定日前6週間、出産後8週間は就労させてはならない。
- 従業員には、妊婦健診の時間を確保しなければならない。
- 出産育児一時金は、出産をした病院に支払われる。

産前産後の休業

　従業員が出産する場合（妊娠4カ月以上死産を含む）は、出産予定日前6週間（双子など多胎妊娠は14週間）、出産後8週間は就労させることはできません。ただし、産前の場合は本人が休業を希望しない場合、産後6週間を過ぎて本人が希望し、医師が就労しても問題ないと認めた場合には就労させることができます。

　また、会社は、妊娠をした従業員に対しては、妊婦健診の時間を確保するなどの配慮をしなければいけません。

　産前産後休業について、その間の賃金が支給されなかった場合は、休業1日につき日給（過去1年間の標準報酬月額の平均を30日で割った金額）の約3分の2が支給されます。会社は産前産後休業の期間の賃金を支給しても、しなくてもかまいませんが、支給すると、その分、出産手当金は減額されます。

　この他にも、出産した場合には（4ヵ月以上の妊娠なら死産も含む）、一子あたり50万円の出産育児一時金が支給されます。また、自治体への妊娠届と出生届の提出をすると、それぞれ5万円、合計10万円を支給する出産準備金という制度もあります。両制度とも、双子の場合には2倍、三つ子の場合には3倍の額が支給されます。

出産育児一時金の直接払い

　出産育児一時金は、原則として、従業員ではなく**出産をした病院等に出産費用として支払われます**が、実際にかかった出産費用が出産育児一時金の額よりも少ない場合は、その差額が健康保険組合等から還付されるしく

みになっています。病院によっては、この直接払いを行わない場合もありますが、その場合には、いったん出産費用の全額を病院に支払い、健康保険組合等に出産育児一時金の支給申請を行います。

●妊娠をした従業員への配慮（代表例）
　①時差通勤など通勤の緩和
　②妊婦健診の時間を確保すること
　③業務を軽易なものに転換するなど
●妊産婦（妊娠中及び産後１年を経過しない女性）への禁止事項（絶対的禁止事項）
　・妊娠・出産・保育に有害な業務に就かせること（重量物を取り扱う業務など）、産後8週間（本人が希望し医師が認めた場合は6週間）以内に働かせること
●妊産婦の希望による配慮
　・希望した場合は、産前６週間は就労禁止
　・希望した場合は、他の軽易な業務へ転換させなければならない
　・１日８時間、１週40時間を超える労働、時間外、休日及び深夜労働をさせてはならない

出産手当金が受けられる期間

　出産手当金は、出産の日（実際の出産が予定日後のときは出産の予定日）以前42日目（多胎妊娠の場合は98日目）から、出産の日の翌日以後56日目までの範囲内で会社を休んだ期間について支給されます。

　支給額は、１日につき標準報酬日額の３分の２に相当する額となります。

こんなときには？

Q 　出産予定日が7月10日だったのですが、出産した日は1週間遅れて17日になってしまいました。出産予定日から実際に出産した日の期間、出産手当金は支給されるのでしょうか？

A 　休業開始日から実際に出産した日までが産前の出産手当金の対象日となりますので、出産手当金は、その分増額されて支給されます。

8 育児休業

POINT
・育児休業は、同一の子1人に対して原則2回。
・会社には育児休業期間中の賃金を支払う義務はない。
・育児休業期間中の社会保険料は、会社分も全額免除される。

育児休業期間中の賃金と手当て

産休	出産	育児休業開始		職場復帰
▼	▼	▼		▼
出産前			出産後	
（給 与）		育児休業給付金（育児休業中2ヵ月ごとに支給）		

　出産後の産後休業が過ぎて、育児のために休業する労働者（男女を問わない）は、子が1歳になるまでの間に育児休業を取得することができます。また、子が1歳を過ぎても、または1歳6ヵ月を過ぎても保育所が定員で入れないなどの理由がある場合は、子が1歳6ヵ月または2歳になるまでの間、育児休業を取得できます。この育児休業は、原則、同一の子1人に対して2回まで行使できます。通常、会社には育児休業期間中の賃金を支払う義務はなく、育児休業期間中は無給となります。そこで、労働者には雇用保険から育児休業給付金が支給されます。その額は、育児休業開始から180日目までは休業開始前賃金の67%（181日目からは50%）となります。

●育児休業給付金の要件
1　育児休業前（出産日の翌日、産前休業開始日などでも可）2年間に**賃金支払基礎日数11日以上または就業時間数が80時間以上ある完全月が12ヵ月以上あること**。
2　就業日数が支給単位（30日）ごとに10日（10日超なら就業時間が80時間）以下である。
3　有期契約の場合、子が1歳6カ月（2歳）までの間に労働契約の期間（更新の場合は更新後も含め）が満了することが明らかでないこと。

育児休業期間中は社会保険も免除される

　育児休業期間中（３歳まで）の社会保険料は、会社分も含めて全額免除されます。また、育児休業を終えて職場復帰した場合に、職種転換などで給料が以前より低下する場合があります。

　この場合、年金事務所に養育期間標準報酬月額特例申出書を提出すれば、保険料は低下後の賃金を元に計算されますが、将来受け取る年金は、休業開始前の賃金をもとに計算されます。

育児休業取得に向けての環境整備

　会社は育児休業制度を労働者が利用しやすいように、研修の実施や相談窓口の設置など育児休業を取得しやすい環境を整備する必要があります。

　厚生労働省のイクメンプロジェクト（https://ikumen-project.mhlw.go.jp）には、さまざまな資料がありますので、これを利用するとよいでしょう。

●育児休業取得しやすい雇用環境の整備のためにすべき措置
　①育児休業・産後パパ育休に関する研修の実施
　②育児休業・産後パパ育休に関する相談体制の整備等（相談窓口設置）
　③自社の労働者の育児休業・産後パパ育休取得事例の収集・提供
　④自社の労働者へ育児休業・産後パパ育休制度と育児休業取得促進に関
　　する方針の周知

※産後パパ育休とは、育児休業とは別に子の出生後８週間以内に４週間まで取れる男性版の産後休暇です。

　本人や配偶者が妊娠・出産を申し出た場合には、育児休業制度について周知と休業するかどうかの意向確認をする必要があります。この制度は、労働者が育児休業を取得しやすくするためのものなので、暗に育児休業の取得を躊躇させるような言動は慎まなければいけません。

●妊娠・出産を申し出た場合に行う周知内容と意向確認の方法

周知する事項	①育児休業・産後パパ育休に関する制度 ②育児休業・産後パパ育休の申し出先 ③育児休業給付に関すること ④育児休業・産後パパ育休期間中の社会保険の取扱い
意向確認の方法	①面談（オンライン可）、②書面交付、③FAX、②電子メール等のいずれか

9 育児に関する様々な措置

POINT ・1歳、1歳6カ月、2歳までは育児休業、3歳までは短時間勤務、所定外労働の制限、小学校入学までは子の看護休業、残業・深夜業の制限がある。

出産や子育てに対する支援措置

　出産や子育てに関しては、産前産後の休業や育児休業以外にも、子育てのための短時間勤務や残業禁止、子供が熱を出した時の看護休暇など、以下の通り、様々な配慮が会社に求められます。なお、休暇中や就労していない時間に対する給料の支給は、ノーワークノーペイの原則から不要です。

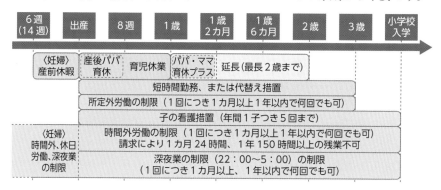

●短時間勤務

　3歳に満たない子を養育する労働者が希望する場合は、労使協定で除外と定めた者や日々雇用の者等を除き1日の所定時間を原則6時間としなければなりません。なお、下記労使協定で除外する者のうち③に該当する者については、①フレックスタイム制、②時差出勤制度、③託児所やベビーシッターの手配や費用負担などの代替措置を行わなければなりません。

●労使協定で適用除外にできる者
　　①入社後1年に満たない労働者　　②1週間の所定労働日数が2日以下
　　③業務の性質上または業務実施体制に照らして、短時間勤務制度を利用することが困難な業務に従事するもの

●所定外労働の制限

　3歳に満たない子を養育する労働者が請求した場合は、事業の正常な運営を妨げる場合や、労使協定で除外と定めた者、日々雇用の者を除き、所定労働時間（1日8時間、週40時間の法定ではない）を超えて労働させてはいけません。

●子の看護休業

　小学校に入学する前までの子供が病気やケガをした場合、予防接種や健康診断を受けさせる場合には、子供1人につき5日、2人以上の子供がいる場合には10日（1時間単位の取得も可）まで、看護のために休暇を取ることができます。なお休暇中の賃金の支給はノーワークノーペイの原則から不要です。

●時間外労働の制限

　小学校入学前までの子を養育する労働者が請求した場合は、事業の正常な運営を妨げる場合や、日々雇用の者や勤続1年に満たない者、1週間の所定労働時間が2日以下の者を除き1カ月24時間、1年間150時間超の法定時間外労働（1日8時間、週40時間を超える時間外労働）をさせてはいけません。

●深夜業の制限

　小学校入学前までの子を養育する労働者が請求した場合は、事業の正常な運営を妨げる場合や、以下の者を除き深夜（22時から5時）に労働をさせてはいけません。

・深夜労働の制限を請求できない者

①雇用された期間が1年に満たない労働者

②深夜、子を常に保育できる同居の家族がいる労働者

③1週間の所定労働日数が2日以下の労働者

④所定労働時間の全部が深夜にある労働者

事業の正常な運営を妨げる場合とは

　事業の正常な運営を妨げる場合には除外できるとされているケースがあるのですが、この対象となるのは単なる人数が足りないとかだけでは駄目で、会社が考えられる努力を尽くしても、なお運営が妨げられると客観的に評価できる必要があります。

10 介護休暇と介護休業

POINT
・対象家族とは、2週間以上、常時介護が必要な状態である。
・介護休業は、対象家族1人につき通算93日（分割可）まで。
・介護のための休暇制度、残業免除制度もある。

介護休業は最大93日まで取得できる

要介護状態とは

負傷、疾病または身体上、精神上の障害により、2週間以上常時介護が必要な状態をいう。

→

●**介護休業**　　　　　　通算93日まで
●**短期間の介護休暇制度**　年間5日

　要介護状態にある家族を介護するために労働者は介護休業を取得することができます。要介護状態とは、負傷、疾病または身体上、精神上の障害により、2週間以上常時介護が必要な状態を指し、家族とは配偶者、父母、配偶者の父母、子、祖父母、孫、兄弟姉妹のことを指します。介護休業は、対象となる家族1人につき3回まで、通算93日まで取得することができます。

　介護休業の対象者は、介護休業開始後93日＋6ヵ月以内に契約の終了が確定している者は除外されますが、労使協定の締結により①雇用期間が1年未満の者、②申出の日から93日以内に雇用期間が終了する者、③週の所定労働時間が2日以下の労働者は適用を除外することができます。

介護休業を行った労働者には介護休業給付

　介護休業を行った労働者は、公共職業安定所から休業開始時の賃金の67％相当額の介護休業給付を受け取ることができます。

　介護休業給付を受け取ることのできる労働者は、介護休業前2年間に賃金支払い基礎日数が11日以上ある月が12ヵ月以上あり、介護休業期間中の1ヵ月の賃金が休業開始前賃金の8割未満であり、就業している日数が月に10日以下の労働者です。なお、介護休業給付の支給申請は介護休業が終了してから2ヵ月後の月末までに公共職業安定所に書類を提出します。

短期間のための介護休暇制度

　介護休業は、まとまった期間の休業ですが、1日だけ病院に連れていきたいとか、普段介護をする人がいない、といったニーズに対応するため、1時間単位で取得できる介護休暇制度があります。この制度は、要介護状態にある家族1人につき年間5日、対象家族が1人以上なら10日を限度に休暇が取得できます。なお、この制度を利用した期間の賃金は、ノーワークノーペイの原則に従い無給となり、公共職業安定所からの給付もありません。

仕事と介護を両立するために利用できる制度

　介護は育児と違って、終わりが見えず10年、20年と長期にわたるケースもあります、このため、すべて自分で解決しようとせず、介護保険制度の利用など国の施策で使えるものは使いながら、仕事と介護の両立を図っていくことが大切です。

●介護休業等の制度の一覧

制　度	内　容
介護休業	対象家族一人につき通算93日まで、3回までの分割可能
介護休暇	通院の付き添いなど対象家族1名につき年5日間、1時間単位で利用可能
所定外労働の制限（残業免除）	介護が終了するまで、残業を免除
時間外労働の制限（残業上限）	介護が終了するまで、残業時間を1ヵ月24時間、1年150時間以内制限
深夜業の制限	介護が終了するまで、午後10時から午前5時までの労働を制限
所定労働時間短縮等の措置	利用開始の日から3年以上の期間で2回以上利用可能な次のいずれかの措置を設ける①短時間勤務制度②フレックスタイム制度③時差出勤制度④介護費用の助成制度
不利益取扱いの禁止	介護休業等の申出や申請を理由として解雇等、労働者に不利益な取り扱いの禁止

11 休職制度

POINT
・会社によってさまざまな休職制度がある。
・休職制度は労働基準法には規定されていない。
・休職期間中の賃金は支給しなくてもかまわない。

休職制度とは

休職の種類（例）

傷病休職	出向休職	起訴休職
業務外の疾病やケガのための休職。	社員を出向させる場合に、その期間の休職。	起訴されたことを事由に就労を禁止する休職。

組合専従休職	公務休職	ボランティア休職
労働組合の活動に専従する場合の休職。	裁判員など、公の職務のための休職。	留学やボランティアなど自己の都合による休職。

　労働者が重い病気やケガにより就労できない場合や、犯罪の容疑者として拘留されている場合など、労働者の事情により就労できない場合には、就労の義務を免除、または禁止する制度として休職制度があります。

　休職制度は労働基準法では規定されていませんが、多くの会社では就業規則などにより規定されています。

　休職制度の取扱いについては就業規則等で定めた基準が適用されますので、休職期間中の賃金、長さ、復職及び休職期間満了後の取扱いについては、原則として会社が自由に規定できます。また、休職とは、労働者の事情によって労働を免除または禁止する制度ですから、休職期間中の賃金は支給しなくてもかまいません。

　休職期間中に給料の支払いがなくても、社会保険料は免除にはなりません。休職期間中であっても、会社は社員から社会保険料の本人負担分を徴収する必要があります。あらかじめ、休職前に本人負担分の徴

収方法や時期などを取り決めておきましょう。

　なお、私傷病による休職については、健康保険の傷病手当金を請求できるケースがほとんどですので、その旨、申請をするとよいでしょう。

復職の判断は慎重に行う

　傷病による休職の場合などでよく問題になるのが、復職の判断です。労働者は仕事をすることによって生活の糧を得ているので、無理をしてでもできるだけ早く復職しようとします。

　しかし、労働者の傷病が治らないうちに復職させると、傷病が再発したり、労災事故につながりかねません。復職希望者の職場復帰は、会社の業務をよく知る医師の診断をもとに、最終的な決定は会社が慎重に行います。

　復職できるかできないかは、休職前の業務をこなせるかどうかが基準になります。さらに、総合職で採用された者など、とくに職種を決めての採用でない場合は、職種転換して復職させるという判断も必要です。

　また、うつ病などの精神的な問題で休職した場合には、いきなり完全復帰させるのではなく、週に3日、あるいは半日勤務などとリハビリ期間をおいて、徐々に会社に復帰できるような勤務体制も考慮します。

復職できない場合を就業規則に定めておく

　休職制度は、期間を区切って労働の義務を免除する制度です。定めた期間が過ぎても復職できない場合は、解雇か退職となります。

　解雇になるか、自然退職になるのかは就業規則等の定めによりますが、解雇の場合には、事前通告や解雇予告手当が必要となりますので、就業規則等で「休職期間終了後も復職できないときは自然退職とする」と規定しておくとよいでしょう。

こんなときには？

Q 休職期間中の社員が年次有給休暇を申し出ましたが認めるべきでしょうか。

A 年次有給休暇は働く義務を免除する制度です。休職期間中は働く義務が最初から免除されているので、年次有給休暇を取得する余地はありません。

12 産後パパ育休

POINT
・夫婦で子育てができる環境を作る。
・男性の育休参加が求められている。

産後パパ育休とは、男性版の産後休業制度

　産後パパ育休（出生時育児休業）とは、男性版産後休業といえます。

　歳の近い兄姉がいる場合に、弟妹が生まれると、新生児の世話で手一杯となり、上の子の世話を誰がするかは悩ましい問題です。また、子供が生まれた直後に一人で育児も家事も行うとなると、ママの負担はさらに大きくなります。

　産後パパ育休制度の活用により、パパも育児を<u>手伝うのではなく、育児に参加する</u>ことがしやすくなりました。

　女性の場合には、出産前6週間、出産後8週間が出産休業とされていますが、男性の場合は、この出産後8週間のなかで4週間を限度に、一括で、または分割で取得できる休業となります。

●夫婦での育休取得例

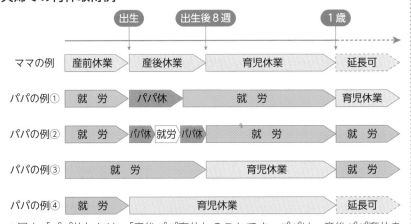

※図中「パパ休」とは、「産後パパ育休」のことです。パパは、産後パパ育休を取らないで、当初より育児休業を選ぶことも可能です。また、産後パパ育休、育児休業は2回に分割して取得することが可能です。

PART

6

人事・懲戒・労災・雇用保険

1 テレワークと労働時間

POINT
・テレワークの費用負担は明確にする必要がある。
・テレワークでも残業代は支払う義務がある。

テレワークによって働き方も変わる

　情報通信技術の発展により、現在では、自宅やサテライトオフィス、モバイルなどによる勤務が可能となっています。働く場所が自由になるということは、家庭と仕事との両立がしやすくなるだけでなく、人事評価制度の見直しや副業の促進など、これまでの働き方を大きく変える可能性があります。

　従来の人事評価では、短時間で成果を上げるよりも長時間オフィスで作業をしている方が、高く評価されることもありましたが、テレワークになると、評価方法も変わってくると思われます。仕事は効率よく短時間で終わらせて、空いた時間に自宅のパソコンからオンラインで副業をして複数の会社から給料を得る。そんな働き方が珍しいことではなくなるかもしれません。さらに、フリーランスの増加や人材の流動化が進む可能性もあり、業務委託と労働者の線引きもより判別しづらくなります。

　休職制度についても、通常勤務は無理だが、テレワークであれば復帰可能の場合はどうするかなど、検討すべき課題は多々あります。

●テレワークの形態

在宅勤務＝自宅での勤務は、育児や介護と両立しやすい働き方となります。病気やケガで出勤できない方にとっても使いやすい制度です。一方で仕事に使う機材などの作業環境の整備が難しい、労働時間の把握が困難などのデメリットもあります。

サテライトオフィス勤務＝通常のオフィスではなく、自宅近くの場所に設けられたオフィスなどに勤務する形態であり、作業環境を整えやすく、労働時間などの把握も容易です。シェアオフィスの利用も考えられます。

モバイル勤務＝労働者が、自由に働く場所を選択する制度ですが、端末や資料の紛失などの情報流出に注意が必要です。

テレワークの費用負担

　テレワークの労働者も、労働基準法や安全衛生法の適用を受けますし、自宅であっても業務中の災害なら労災の対象となります。

　労働基準法では、労働者に食費、作業用品その他の負担をさせる場合はその旨明示する必要があるとされており（第89条第5項）、在宅勤務などで使う機器や消耗品の購入費や通信費、光熱費などの負担について労働者に明示する必要があります。また、就業の場所についても書面により明示する必要があり、就業規則や雇用契約書の整備も必要です。

機器購入費

パソコンや周辺機器などは会社からの貸与が多い。文具消耗品は会社が購入。

通信費・光熱費

個人使用との切り分けが困難。一定額の会社負担や、手当に含める例が多い。

●労働時間について

　テレワークも労働基準法の労働時間は通常通り適用されますが、自由度の高い働き方であり、フレックスタイム制や事業場外みなし労働時間制と相性が良いと考えられます。事業場外みなし労働時間制を採用する場合には次の2点を満たす必要があります。

①情報通信機器が、使用者の指示により、常時、通信可能な状態におくこととはされていないこと。例：常時監視されている状態ではなく、回線を切ることも可能である。返信のタイミングは、労働者の判断に任せるなど。
②随時使用者の具体的な指示に基づいて業務を行っていないこと。例：1日の作業内容やスケジュールなどが労働者の裁量にまかされているなど。

●労働時間についての注意点

　テレワークであっても会社は労働時間を把握しなければなりません。超過勤務、休日勤務、深夜勤務の割増賃金の支払いも必要です。

　労働時間の把握には、パソコンなどの使用時間の記録の確認、労働者の自己申告などがあります。自己申告の場合には申告時間のチェックも必要です。

　テレワーク中の中抜け時間を労働時間として扱うことも可能ですが、中抜けがあった場合には自己申告をさせて、適時休憩時間か時間単位有給として処理するのが良いでしょう。

6

人事・懲戒・労災・雇用保険

2 配置転換・転勤

・会社が命じた配置転換や転勤命令には従わなければならない。
・会社の命令が権限の濫用にあたる場合は、命令を拒否できる。
・単身赴任は通常甘受すべき程度の不利益であり拒否できない。

配置転換や転勤命令には従わなければならない

● 人事異動の種類

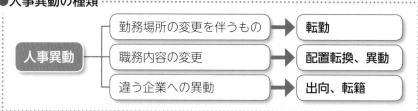

人事異動	勤務場所の変更を伴うもの	→	転勤
	職務内容の変更	→	配置転換、異動
	違う企業への異動	→	出向、転籍

　長い年月、同じ仕事を続けていると、仕事がマンネリ化したり、なれ合いが起きることもあります。そこで色々な仕事を覚えさせるために、部署や職種を変えたり（配転）、事業所が複数ある場合は転勤などを命じます。

　ところが、社員にとっては、これまでの慣れた業務、勤務していた場所が変わることを負担と感じ、配置転換や転勤を拒否することもあります。

　そこで、会社が社員に命じた配置転換や転勤を、社員が拒否できるかどうかが問題となります。一般的に会社は、配置転換や転勤を命じる権利を就業規則や労働契約、慣例などによって持つとされて、入社時に職種を限定するような特約がない場合には、社員は、会社が命じた配置転換や転勤命令に従わなければならないとされています。

　とはいえ、会社の命令が絶対というわけではなく、会社が命じた配置転換や転勤命令が権限の濫用にあたる場合には、社員はその命令を拒否することができます。

　会社の命令が権限の濫用にあたるかどうかは一定の基準に基づいて判断されます。

権限の濫用の基準

　会社の発した配置転換、転勤命令が権限の濫用にあたるかどうかは、主に、①業務上の必要性、②不当な動機・目的の有無、③社員の不利益の程度の3点を基準に判断されます。

　①の業務上の必要性に関しては、配置転換、転勤の人選において、必ずこの人でなければならないといったことまでは求められず、社内配置の適正化や業務の能率向上、社員の能力開発、業務の円滑化など会社にとって合理的な点があればよいとされています。

　②の不当な動機・目的の有無とは、労働組合つぶしであったり、気に入らない社員を辞めさせることを目的としてはいけないということです。

　③の社員の不利益の程度とは「通常甘受すべき程度を著しく超える不利益」に該当するかどうかで判断されます。ここで判断される不利益は、給与やキャリアなどは比較的考慮される傾向にありますが、私生活の不利益に関しては、社員にとって非常に厳しく判断されています。

　単身赴任は本人にとっても家族にとっても重大な事件です。転勤命令は労働者の不利益は大きいと思われるでしょう。しかし実際の裁判では単身赴任は通常甘受すべき程度の不利益であり拒否できないとされています。

　私生活上の不利益を理由に転勤を拒否できる場合とは、重病人が家族にいて付き添わなくてはならないとか、極めて高い危機性が必要です。

●権限の濫用の判断基準

①業務上の必要性	→	会社にとって一定の合理性があればよい。
②不当な動機、目的の有無	→	配置転換勤務の目的が正当である。
③社員の不利益の程度	→	私生活上の不利益は、あまり認められない。

こんなときには？

Q　不採算部門を縮小し、担当者を他部門に回すことにしましたが、専門職として入社したのだから配置転換には応じられないと主張しています。

A　一般的には、職種限定で採用した者の配置転換は本人の同意が必要です。しかし、倒産や解雇防止のための人事異動にまで同意が必要とは限りません。過去の裁判では配置転換拒否者の解雇を有効とした例もあります。

3 出向命令

POINT
・出向には労働者の同意が不可欠である。
・転籍出向では出向元との労働契約は終了している。

出向には2つある

在籍出向

出向元 ──出向契約── 出向先
労働契約　　　　　労働契約
　　　　　　　　　指揮命令
　　　労働者

転籍出向

出向元 ──出向契約── 出向先
（労働契約解消）　　労働契約
　　　　　　　　　指揮命令
　　　労働者

　出向には、大きく在籍出向と転籍出向の2つに分けられます。

　在籍出向とは、元の会社に籍を置いたまま他社で勤務することを指し、転籍出向とは、いったん元の会社と労働契約を終了し出向先の会社と新たに労働契約を締結することを指します。出向は、現在、労働契約を結んでいる会社とは違う会社で働くことから、労働条件の大幅な変更であり、労働者の同意なしには行えません。労働者の同意には二通りがあります。個別的同意は、労働者個人が個別の出向案件に同意することです。包括的合意は、就業規則などに出向についての定めがあれば、その規定を前提に入社したのだから、社員は就業規則等で定められている出向に同意しているとする考え方です。

●在籍出向

　在籍出向は包括的合意があれば有効となります。ただし、配置転換や転勤と同じように出向命令が権限の濫用にあたる場合は無効となります。「権限の濫用」の「濫用」に関しての基準は、「①出向命令の必要性、②人選の合理性、③労働者の不利益の程度」により判断されます。（P149参照）

●転籍出向

　転籍出向は現在の会社をいったん退職し新たな会社に就職する形を取り

ますので、**包括的合意だけではなく必ず個別同意が必要です**。しかし、親会社から子会社へといった場合や同じグループ会社間の出向の場合などで形式的には別会社ではあるが同じ会社内の移動と変わらない場合などは包括的合意で足りるとされています。

労働基準法が適用されるのは出向元か出向先か

在籍出向の場合は労働契約の当事者が出向元、出向先、労働者と3者間の契約になります。その契約方法も千差万別であり、賃金一つを取っても出向元が払う場合と出向先が払う場合があります。

この場合に、労働基準法を守らなければならないのは誰か、労働基準法でいう使用者は誰かということが問題になります。厚生労働省の通達では、出向元、出向先の権限に応じて、出向先、出向元それぞれがその責を負うとされています。

出向元が賃金を支払っていて、出向先で勤務している場合は、賃金や社員の身分にかかわる懲戒、解雇については出向元が、それ以外の労働時間の長さや安全衛生に関することなどは出向先が責任を負うことになります。

なお、転籍出向の場合には出向元の労働契約は終了しており、出向先との間でしか労働契約は存在しないので、労働者の身分にかかわる問題は、すべて出向先が責任を負うことになります。

コラム 雇用契約書と配置転換、出向について

これまで大企業では、新卒一括採用により、未経験者を採用後に社内で教育してきました。そのため、「社員の能力＝会社による教育の結果」という一面もあり、簡単には解雇できず、再教育や配置転換などの解雇回避の対策の有無が厳しく問われてきました。

ところが、2024年の改正により、労働条件の明示ルールに、就業場所・業務の変更の範囲が加わりました。専門職での採用にもかかわらず、就業場所・業務の変更の範囲を広くすると、専門職としての能力が不足していても、他にできる仕事の検討や業務転換を打診した後でなければ、解雇が認められなくなる恐れが生じました。

新卒など、社内教育が前提の採用の場合には、変更の範囲は広く取るべきですが、能力や経験を期待しての中途採用の場合には、範囲を絞るべきでしょう。また、変更の範囲は、出向も含みますので、出向についても記載しておくことが望まれます。

4 懲戒処分

POINT
・会社を離れたところでの行為であっても懲戒処分はできる。
・懲戒処分はあらかじめ就業規則等に定めておかねばならない。
・懲戒処分の種類は、会社が自由に定めることができる。
・減給は労働基準法により一定の制限がある。

懲戒処分には7種類がある

懲戒処分とは、労働者が会社の秩序を乱したり、規律違反を行った場合などに課せられる制裁のことです。労働者の行為が会社を離れたところでの行為であったとしても社員としての信義にもとる行為（会社の名誉、信用を傷つける行為）をした場合には、懲戒処分を行うことができます。

ただし、どのような行為が懲戒処分に値するかを就業規則等によってあらかじめ定めておく必要があります。この定めがない場合には、極めて限られた場合でない限り、懲戒処分を行うことはできません。

懲戒処分の種類は、会社が自由に定めることができますが、一般には、戒告、けん責、減給、出勤停止、降格、諭旨解雇、懲戒解雇の7種類があります。もっとも軽い処分が戒告、もっとも重い処分が懲戒解雇となります。

戒告とけん責 労働者の違反行為が比較的軽い場合は戒告またはけん責処分を行います。これは始末書を提出させることにより、本人に反省を求めて二度と同じ過ちをしないようにするためのものです。戒告とけん責は同じ意味で使うこともありますが、**戒告は注意するだけ、けん責は始末書を提出させる**などの差を設ける場合もあります。

● 始末書を提出しない社員への対応

> 戒告、けん責処分で社員に始末書を求めた時に、提出しない社員もいます。始末書は反省の意味あいが強いので、個人の内心に関わります。この内心についてまで強制はできないので、強制的に反省させて始末書を書かせることはできません。この場合、会社は社員に対して指導書を作成して本人に渡し、今後の人事考課の参考にするとよいでしょう。

減給 減給は給与を減額することを指しますが、労働基準法により一定の制限があります。

出勤停止 出勤停止は、出勤を禁じその間の給与を支払わないことを指します。無期限出勤停止のような、あまりに長期の出勤停止は公序良俗に反し無効となることから、上限を1週間程度とする例が多くみられます。

降格 役職や職務を下げることです。降格に伴い、給与も減額されますが、これは減給とは別の取扱いとなり、減給のような制限はありません。

諭旨解雇（ゆし） 本来であれば懲戒解雇が相当ですが、情状により自分から辞めるよう勧告する処分です。この勧告に従わない場合は、懲戒解雇とする場合が多いようです。懲戒解雇は本人にとっても不名誉なことであり、自ら退職するなら罪一等を減じるという制度といえます。

懲戒解雇 懲戒処分のなかでもっとも重い処分が懲戒解雇です。懲戒解雇のほとんどは、強制的に退職させて退職金も払わないとしています。懲戒解雇は、労働者の損失も多大であり、運用は慎重でなければなりません。

規定例 懲戒規定

> 懲戒処分の内容は具体的に規定しておきます。

第○条

1 懲戒はその情状により次の区分により行う。

①戒　　告　始末書を提出させて将来を戒める。

②減　　給　1回の事案に対する額が平均賃金の1日分の半額、総額が1ヵ月の賃金総額の10分の1の範囲で行う。

③出勤停止　14日以内出勤を停止し、その期間中の賃金は支払わない。

④諭旨解雇　退職を勧告して解雇する。ただし、勧告に従わない場合には懲戒解雇とする。

⑤懲戒解雇　予告期間を設けることなく即時解雇する。この場合において所轄労働基準監督署長の認定を受けたときは、予告手当（平均賃金の30日分）を支給しない。

2　制裁を行う場合は、あらかじめ懲罰委員会を招集し、制裁の区分は出席委員の過半数をもって決定する。懲罰委員会は役員、所属長、対象者の同僚から組織し3名以上とする。

> 手続き方法を決定した場合には、その通りに運用しないと処分が無効となりますので、注意が必要です。

こんなときには？

Q 社員が休日に飲酒運転を行いましたが、懲戒解雇を検討しています。

A 飲酒運転については道路交通法の刑罰が厳格化されています。就業中に飲酒運転をした場合は懲戒解雇も可能ですが、就業時間外の行為を罰する場合には、その行為がマスコミなどによって大きく公表された結果、会社の名誉を著しく低下させたなど、会社業務に与える影響によって、その有効性が判断されます。バスやタクシーなどのように、高いモラルを求められる業種でない限り、休日の飲酒運転のみを理由としての懲戒解雇は難しいといえます。

5　懲戒処分の制限

POINT
・実際にかかった損害額を社員に賠償させることは可能である。
・減給は1日の額が平均賃金の1日分の半額まで。
・1つの不祥事に対して重ねて懲戒を行うことはできない。

損害額の実費徴収は可能

　「社員が社用車で事故を起こしたら20,000円の罰金、遅刻には1回5,000円の罰金」といった規定を作ることはできません。労働基準法により、あらかじめ違約金や損害賠償額を定めることは、禁止されているからです。

　しかし、この規定は、実際に会社が被った損害ではなく、事前に定めた金額を徴収することを禁止するものであり、実際にかかった損害額を社員に賠償させることを禁止したものではありません。

　こうした場合には実費徴収となりますが、裁判上では損害額の100％を社員に負わせることは難しく、会社の教育、指導が徹底されていたか、無理な業務ではなかったかなどを考慮して損害賠償額は減額されてしまいます。

罰金
2万円

減給には制限がある

　懲戒処分で減給を行う場合には労働基準法の制限があります。その制限とは、①1回の事案に対して減給の総額が平均賃金の1日分の半額以内であること、②1賃金支払期間に対して減給の総額が賃金総額の10％まで、というものです。月給20万円の社員であれば、おおむね1回の減給処分の上限は5,000円まで、1ヵ月の減給の上限は20,000円までとなります。

●減給の制裁の制限

　①1回の事案に対する減給の総額は、**平均賃金の1日分の半額以内**。

　②1賃金支払期間に対して、減給の総額は**賃金総額の10％まで**。

実際に働いていない時間に対しては賃金の支払義務はありませんので、遅刻などで減給する場合は、遅刻した時間分の賃金だけの減額であれば減給の制裁にはあたりません。また、降格処分に伴い給与が減額される場合は、会社の有する人事権の行使にあたり、減給の制限は受けません。

懲戒処分の禁止と注意事項

　１件の不祥事に対して**重ねて懲戒を行うことはできません**。遅刻をして始末書を提出しないからといって、さらに減給を上乗せするといった行為がこれにあたります。なお、同じ不祥事を繰り返して起こした場合に、処罰を重くすることは禁止されていません。

　懲戒処分を行うにあたっては、該当する事実の確認と本人の弁明を聞くことは欠かせません。就業規則などで懲戒処分を行うまでの手続きを定めておくとよいでしょう。こうした事実の確認をおろそかにしたり、本人に弁明の機会を与えずになされた**懲戒処分は無効**となります。

●減給にあたらない給与の減額
　①**降格**などに伴い、給与を減額するのは減給の制裁ではない（降格後の仕事内容が従前と同じで賃金だけ減額される場合は減給となる）。
　②昇給の停止は**人事権の行使**に当たり、減給ではない。
　③遅刻、早退などで実際に働いていない時間の給与を減額するのは**ノーワークノーペイの原則**に従い減給ではない。

●懲戒の手続き方法

❶ 懲戒にあたる事実を確認する　→　❷ 懲戒の審議を行う（労使合同の審議委員会など）　→　❸ 本人の弁明を受ける　→　❹ 懲戒処分の実施

こんなときには？

Q　１ヵ月に5回も6回も遅刻をする者がいます。減給処分をしますが一向に改善されず、減給も１ヵ月の上限を超えてしまっています。

A　就業規則に定めがあることが前提ですが、どうしても態度が改まらない場合には解雇という処分も検討できます。また、減給がたび重なり、その額が１ヵ月の上限を超えた場合には、翌月に繰り越して減額することができます。

6 ハラスメントへの対応

POINT
・ハラスメントは未然の防止が最もすぐれた対処方法である。
・相談によって2次被害が出ないようにプライバシーに配慮する。
・行為者に対しては、厳正に対処する。

プライバシーに配慮し、相談体制を整える

　セクシャルハラスメント、マタニティハラスメント、パワーハラスメントなど、ハラスメント対策が事業主に求められており、必要な措置を講ずることが義務付けられています。会社は、ハラスメント防止のための研修の開催など社内での理解を深めたり、相談できる窓口を定めたり、実際にハラスメントが起こったときの対処方法を就業規則や諸規定にて明文化しておく必要があります。また、義務ではありませんが、従業員への安全配慮義務の観点からもカスタマーハラスメント（顧客からのハラスメント）への備えも求められます。

●パワーハラスメントとは

　パワーハラスメントとは、次の3つの要素すべてを満たすものです。
①優越的な関係を背景とした
②業務上必要かつ相当な範囲を超えた言動により
③就業環境を害すること（身体的若しくは精神的な苦痛を与えること）
※適正な範囲の業務指示や指導についてはパワハラに当たらない。

ハラスメントについて必要な措置（指針）

　各種のハラスメントに対しては、防止のための教育も必要ですが、発生時の対処を決めておく必要があり、会社には以下の対応が求められます。

●事業主の方針の明確化及びその周知・啓発

①職場におけるハラスメントの内容・ハラスメントがあってはならない旨の方針を明確化し、管理・監督者を含む労働者に周知・啓発すること。
②ハラスメントの行為者については、厳正に対処する旨の方針・対処の内容を就業規則等の文書に規定し、管理・監督者を含む労働者に周知・啓発すること。

●相談（苦情含む）に応じ、適切に対応するために必要な体制の整備

①相談窓口をあらかじめ定めること。

②相談窓口担当者が、内容や状況に応じ適切に対応できるようにすること。また、広く相談に対応すること。

●事後の迅速かつ適切な対応

①事実関係を迅速かつ正確に確認すること。

②事実確認後、速やかに被害者に対する配慮の措置を適正に行うこと。

③事実確認ができた場合は、行為者に対する措置を適正に行うこと。

④再発防止に向けた措置を講ずること。（事実が確認できない場合も同様）

●以上の措置と併せて講ずべき措置

①相談者・行為者等のプライバシーを保護するために必要な措置を講じ、周知すること。

②相談したこと、事実関係の確認に協力したこと等を理由として不利益な取扱いを行ってはならない旨を定め、労働者に周知・啓発すること。

※厚生労働省は、ハラスメント対策のポータルサイトとして「あかるい職場応援団」（https://www.no-harassment.mhlw.go.jp/）を運営しています。

■ ハラスメント相談・苦情への対応

　会社は、普段から、相談しやすい相談窓口となっているか等の職場環境のチェックを行う必要があります。

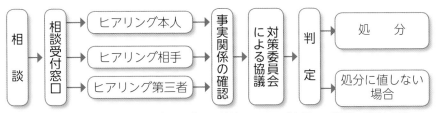

注：必要に応じて随時ヒアリングを行い、慎重に判断を行う。

こんなときには？

Q 　会社にハラスメント防止の機関はありますが有名無実化しています。どこに相談に行ったらよいのでしょうか。

A 　各都道府県の労働局の中に雇用環境・均等部（室）という部署が置かれています。ここでは無料でハラスメントの相談に応じており、プライバシーも守られて匿名での相談もできます。相談を受けた雇用環境・均等部（室）は、本人と会社の双方から話を聞いて、問題解決にあたります。

7 未成年者の取扱い

POINT
・中学生の雇用は禁止されている。
・年少者を雇う場合には、年齢を証明する書類を備える。
・年少者には危険有害な業務をさせることはできない。

年少者を雇用するには年齢証明書を備え付ける

　家庭の状況などから進学をしない中学生や高校生が増えています。これら未成年者を雇う場合には、労働基準法によりさまざまな規制があります。

　労働基準法では、中学生（15歳に達した日以後最初の3月31日までに達しない児童）の雇用は禁止されています。ただし、満13歳以上（映画、演劇の子役は13歳未満も可）の健康及び福祉に有害でない業務については、労働基準監督署の許可を受ければ、働かせることができます。

　満18歳に満たない年少者を雇う場合には、年齢を証明する書類（住民票記載事項証明書でも可）を事業場に備え付ける必要があります。

　15歳に達した日以後、最初の3月31日までに達しない児童を雇う場合には、労働基準監督署の許可の他にも、修学に差し支えないことを証明する学校長の証明、及び親権者または後見人の同意書が必要です。

未成年者との労働契約

　自分の子供を働かせて、その上前をはねるといったことを防止するため、現在では、親権者または後見人が、未成年者に代わって労働契約を締結すること、及び賃金を受け取ることはできないとされています。未成年者自身が労働契約を締結し、自分で賃金を受け取ります。

　ただし、未成年者は未熟ですから、その労働契約が不利であると認められた場合は、労働基準監督署や親権者または後見人は、その契約を破棄することがでます。例えば、満18歳未満の年少者には、成人の労働者と違い、原則として変形労働時間制や深夜労働、時間外労働、休日労働の他に、毒物などを取り扱ったり、高温、高圧の場所での業務など、危険有害な業務をさせることはできません。

未成年者を雇う際のルール

●18歳未満の禁止・制限事項

・深夜午後10時〜午前5時までの深夜労働の禁止。

・変形労働時間制、時間外、休日労働の禁止。

・危険有害業務は労働禁止。

・年齢を証明する書類（住民票記載事項証明書でも可）を事業場に備え付けなければならない。

深夜労働禁止の例外 ①交代制の場合で16歳以上の男性は可。

②女性の場合は、労働基準監督署長の許可を取れば、交代制の事業なら午後10時30分まで可。

③農林水産業、保健衛生業、電話交換業務は可。

変形労働時間制禁止の例外 ①中学校卒業後であれば、1週40時間を超えない範囲で、1週間のうち1日の労働時間を4時間以内に短縮する場合において、他の日の労働時間を10時間まで延長する変形労働時間制は可。

②1週48時間、1日8時間を超えない範囲においての1ヵ月または1年単位の変形労働時間制は可。

●満13歳以上で中学生以下の禁止・制限事項※

・原則労働禁止。

・学校長の証明、親権者、または後見人の同意書、年齢を証明する書類（住民票記載事項証明書でも可）を事業場に備え付けなければならない。

※満13歳以上で中学生以下とは、15歳に達した日以後、最初の3月31日までに達しない児童のこと。

原則労働禁止の例外 健康、福祉に有害でない軽作業で労働基準監督署の許可があれば可。

＜18歳未満の年少者の制限に加えて次の制限が加わる＞

・労働時間は修学時間を含めて1日7時間、週40時間以内とする。午後8時〜午前5時の就労は禁止。

●満13歳未満の児童の禁止事項

・原則労働禁止。

原則労働禁止の例外 映画、演劇の事業は就学時間外であれば可。

8 労災時の補償

POINT
・業務災害とは、業務上の負傷、疾病または死亡をいう。
・業務災害では、業務遂行性と業務起因性が問われる。
・法律違反の程度が重い場合には、保険給付が制限される。

労災保険の給付は手厚い

　労働者が業務上のケガや病気、または死亡した場合（**業務災害**）には労災保険が給付されます。労災保険の給付は手厚く、ケガや病気の治療費が無料となる以外にも、通院費や休業した間の給与補償、介護が必要な場合には介護費用、労働者が死亡した場合は、遺族補償などが受けられます。

　業務災害とは、業務上の負傷、疾病または死亡を指し、業務とそれぞれの災害との間に一定の因果関係があるものを指します。この判断基準として、被災当時に労働者が使用者の支配下にあったかどうか（業務遂行性）と、その傷病が業務との間に因果関係があるかどうか（業務起因性）が問われます。業務遂行性は、仕事中の傷病であれば認められ、実際に社内で作業をしている時間はもちろん、外回りの時間や、出張時間なども仕事中に含まれます。

　ただし、就業時間中に私用を行っていたり、故意やケンカによる場合には業務遂行性は認められません。また、地震や台風など天災地変による被災も、特段の事情のない限り、業務遂行性があるとは認められません。

　業務起因性とは、被災と業務との間に因果関係があることを指します。

　業務災害であるかどうかの判断においては、労働者の過失は問題にされていません。ただし、労働者が飲酒運転をしていたなど、法律に明らかに違反し、その程度が重い場合には、保険給付の全部、または一部の給付が受けられないことがあります。さらに、**故意による被災も労災の給付対象外**となりますが、遺族給付や葬祭料については満額が支給されます。

疾病の場合の判断基準

　ケガの場合は、その原因がはっきりしているため比較的判断がしやすい

ものですが、疾病の場合には、発症までに時間がかかったり、持病などの以前からの病気との関係もあり、その判断が難しくなります。

疾病が業務災害であるかどうかは次の3点を基準に判断されます。

①労働の場に**有害因子が存在**していること＝仕事場に有害物質等がある。
身体に過度の負担がかかるなど、有害な要素がある。
②有害因子が健康障害を起こしうるほどのものである
③発症の**経過及び病態＝医学的**に有害因子と疾病との間に**因果関係**がある。

労災保険給付は7種類

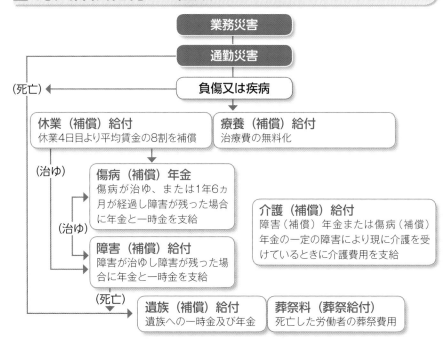

業務災害
通勤災害
負傷又は疾病
（死亡）

休業（補償）給付
休業4日目より平均賃金の8割を補償

療養（補償）給付
治療費の無料化

（治ゆ）

傷病（補償）年金
傷病が治ゆ、または1年6ヵ月が経過し障害が残った場合に年金と一時金を支給

（治ゆ）

障害（補償）給付
障害が治ゆし障害が残った場合に年金と一時金を支給

介護（補償）給付
障害（補償）年金または傷病（補償）年金の一定の障害により現に介護を受けているときに介護費用を支給

（死亡）

遺族（補償）給付
遺族への一時金及び年金

葬祭料（葬祭給付）
死亡した労働者の葬祭費用

＊治ゆとは完治だけを指すのではなく、治療を行っても効果が期待できなくなった場合をいう。
＊介護費用は1級、2級のみ支給となる。

こんなときには？

Q 休憩時間中のケガは労災になるのでしょうか。

A 休憩時間中は、労働から解放されているため業務起因性が否定され、労災の対象外となりますが、そのケガの原因が事業場の設備にある場合には、労災の対象となります。

9 労災が起こったら

POINT
・病院には労災保険から指定を受けている病院がある。
・業務災害の治療には健康保険は適用されない。
・会社には、業務災害を労働基準監督署へ報告する義務がある。

労災指定病院であれば治療費がかからない

労災保険からの給付には、労災指定病院で無料で治療を受けられる「療養の給付」と、労災の指定外病院で治療を受けて、いったん治療費を支払い、あとから支払いを受ける「療養の費用の支給」があります。

労災保険を適用できる病院のことを労災指定病院と呼び、現在では多くの病院がこの指定を受けています。こうした病院では、受診者が業務災害であれば、治療費を直接、労働基準監督署へ請求しますので、被災者は治療費を負担することなく、無料で治療を受けられます。

しかし、労災保険の指定を受けていない病院もあります。労災保険が適用される業務災害の治療には健康保険は適用されませんので、治療費は全額を支払うことになります。この場合は、治療費全額を病院に支払い、後日、労働基準監督署へ負担した治療費を請求する手続きを行います。

療養（補償）給付の請求手続き

業務災害で受診した場合には、労災指定病院であるかどうかによって手続きが異なります。治療を受けた病院が労災指定病院であった場合には「療養補償給付たる療養の給付請求書」（様式第5号）に必要事項を記入して病院に提出をします。治療を受けた病院が労災指定病院でなかった場合などは「療養補償給付たる療養の費用請求書」（様式第7号）に病院の領収

書（原本）を添えて労働基準監督署へ提出します。

通院費については、被災者の居住地か勤務先から通院先が原則として片道2km以上離れている場合など、一定の要件に該当すれば、その費用が支給されます。請求手続は「療養補償給付たる療養の費用請求書」（様式第7号）に通院費の領収書を添付して労働基準監督署に提出します。

また、療養の給付を受けている被災者が、なんらかの理由で他の病院に転院する場合は転院先の労災指定病院等に「療養補償給付たる療養の給付を受ける指定病院等（変更）届」（様式第6号）を提出します。

治療費請求の流れ

（注）療養の費用を請求する場合については、第2回目以降の請求が離職後である場合には、事業主による請求者への証明は不要。

会社には労働基準監督署への報告が義務付けられている

会社には、業務災害が起こった場合に労働基準監督署への報告が義務付けられています。これが「死傷病報告書」です。休業4日以上と3日以下では届け出る用紙が異なり、提出期限は、休業4日目以上は事故後速やかに、休業3日以内の場合は、4半期（1〜3月、4〜6月、7〜9月、10〜12月）ごとに、それぞれの期間の翌月末日までに労働基準監督署に提出します。なお、通勤災害の場合にはこの届け出の必要はありません。

10 第三者行為災害

POINT
・加害者が先に損害賠償を行った場合は、損害賠償額の労災給付は行われない。
・実際の損害額よりも多くの補償は受けられない。

労災保険では国が第三者に求償する

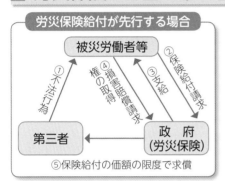
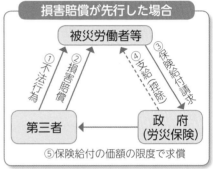

労災事故の原因が、本人でも会社でもない第三者によって起こされたものを第三者行為災害と呼びます。こうした場合、被災者は、国へ労災保険の請求をすることも、加害者に治療費を請求することもできます。

しかし、被災者が両方から給付を受ければ、実際の損害額よりも多くの補償を受けられることとなり、不合理です。そこで、国が労災保険を支給した場合には、被災者の持っている損害賠償請求権を労災保険給付の価額の限度で国が取得し、第三者に対して求償を行います。

また、加害者が先に損害賠償を行った場合には、国は、その賠償価額の限度において労災の給付をしないことになっています。

交通事故には自賠責保険がある

第三者行為災害が問題となるのは、自動車による交通事故におけるものがもっとも多くなっています。相手のある自動車事故の場合には、自賠責保険や任意の自動車保険が支給されますが、両方を受けることはできず、各保険間での調整が行われます。また、被災者と加害者がその事故につい

て示談を行い、示談額以外の損害賠償の請求権を放棄してしまうと、原則として労災給付は受けられなくなりますので注意が必要です。

　相手のある交通事故の場合には、自賠責保険と労災保険のどちらを先に請求をするかは被災者自身の意思によりますが、自賠責保険には迅速に損害賠償の支払いがなされる仮払金制度があります。また、自賠責保険には、労災保険では行われない慰謝料の支給が行われ、休業補償が100％（労災保険は80％）であることなど、労災保険よりも有利な点が多く、実際の事故に際しては、自賠責保険の先行を検討した方が有利と思われます。

　労災保険に請求する場合は、通常の労災保険の申請用紙に添えて「第三者行為災害届」を所轄の労働基準監督署へ提出します。

●第三者行為災害届を提出するときの添付書類

		添付書類
交通事故による災害の場合の添付書類		「交通事故証明書」又は「交通事故発生届」
		自賠責保険等の損害賠償金等支払証明書又は保険金支払通知書
	交通事故以外による災害の場合の添付書類	念書
		示談書の謄本
		死体検案書又は死亡診断書（死亡の場合）
		戸籍謄本（死亡の場合）

■書式■ 第三者行為災害届

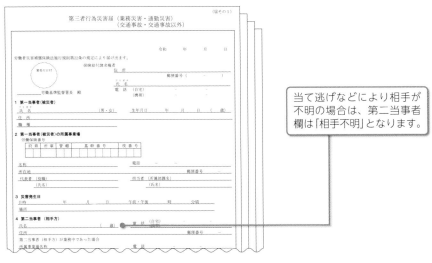

当て逃げなどにより相手が不明の場合は、第二当事者欄は「相手不明」となります。

11 労災の休業補償

POINT
・労災保険の給付を受けると、労働基準法上の補償は免除となる。
・通勤災害については、会社には休業補償の義務はない。
・労働基準法の災害補償と労災保険法の補償はほぼ同じ。

労災からの給付には賃金の補填もある

業務上のケガや病気で働けず、賃金を受けられない場合は、**休業4日目以降**から、**賃金の補填**として、労災保険の休業補償給付を受けられます。

労災保険法は、労働基準法によって会社が負っている災害補償を肩代わりするために定められました。そのため、労働基準法上の災害補償と労災保険法の補償はほぼ同じ内容となっており、労災保険から給付を受ける場合には、労働基準法上の補償は免除されています。

ところが、休業補償が給付されるのは労災保険法では休業4日目からとなり、休業初日から3日目までは補償が行われません。そこで、この間の賃金については、労働基準法では平均賃金の6割を会社が補償することになります。ただし、**通勤災害については、会社には補償の義務はないので、**無給であってもかまいません。

なお、対象となる労災事故の発生が就業時間中であればその日を、就業時間後（残業時間も含む）であれば翌日を、休業初日として計算します。

| 待機期間 | = | 休業の初日を含む最初の3日間 |

●労災事故が勤務中の場合

被災日	2日目	3日目	4日目	5日目	6日目
待機期間（会社が補償）			4日目から**労災保険からの給付**		

●労災事故が勤務時間終了後の場合

被災日	2日目	3日目	4日目	5日目	6日目
待機期間（会社が補償）				5日目から**労災保険からの給付**	

休業補償と休業特別支給金

　労災保険法では、休業補償として**平均賃金の6割**が支給されます。さらに、社会復帰促進等事業から休業補償の上乗せとして**平均賃金の2割が特別支給金**という形で支給されます。労災による休業では、1日につき休業前の平均賃金の8割が補償されることになります。

休業補償給付金額	＝	給付基礎日額の60％＋給付基礎日額の20％（特別支給金）

　なお、通院などのために半日休暇を取得する場合など、労働者が労働時間の一部についてのみ労働した場合には、給付基礎日額から支払われた賃金を控除した額の6割に当たる額が支給されます。休業補償給付の請求手続きは、「**休業補償給付支給請求書・休業特別支給金支給申請書**」に事業主及び医師の証明を受けて、所轄の労働基準監督署に提出します。

書式 休業補償給付支給請求書、平均賃金算定内訳

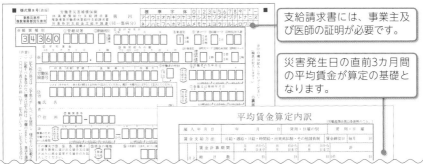

支給請求書には、事業主及び医師の証明が必要です。

災害発生日の直前3カ月間の平均賃金が算定の基礎となります。

●副業時の労災

　労災事故の補償は、従来は、その事故があった際の契約のみ補償されていました。会社員が退社後にアルバイトをしていて、被災してしまった場合には、従来は、休業補償はアルバイトの給料しか考慮されていませんでしたが、2020年9月1日以降に発生したケガや病気については、すべての就業先の賃金額を合算して補償をすることとなりました。

こんなときには？

Q 休業補償が受けられるまで有給休暇を取得させることはできますか。

A 本人が希望すれば可能です。労働基準法で定める休業補償は、平均賃金の6割であるのに対し、有給休暇は10割が支給されます。

12 通勤災害

POINT
・通勤とは、合理的な経路と方法で自宅と会社を移動すること。
・合理的な経路とは、通勤のために通常利用する経路のこと。
・通勤経路から離れると逸脱、通勤と関係のない行為は中断。

通勤災害の合理的な経路とは

　労災保険は、業務上の災害について補償を行っていますが、業務から離れた通勤中の災害についても補償が行われます。

　通勤とは労働者が就業に関し、合理的な経路及び方法で自宅と会社を移動していることを指します。なお、出張など業務の性質を有するものは業務災害に該当するため通勤災害ではありません。

　合理的な経路とは、通勤のために通常利用する経路であればよく、複数の経路であってもかまいません。また、交通渋滞を回避するために迂回する経路など、やむをえず使う経路であってもかまいません。

　合理的な方法とは電車、車など、通常の移動手段であればよく、たとえ会社が禁止したバイクでの通勤で事故を起こしたとしても、通勤災害に該当します。

経路逸脱には例外がある

　通勤災害を扱う上で問題となるのが寄り道です。真っ直ぐ会社から自宅へ帰宅すれば問題はありませんが、通勤経路から寄り道をして飲食店に立ち寄ったり、買い物に立ち寄ったりした場合は、たとえ立ち寄り後の通勤経路上で被災したとしても通勤災害とはみなされなくなります。

　この通勤経路から離れる行為を、逸脱といい、通勤経路にはいるが通勤と関係のないことをする行為を中断といいます。通勤において逸脱・中断があった場合は、その間はもちろん、逸脱・中断を終えて通常の経路についても、それ以後の被災についての補償は受けられません。

　たとえ通勤の途中で、逸脱・中断があったとしても、その逸脱・中断が日常生活上の必要な行為であり、やむを得ない事由により行う最小限度の

もの（日常の買い物、家族の介護など）である場合には、逸脱・中断中を除いて通勤経路に復帰以後、自宅にもどるまでの間、通勤災害の補償を受けられます。なお、<u>通勤途上で新聞を買う、たばこを買うなどの些細な行為については通勤の付随事項であるため逸脱・中断には該当しません</u>。

通勤ルートの種類

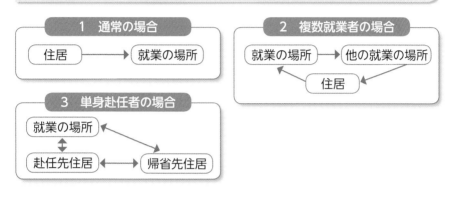

通勤の範囲とは

中断・逸脱は、原則として通勤の範囲とは認められない。
注：○⇒通勤の範囲として認められるもの
　　×⇒通勤の範囲として認められないもの

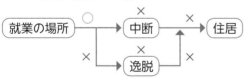

中断・逸脱であっても、通勤の範囲と認められるものがある（例外）

●逸脱・中断の例外となる
　行為とは
①日用品の購入など
②職業訓練校での職業訓練など
③選挙の投票など
④病院での診察や治療など
⑤家族（同居、扶養していない孫、祖父母及び兄弟姉妹でも可）の介護など

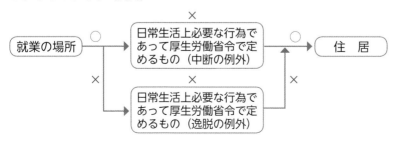

13 安全管理者と衛生管理者

・10人以上の職場では安全衛生推進者か衛生推進者を選任する。
・50人以上の職場では産業医を選任しなければならない。

労働安全衛生法

　会社は、社員が安全に働けるように配慮して、必要な措置を講じなければなりません。このため労働法では、事業所の規模に応じて社内の衛生や安全を管理する者の設置を求めています。

　労働安全衛生法では、労働災害防止のために事業所の業種規模に応じて衛生管理者、安全管理者、産業医などの選任を義務付けています。

　たとえば、労働者50人以上を使用している一定の事業所では、衛生管理者、安全管理者、産業医を選任し、労働基準監督署へ届け出ることが義務づけられ、一定の危険・有害性化学物質を取扱う事業場には化学物質管理者の選任が義務付けられています。

衛生管理者とは

　常時50人以上の労働者を雇用する事業所には、職場の衛生に関することを管理するため、衛生管理者の選任が義務付けられています。衛生管理者は、①労働者の健康障害を防止するための措置、②労働者の衛生のための教育、③健康診断の実施等、その他健康の保持増進のための措置、④労災の原因調査、再発防止措置などを行うことを職務としています。

●衛生管理者の資格要件

業　　種	選任要件（免許等保有者）
農林水産業、鉱業、建設業、製造業（物の加工業を含む）、電気業、ガス業、水道業、熱供給業、運送業、自動車整備業、機械修理業、医療業及び清掃業	第1種衛生管理者免許もしくは衛生工学衛生管理者免許を有する者または医師、歯科医師、労働衛生コンサルタントなど
その他の業種	第1種衛生管理者免許、第2種衛生管理者免許もしくは衛生工学衛生管理者免許を有する者または医師、歯科医師、労働衛生コンサルタントなど

安全管理者とは

　一定の**危険な作業**を行う**常時50人以上**の労働者を雇用する事業所では、安全に関する技術的な管理を行うために、安全管理者の選任が義務付けられています。

　安全管理者は、①労働者の危険防止のための措置、②労働者の安全教育の実施、③労働災害の原因調査及び再発防止措置などを行うことを職務としています。安全管理者の選任が必要な事業所は次の通りです。

業　　　種	事業場の規模
林業、鉱業、建設業、運送業、清掃業、製造業（物の加工業を含む）、電気業、ガス業、熱供給業、水道業、通信業、各種商品卸売業、家具・建具・じゅう器等卸売業、各種商品小売業、家具・建具・じゅう器等小売業、燃料小売業、旅館業、ゴルフ場業、自動車整備業及び機械修理業	50人以上 （常時使用する労働者数）

　安全管理者の要件は次の通りです。

●**安全管理者の資格要件**

　①厚生労働大臣の定める研修の修了者で、次のいずれかに該当する者。
　　・大学の理系の課程を卒業し、その後2年以上産業安全の実務を経験した者
　　・高等学校等の理系の課程を卒業し、その後4年以上産業安全の実務を経験した者
　　・その他、厚生労働大臣が定める者
　②労働安全コンサルタント

総括安全衛生管理者

　従業員規模が**100名**を超えると、業種により総括安全衛生管理者の選任が必要になります。総括安全衛生管理者は、安全管理者や衛生管理者を指揮し職場の安全と衛生についての管理の指揮を行います。総括安全衛生管理者になれるのは、工場長など、その事業場において、事業の実施を実質的に統括管理する権限及び責任を有する者となります。

総括安全衛生管理者を選任しなければならない事業所は次の通りです。

業　　種	労働者数
林業、鉱業、建設業、運送業、清掃業	100人以上
製造業（物の加工業を含む）、電気業、ガス業、熱供給業、水道業、通信業、各種商品卸売業、家具・建具・じゅう器等卸売業、各種商品小売業、家具・建具・じゅう器等小売業、燃料小売業、旅館業、ゴルフ場業、自動車整備業及び機械修理業	300人以上
上記の業種以外の業種	1,000人以上

安全衛生推進者と衛生推進者

　衛生管理者と安全管理者は、労働者が50名未満の小規模の会社では選任の義務はありません。ただし、労働者数が10名以上の会社は、衛生管理者または安全管理者に代わって、安全衛生に関する実務担当者として安全管理者を必要とする業種には安全衛生推進者を、必要としない業種には衛生推進者を選任しなければなりません。

　安全推進者と衛生推進者の行う業務は、①施設、設備の点検や災害防止措置、②作業環境の点検措置、③健康診断及び健康の保持促進のための措置、④安全衛生教育に関する事項、⑤応急措置に関する事項、⑥労災の原因調査、再発防止措置、⑦安全衛生情報の収集及び統計の作成など、⑧関係行政機関への報告業務などがあります。

　なお、安全衛生推進者や衛生推進者には特別な資格は求められていません。

産業医

　常時50人以上の労働者が働く事業所では、産業医を選任しなければなりません。事業主は産業医に対し、1月80時間を超える超過勤務を行った労働者の氏名など、従業員の健康管理等に必要な情報を提供しなければなりません。産業医は、①健康診断の実施及びその結果に基づく指導及び勧告、

②作業環境の測定、評価及び事後措置、③有害業務の作業管理、④労働者の健康管理に関する事項、⑤健康教育、健康相談に関する事項、衛生教育に関する事項、⑥労働者の健康障害の原因調査及び再発防止措置などを行うことを職務とし、問題があれば事業主に勧告を行います。事業主は、勧告の内容を衛生委員会に報告しなければなりません。

　産業医になれる者は医師であることはもちろん、一定の経験や試験に合格していなければなりません。

●化学物質管理者

　　労働者に危険又は健康障害を生じさせる恐れのある化学物質などで、指定された「リスクアセスメント対象物」を製造、取扱い、譲渡提供する事業場は、一般消費者の生活用に使う製品のみを取り扱う場合を除き、化学物質管理者を選任しなくてはなりません。

　　化学物質管理者は、化学物質の取扱いなどの記録や、取扱い等を労働者に周知教育するなど、化学物質の管理を行います。

　　なお、当該化学物質を製造する事業場については、専門の講習を受けるか、一定の資格を保有している必要があります。

安全委員会、衛生委員会

　一定の業種や規模の企業には安全委員会や衛生委員会、または、双方を兼ねる安全衛生委員会を設置して毎月1回以上会議を開催し、労使共同で安全や衛生についての対策をしていくよう求められています。安全委員会、衛生委員会を設置しなければならない事業所は次の通りです。

	業　種	労働者数
安全委員会	林業、鉱業、建設業、製造業の一部の業種（木材・木製品製造業、化学工業、鉄鋼業、金属製品製造業、輸送用機械器具製造業）、運送業の一部の業種（道路貨物運送業、港湾運送業）、自動車整備業、機械修理業、清掃業	50人以上 （常時使用する労働者）
	製造業のうち上記以外の業種、運送業のうち上記以外の業種、電気業、ガス業、熱供給業、水道業、通信業、各種商品卸売業・小売業、家具・建具・じゅう器等卸売業・小売業、燃料小売業、旅館業、ゴルフ場業衛生委員会	100人以上 （常時使用する労働者）
衛生委員会	全業種	50人以上 （常時使用する労働者）

14 健康診断

・労働者の雇い入れ時には健康診断を受診させなければならない。
・毎年1回（深夜業は6ヵ月に1回）健康診断を行わなければならない。
・2次健康診断等給付の結果によっては、労働者の就業上の措置を講じなければならない。

健康診断を受診させなければならない

会社が労働者を雇い入れる際には、労働者に対して医師による健康診断を受診させなければなりません。

ただし、雇い入れる者が3ヵ月以内に医師による健康診断を受けており、その旨を書面で提出した場合には、雇い入れる者が受診した項目についての健康診断は省略することができます。

さらに採用後も、1年以内ごとに1回（深夜業の場合は6ヵ月に1回）、医師による健康診断を行わなければなりません。

また、常時就業する労働者数が50人以上の事業場は、定期健康診断及び特殊健康診断を行った場合には、遅滞なく、健診結果報告書を労働基準監督署に提出しなければなりません。

定期健康診断等において、血圧等、厚生労働省で定める検査のすべてに異常がみられる場合には、労働者の請求により2次健康診断を受けることができます（2次健康診断等給付）。

2次健康診断を受けようとする労働者は、1次健康診断を受けた日から3ヵ月以内に、2次健康診断等給付請求書に1次健康診断の結果の写しなどを添えて、健診給付病院を経由して所轄の都道府県労働局長に提出します。会社は、労働者が2次健康診断を受けた日から3ヵ月以内に、健康診断の結果を示す書面を受け取った場合は、医師等の意見を聴取して労働者の就業上の措置を講じなければなりません。

●1次健康診断の診断項目

①既往歴及び業務歴の調査、②自覚症状及び他覚症状の有無の検査、③身長、体重、腹囲、視力、聴力の検査、④胸部エックス線検査、⑤血圧の測定、⑥尿中の糖及び蛋白の有無の検査、⑦貧血検査、⑧肝機能検査、⑨血中脂質検査、⑩血糖検査、⑪心電図検査
※医師の判断により省略できるものもある。

●2次健康診断等給付を受ける要件

2次健康診断等給付は、1次健康診断の結果において、次のすべての検査について異常の所見があると診断された場合に受けることができます。
①血圧の測定、②血中脂質検査、③血糖検査、④肥満度の測定

≡ 2次健康診断のながれ

2次健康診断等給付は、労災病院及び都道府県労働局長が指定する病院、もしくは診療所で受けることができます。

こんなときには？

Q 健康診断を行いましたが、社員が診断結果を会社に開示したくないと主張しています。

A 会社は労働者の健康を把握することにより、その症状に応じて配置転換や業務負荷の軽減を行い、労働者が安全に働けるようにしなければなりません。また、法律によって健康診断の記録の保存が義務付けられています。個人のプライバシーと労働者を安全に働かせる会社の義務とでは、労働者の安全が優先されます。これを労働者に理解させるとともに、その情報の取扱いは厳格に行い、安心感を持たせることが重要です。

15 メンタルヘルス

POINT
- メンタルヘルスケアは、企業の重要課題となっている。
- 企業には、ストレスチェック制度の設置が義務付けられた。
- 事業所と事業主では違いがある。

メンタルヘルスは早期発見がカギとなる

　企業活動の急速な国際化など、さまざまなストレスからうつ病などの精神疾患を発症して休職を余儀なくされる人が増えています。厚生労働省では、「労働者の心の健康の保持増進のための指針」を示して、事業場における心の健康対策（メンタルヘルスケア）の推進を掲げています。

　メンタルヘルスの問題は、仕事以外の要因も複雑に関係する場合があるため、その予防は難しく、いかに早期に発見しケアできるかが大切です。

　本人はメンタルヘルスに不調を来していても気づかない場合が多く、周囲が注意を払う必要があります。

　休職の場合には、復職に向かってのプラン作りから、休職中の取扱い等、主治医及び産業医と連携していくことが大切です。

　休職中については、メンタルヘルス不調の原因が、職場の人間関係の場合もありますし、仕事から離れて療養に集中する意味からも、会社からの連絡は総務部長に一本化するなどの配慮が必要です。復帰の際にも遅れを取り戻そうなどと無理をしないように、日常生活が送れるようになってから、通勤だけから始めて、次第に負荷の軽い仕事を行うなど、医師と相談をしながら段階を追って復帰に取り組むことが望まれます。

ストレスチェック制度が義務化された

　常時50人以上を雇用する事業所（産業医を選任する事業所）は、ストレスチェックを行うことが義務づけられています。なお、50人未満の事業所に対しても、努力義務が課せられています。

ストレスチェックとは、医師、保健師等による心理的な負担の程度を把握するための検査です。検査の対象者は、一般の健康診断の対象者と同じく常時30時間以上働く者であり、検査の頻度は年１回となります。具体的な検査内容は、厚生労働省のホームページで公開されています。

　なお、検査結果は、直接社員に通知されて、本人の同意なく会社に通知されることはありません。検査によって「高ストレス者」となった場合は、本人からの申し出によって医師による面接指導などが行われ、必要に応じて専門医の紹介などが行われます。面接指導の結果、事業者は医師の意見に基づき必要な配慮をしなければなりません。具体的には、就業場所の変更、作業の転換、労働時間の短縮、深夜勤務の減少などがありますが、不利益な取り扱いを行うことは禁止されています。メンタルヘルスについては、地域産業保健センター、厚生労働省のポータルサイト「こころの耳」（https://kokoro.mhlw.go.jp）が参考になります。

事業所と事業主の違い

　常時50人以上を雇用する事業所は産業医、衛生管理者の選任及びストレスチェックを行わなければならないとされています。

　労働法は事業所単位なので、この場合を含め、多くの場合はその事業所に従業員が50人いるかどうかで判断されます。チェーン展開している小売店のように、全社員を合わせれば1,000人を超える企業であっても、本部を含め各店舗すべてがそれぞれ50人に満たなければ、選任の義務は生じません。ただし、衛生委員会や産業医、ストレスチェックなどは、本来働く人が安心安全に働けるためのものですから、義務がないから行わないのではなく、選任し、実施した方がよいのは言うまでもありません。

　なお、障害者雇用率のように対象者が事業主とされているものについては、企業全体で判断されます。

事業主のメンタルヘルスケア推進の取組み
①心の健康計画の策定
②関係者への事業場の方針の明示
③労働者の相談に応ずる体制の整備
④関係者に対する教育研修の機会の提供等
⑤事業場外資源とのネットワーク形成　など

●健康診断の種類（抜粋）

	健康診断の種類	対象業務等	実施時期等
一般健康診断	雇入れ時の健康診断	－	雇入れ時
	定期健康診断	－	1年以内ごとに1回
	特定業務従事者の健康診断	安衛規則第13条第1項第2号に定める特定業務	6ヵ月以内ごとに1回
	海外派遣労働者の健康診断	6ヵ月以上の海外派遣	派遣する際、及び帰国後
	給食従業員の検便	給食従業員	雇入れの際または配置替えの際
特殊健康診断	有機溶剤等健康診断	屋内作業場等における有機溶剤業務	6ヵ月以内ごとに1回
	鉛健康診断	鉛等を取り扱う業務	6ヵ月以内ごとに1回（鉛業務の内容によっては、1年以内ごとに1回）
	石綿健康診断	①石綿等を製造し、若しくは取り扱う業務 ②石綿等を過去に製造し、取り扱っていたことのある労働者で現に使用しているもの	6ヵ月以内ごとに1回
	高気圧業務健康診断	高圧室内業務または潜水業務	6ヵ月以内ごとに1回
	じん肺健康診断	粉じん作業従事者（過去従事者を含む）	1年以内ごとに1回 3年以内ごとに1回 対象者のじん肺管理区分によって異なる。
	歯科医師による健康診断	塩酸、硝酸、硫酸、亜硫酸	6ヵ月以内ごとに1回
	29の業務について健康診断が定められている。	6ヵ月以内ごとに1回 1年以内ごとに1回 対象業務によって異なる。	6ヵ月以内ごとに1回 1年以内ごとに1回 対象業務によって異なる。

PART

7

退職・解雇

1 労働契約の終了

POINT
・退職の基本は合意退職である。
・自己都合退職の場合、辞表は必ずもらっておく。
・社員の請求があれば退職証明書を発給しなければならない。

退職には4つの種類がある

退職には、労使双方が納得して契約を終了させる合意退職、会社側から一方的に契約を終了させる解雇、労働者側からの申し出による自己都合退職、定められた期間が到来したことによる期間満了の4つがあります。

退職の理由が解雇である場合と、それ以外である場合では雇用保険の給付や退職金の額などが変わってきます。退職に関する労使間の認識の違いからトラブルが発生することはよくあります。退職前には、しっかり話し合いを行い、合意退職による退職の方法を選択することが大切です。

退職の意思表示

退職の意思表示は口頭でも有効ですが、辞表の提出が一般的です。

退職の意思表示には、社員側からの一方的な退職の意思表示と退職の申し込みの2種類があります。一方的な退職の意思表示の場合は、会社側がその意思を受け取った段階で退職が成立します。この場合、会社側の承認がなくても退職の効力が生じ、会社の同意なく撤回はできません。

他方で、退職の申し込みの場合には、会社側が退職を承認することにより効力が生じ、会社が承認する前であれば自由に撤回ができます。

なお、上司からの退職の強要、懲戒解雇事由に該当しないのに懲戒解雇になると一方的に勘違いして社員自ら辞表を出してしまったなど、脅迫や勘違いに基づく退職の意思表示の場合は、会社の同意なく撤回できます。

また、社員が会社を困らせてやろうと思って、辞める気もないのに提出した辞表については、原則として取り消すことはできず、辞めなくてはなりませんが、会社が、社員の本心を知っていた場合は無効となり、辞める必要はありません。

退職証明書には社員の請求した事項のみ記載する

　退職後に社員から請求があった場合には、退職証明書を交付しなければなりません。この証明書には、①在籍期間、②従事していた業務の種類、③会社での役職、④賃金額、⑤退職の理由（解雇の場合は解雇理由）を記載しますが、社員が請求しない事項を記載することは禁止されています。

　また、退職証明書に、国籍、信条（宗教や政治的な信念）、社会的身分（生来の身分）、労働組合活動についての記載をすることも禁止されています。

　会社が退職証明を交付しなければならない期間は、社員の退職後2年間であり、解雇の場合には、解雇日前であっても、社員から請求があれば解雇理由を明示した証明書を発行しなければなりません。

●退職時の証明
　　記載事項は、社員が**請求した事項のみ記載**する。
　　解雇の場合は、**解雇日前であっても交付**する。
　　退職時の証明は、**退職後2年以内に請求があれば交付**する。

●記載事項
　　①在籍期間　　　　　　　②従事していた業務の種類
　　③会社での役職　　　　　④賃金
　　⑤退職の理由（解雇の場合は解雇理由を含む）

こんなときには？

Q 職場で仕事中に上司と怒鳴り合いのケンカをしてしまい、勢いで「こんな会社辞めてやる」とそのまま帰宅してしまいました。辞めるのは本心ではありませんが、退社しなければならないのでしょうか？

A 本心ではないのに会社に表明した以上、会社の同意なく取消しはできません。しかし、勤務時間の途中に帰宅したとはいえ、ケンカの上のことであり、会社側も辞めるという宣言が真意ではないことを容易に推し測ることができるので、退職の申し出は無効であり、退社の必要はありません。

2 退職

POINT
・退職勧奨は合意退職である。
・期間満了退職でも手続きが必要。

社員からの退職の申し入れ

　労働基準法では会社が労働者を解雇する場合には客観的で合理的な理由が必要であり、解雇日の30日前までの予告か相応の解雇予告手当の支払いが必要です。

　しかし、社員が自ら辞める場合には特に理由も不要であり、民法上も単に2週間前までに申し込めば辞めることができるとされています。

　これは正社員などの期間の定めのない契約の場合ですが、有期契約の場合には、より厳しい制限があります。契約期間の途中に解約をする場合には相手方の合意が必要であり、合意がない場合には、やむを得ない事由（死亡、ケガ、一方的な賃金の減額）がない限り、解約することができないとされています。

　このため、労働基準法では契約期間の長さを上限3年（一定の者は5年）と制限した上で契約から1年を経過した時点で、労働者はいつでも退職ができると定めています。

就業規則との関係

　法令では2週間前までに申し出れば自由に退職できるとされていますが、多くの会社では退職時には1ヵ月前に申し出ることと就業規則に定めています。

　突然社員が退職すると業務が滞る恐れがあることから、会社は、業務の引継ぎや人員の補充などを見越して「1ヵ月前」としているのですが、これは退職者に対する会社からの要望といえます。これを無視して退社することも可能ですが、円満退社を望むなら、会社のルールに従った方が好ましいといえます。

合意退職

　やむを得ず契約期間の途中に退職をする場合、最も好ましいのは合意退

職です。解雇は30日前、自己都合は2週間前と事前の予告が必要ですが、合意退職は双方の合意により即時に労働契約を終了することが可能です。

　また、認識のズレによるトラブル防止のためにも、解雇案件や期間満了時の契約更新拒否であっても、まずは合意退職を目指すのが常道といえます。

　なお、会社側から退職を促す行為を退職勧奨（P194を参照）と呼びますが、退職勧奨は退職の勧めであって労働者は拒否することが可能です。

期間満了退職

　期間の定めのない契約の場合は、一般には定年により契約が終了しますが、有期契約の場合は、契約期間の満了により契約が終了します。

　契約の回数が1回のみで、契約の更新がないのであれば、問題はありませんが、更新がある場合には契約の終了は簡単ではありません。

　有期契約が有名無実化して無期契約になっていないか、無期転換の申し込みはないか、更新を行わない判断が妥当であるか、などが問われます。

　また、契約を3回以上更新しているか、1年を超えて継続雇用されている場合には、契約更新の30日以上前までに更新拒否の予告をする必要があります。

競業禁止と同業他社への転職禁止

　社内のノウハウや顧客の流出を恐れて、退職後は同業他社への転職、同業での開業などを禁止する規定を設ける会社があります。

　このような定めは、憲法で定める職業選択の自由に反することから、原則としては無効ですが、会社にとって合理性があり、必要最小限度の制限であれば、労使間で、その旨の特約を結ぶことにより有効となります。

　特約が有効であるかないかの判断は、企業秘密の保護の利益、社員及び社会の不利益、代償措置の有無について比較検討して決定されます。

民法では → 自己都合退職の場合

→ 原則＝申し出から2週間を経過すれば自由に退社できる。

1ヵ月？
2週間？

カレンダー

辞表

3 定年退職

POINT ・65歳までは希望者全員が働けなければならない。
・将来的に定年は70歳になると予想される。

希望者は65歳まで雇用する

現代では60代は精神的、肉体的にもまだまだ元気であり、大半は現役世代と同様に働いています。厚生年金の支給開始年齢は65歳となり、国も70歳まで働く社会を目指しています。

定年は、法律（高年齢者雇用安定法）によって60歳以上とされていますが、65歳までは経過措置が適用される一部の事業所を除き、本人が希望し退職又は解雇に該当しない者については65歳までは雇用を保証しなければなりません。定年を65歳とする会社もありますが、退職金の積み立てや、若年者の役職への登用といった問題もあり、65歳定年とする会社はまだ少ないのが実状です。多くの会社では、定年は60歳として退職金を一度清算し、役職も解いた上で、再就職を希望する定年退職者を1年契約の嘱託社員として再雇用しています。

再雇用後の就労形態も、退職前と同様の場合もあれば、週4日勤務、1日6時間勤務など、会社と社員との交渉により、さまざまな形態があります。賃金についても、役職の退任など責任の減少や業務内容の変化に伴い、定年前よりも減少する場合もあれば、定年前と同様の仕事内容と責任であることから、賃金は定年前と同額という場合もあります。

再雇用の罠

多くの会社では60歳を定年として、希望者全員を1年契約の嘱託社員として再雇用する制度を採用していますが、これには注意が必要です。

労働契約法では、1年契約の有期雇用が5年を超えて契約を結んだ場合には、労働者が希望すれば無期雇用に転換するとされています。これに従えば、65歳を超えて再雇用した場合には、定年後に無期転換になるのですから、終身雇用に転化する可能性があります。そこで、厚生労働省は、平

成27年4月1日より60歳以降の定年後、再雇用された労働者については、本社を所轄する都道府県労働局長の認定を受ければ、無期転換しなくてもよいという特例を設けました。認定を受けるためには、高齢者の雇用についての整備を図る高年齢雇用安定法第11条の規定による高齢者雇用推進者の選任等が必要になります。

なお、継続雇用の義務は、働く権利の保証であり、待遇までも保証するものではないので、労働条件の引き下げが不合理（同一労働同一賃金にも注意が必要）でなければ、60歳を境に賃金を引き下げたり、働く時間を短くするなど、会社が労働条件を変更することができます。会社の提示した労働条件に応じるかどうかは、社員の判断なので、社員が継続雇用を断り、結果として継続雇用ができなかったとしても法律違反とはなりません。

再雇用の例外

定年年齢の引き上げによって従来の継続雇用制度の対象者を限定できる仕組みは廃止されましたが、平成25年3月31日までに、この**再雇用の基準**（選定基準）を労使協定で定めていた会社には**経過措置**が認められています。対象となる会社には、令和7（2025）年3月31日までは60歳定年、64歳までは希望者全員再雇用、64歳以降は労使協定の基準により再雇用者を絞り込むといった方法が採用できます。

ただし、この経過措置は、令和7（2025）年4月1日以降は廃止となります。

平成29年1月1日から、65歳以上の方も雇用保険の適用対象となりましたが、将来は、70歳定年や定年のない社会になると予想されますので、経過措置を行っている会社も、65歳まで働ける制度への対応が急がれます。

●再雇用の例外となる経過措置の基準

60歳に到達する日	基準を適用できる年齢
令和4（2022）年4月1日から令和7（2025）年3月31日まで	64歳

こんなときには？

Q 従業員が20名程の会社です。これまで就業規則によって継続雇用制度の対象者を絞り込んでいました。この方法を継続できますか？

A 継続雇用制度の対象者を限定できる仕組みは平成25年4月1日の定年年齢の引き上げとともに廃止されましたが、すでにこの選定基準を労使協定で設けていた場合には、経過措置があります。

4 解雇

POINT
・解雇には普通解雇、懲戒解雇、整理解雇の3つの種類がある。
・解雇には客観的で合理的な理由が必要である。
・解雇は30日前に予告するか、30日分の解雇予告手当が必要。

解雇には客観的で合理的な理由が必要

解雇とは労働者の意思に関係なく、会社の一方的な意思により**労働契約を終了させること**を指します。解雇には、主に労働者の勤務成績や適格性の欠如など能力、適性の不足もしくは労働不能を原因とする**普通解雇**と、会社規律に違反した懲戒処分としての**懲戒解雇**、会社の倒産、縮小などによる**経営上の必要性**による整理解雇の3つの類型があります。

解雇はさまざまな観点から判断する

解雇とは会社側からの**労働契約の一方的な破棄**であり、労働者にとって苛烈な処分となることから、法律によってさまざまな制限があります。

労働契約法第16条では「解雇は客観的に合理的な理由を欠き、社会通念上相当であると認められない場合は、その権利を濫用したものとして、無効とする」と規定しています。「**客観的に合理的な理由**」とは、解雇に値する事柄が事実としてあるということ、「**社会通念上相当である**」とは、解雇に値する事実があった上で、その事柄が社会一般に照らして解雇に値するほど重大であるということを示しています。

実際には、労働者の行為が就業規則等の**解雇事由**に該当するか、解雇制限に該当していないか、解雇の合理的な理由があるか、解雇するほどの重大な理由なのか、解雇手続きは正当な手続きを経ているか、会社の対応に問題がなかったかといったさまざまな観点から判断されています。

■ 解雇予告と予告手当

　労働者を解雇する場合には、一定期間前に予告しなければなりません。
　また、１年契約などの有期契約期間中の解雇は、労働契約法第16条、第17条により「やむを得ない理由」が必要です。正社員よりも期間雇用の社員の方が解雇の難易度は低いと考えがちですが、法律上は、期間途中の解雇は正社員よりも難易度が高くなっています。期間雇用の労働者を解雇せざるを得ない場合には期間満了を待って雇い止めにする方が賢明といえます。

●労働者の解雇が制限される期間

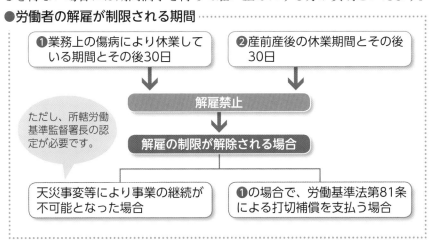

❶業務上の傷病により休業している期間とその後30日

❷産前産後の休業期間とその後30日

解雇禁止

ただし、所轄労働基準監督署長の認定が必要です。

解雇の制限が解除される場合

天災事変等により事業の継続が不可能となった場合

❶の場合で、労働基準法第81条による打切補償を支払う場合

　労働基準法第20条では従業員を解雇する場合には、30日前に予告するか、30日分の平均賃金（解雇予告手当）を支払わなければならないとしています。予告の日数は、日数分の平均賃金（解雇予告手当）を支払えばその日数分だけ予告期間を短縮することができます。予告期間が30日未満の場合には、30日に不足する日数分の予告手当を支払わなければなりません。

　なお、解雇予告、解雇予告手当は、地震や紛争などの天災事変、その他、やむを得ない事由のために事業の継続が不可能となった場合のほか、横領など、解雇原因が労働者側にある場合には、**労働基準監督署長の許可を受ける**ことで、解雇予告、解雇予告手当の支払いを行わないこともできます。

30日前

予告手当

解雇予告と予告手当が不要な場合

● **解雇をするときに必要な手続き**

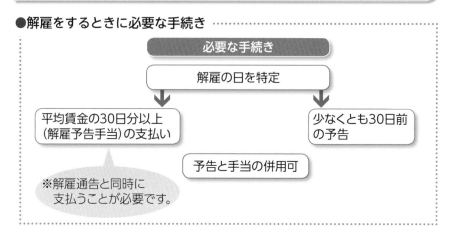

　解雇予告や解雇予告手当は、労働者が急に失業すると生活に困ることから設けられたものです。したがって、試用期間の見習い社員のように社員としての身分が安定していない者については、解雇予告も解雇予告手当も支給の必要はありません。この解雇予告や解雇予告手当の支払いが不要な者として、労働基準法では、試用期間中の者や短期間の有期雇用契約を結んでいる者などが定められています。

　ただし、試用期間中の者でも、試用期間が14日を超えている場合、短期間の有期雇用契約を結んでいる者が、当初の期間を超えて働いている場合には、解雇予告または解雇予告手当の支払いが必要となります。

● **解雇予告などの手続きが不要な労働者**

　次に掲げる労働者については、解雇予告や解雇予告手当の支払いをすることなく、解雇することができます。

労働者	ただし	期間	
❶日々雇い入れられる者		1ヵ月	これを超えて引き続き使用されている場合には、解雇予告または解雇予告手当の支払いが必要となります。
❷2ヵ月以内の期間を定めて使用される者		契約期間	
❸季節的業務に4ヵ月以内の期間を定めて使用される者		契約期間	
❹試用期間中の者		14日	

解雇理由証明書への明示

労働基準法（第22条1項）には、解雇の予告がされた日から退職の日までの間に、労働者が当該解雇の理由について証明書を請求したときは、使用者は遅滞なく、これを交付しなければならないと定められています。

書式 解雇理由証明書

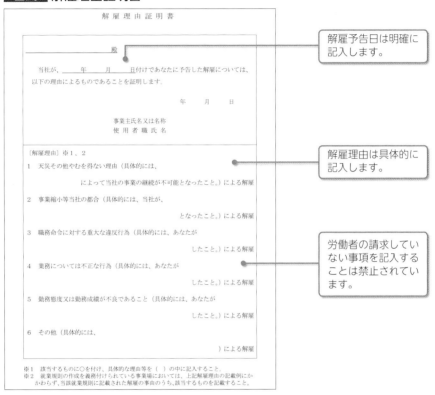

解雇予告日は明確に記入します。

解雇理由は具体的に記入します。

労働者の請求していない事項を記入することは禁止されています。

こんなときには？

Q 3ヵ月前に営業職員として採用した社員の成績が芳しくありません。ノルマの半分も売り上げていませんが、これは就業規則にある「勤務成績、能力が著しく不足する場合には解雇する」に該当するとして解雇できますか？

A 単にノルマに達成しないだけでは解雇できません。能力不足を理由とする解雇が有効なのは、その能力が解雇しなければならないほど著しく不足しており、教育訓練、指導監督、配置転換など、会社が解雇回避のための措置を尽くしても、なお改善の見込みがない場合などに限られます。

5 解雇制限

POINT
・業務災害で治療中の社員や出産前後の社員は解雇できない。
・労働組合員への差別的な解雇はできない。
・解雇をしてはいけない場合もある。

労働基準法による解雇制限

(1)業務上負傷または疾患で休業する場合

解雇制限期間

▲被災日 入・通院で治療のため休業する期間 ▲再出社日 その後30日間 ▲

(2)産前産後休業（第65条）の場合

解雇制限期間

▲ 産前休業6週間（多胎妊娠14週間）▲出産 産後休業8週間 ▲再出社日 その後30日間 ▲

　労働基準法では、労働者が解雇されると次の職場を探すことが困難な時期について、その期間の解雇を禁止する規定があります。この規定により、解雇してはいけない期間として、**業務上の傷病により休業している期間とその後30日間、産前産後の休業と、その後30日間が解雇禁止期間**として定められています。解雇禁止期間中は絶対であり、たとえこの期間中に懲戒解雇に該当する行為をしたとしても解雇はできません。

　ただし、業務上の傷病の場合は、休業期間が長引くと会社の負担も大きいことから、療養の開始後3年を超えても治癒しない場合には、打切補償として**平均賃金の1,200日分**を支払うか、労災保険の傷病補償年金を受ける場合には、解雇が可能となります。

　また、解雇禁止期間が絶対的とはいっても、会社がなくなってしまえば元も子もありません。そのため、**天災事変その他やむを得ない事由**のために事業の継続が不可能となった場合には、**労働基準監督署長の認定を受ければ解雇禁止期間中の労働者であっても解雇が可能**とされています。

　このやむを得ない事由とは、単に業績不振など会社に責任のあるものではなく、**地震等の天災に準じる程度の不可抗力**に基づき、かつ突発的な事由の意味であり、会社としても**不可抗力と呼べるほどの困難な事態**をいいます。

解雇を禁止する主な法律

1 **不当労働行為となる解雇**（労働組合法第 7 条）

　　労働者が労働組合員であること、労働組合を結成しようとしたこと、労働組合の正当な権利を行使したこと、労働委員会に申し立てを行ったことを理由とする解雇。労働委員会とは、労働組合と事業主との間に生じる労使紛争を中立的な立場で解決するために設けられた公的な機関。

2 **国籍、信条、社会的身分を理由とする解雇**（労働基準法第 3 条）

　　労働者の国籍、信条（宗教、政治的）、生来の身分を理由とする解雇

3 **労働基準監督署等に申告、申出をしたことを理由とする解雇**（労働基準法第104条）

4 **性別を理由とする解雇**（男女雇用機会均等法第 6 条第 4 項）

5 **産前産後の休暇中及びその後30日間**（労働基準法第19条）

6 **妊娠、出産、育児休暇、介護休暇を理由とする解雇**（男女雇用機会均等法第 9 条第 3 項）

7 **企画業務型裁量労働制の対象となることに同意しないことを理由とする解雇**（労働基準法第38条の 4 第 1 項 6 号）

8 **公益通報を理由とする解雇**（公益通報者保護法第 3 条）

　　公益通報とは、そこで働く労働者が、不正の目的でなく、事業者について法令違反行為が生じ、または、生じようとしている旨を、「事業者内部」、「行政機関」、「その他の事業者外部」のいずれかに通報すること。

9 **個別労働関係紛争に関し、あっせん申請をしたことを理由とする解雇**（個別労働紛争の解決の促進に関する法律第 4 条、第 5 条、パートタイム労働法第21条、第22条）

7

退職・解雇

こんなときには？

Q 3ヵ月ほど前に営業先から帰社途中に交通事故に遭って現在入院中です。会社から、取引先の倒産により危機的な状況にある。ついては、経費削減のため解雇したいといわれました。すぐに他の職場を探すこともできません。

A 法律にある「やむを得ない事由」とは「天災事故等の突発的なこと」を示しており、「取引先が倒産」といった、会社経営をする上で、経営者が予見しなければならない事態は含まれないことから、解雇はできません。

6 普通解雇

POINT
・社員が行方不明となった場合は、解雇ではなく退職として取り扱う方法もある。
・退職勧奨は合意退職だが、雇用保険をもらう上で有利になる。

解雇は最終手段である

普通解雇は、労働者が働くことができない、働きが不十分であるといった場合など、労働者が負っている**労働提供の義務**が果たされない場合に、**労働契約を解除**することです。実際に普通解雇をするにあたっては、解雇について客観的で合理的な解雇理由の事実検証と、その理由が**解雇に値するほど重大**であるという相当性の検証が必要です。

●普通解雇の理由

普通解雇の理由		
心身の故障による労務不能の解雇	勤務成績不良	協調性の欠如
能力不足	退職勧奨	行方不明者の解雇

普通解雇の理由としては、主として、①心身の故障による労働不能、②勤務成績不良、③協調性の欠如、④能力不足などがあげられます。実際の解雇にあたっては、会社側が解雇を回避するために適切な指導、教育がなされてきたか、配置転換の可能性はどうかが問われます。

解雇をする場合には、労働基準監督署長による解雇予告の除外認定を受けない限り、解雇予告もしくは解雇予告手当の支払いが必要になります。

以下に、**普通解雇の事例**を示し、それぞれの判断を紹介します。

●**心身の故障による労務不能の解雇**

私傷病や労災などの理由により働くことができなくなった場合は、普通解雇の理由となりえます。

ただし、労災の場合には労働基準法第19条（解雇制限）による制限があり、注意が必要です。完全に働くことができなくても、配置転換や作業内容の見直しなどをすれば働ける場合には、解雇の正当性は否定されやすくなります。

●勤務成績不良

　労働者には、会社に対して誠実に働く義務がありますので、遅刻早退が多い、無断欠勤が多いなどの勤務成績や勤務態度などが著しく悪い場合は、解雇の理由となります。ただし、会社には、労働者を指揮監督する権限がありますので、労働者に注意をしないでそのまま放置していたのでは、解雇の正当性は否定されやすくなります。

●協調性の欠如

　会社は、同僚と力を合わせて仕事をする場ですから、協調性は業務を円滑に遂行する上で必要不可欠な能力です。協調性の欠如は、職場が小規模であればあるほど重要な問題となりますので、これを理由とする解雇は、大企業より中小企業、中小企業より零細企業と企業規模が小さくなるに従って認められやすくなります。

●能力不足

　能力不足による解雇の場合、とくに能力を買われて専門職として雇われたなどといった例を除けば、単にノルマが達成できない、仕事が遅い、ミスが多いなどといった理由だけでは解雇することはできません。解雇が認められるのは、著しく能力が低く、配置転換や教育をしてもなお能力の向上や改善がみられない場合に限られます。

●行方不明者の解雇

　解雇とは、会社が社員に対して行う労働契約の終了を意図する一方的な意思表示ですので、労働者の承諾を受ける必要はなく、解雇する旨を労働者本人に通告すれば、それで足ります。

　しかし、出社拒否や行方不明などの理由で、解雇理由に該当しているにも関わらず、本人に通告できずに解雇できないままになってしまうという事態が生じることがあります。

　この場合は、公示送達という手続きを裁判所に申し立てる必要があります。公

示送達とは、相手方が行方不明で書類が送達できない場合に、一定期間、裁判所の掲示板に掲示をすれば、書類が相手に送達したとみなされる制度です。公示送達の手続きは、従業員の最後の住所地を管轄する簡易裁判所に申し立てを行い、裁判所の掲示板に掲示するほか、官報や新聞に少なくとも1回掲載します。この掲示から2週間を経過した時点で、相手方に意思表示が到達したとみなされ、懲戒解雇が成立します。

●公示送達の手続きと流れ

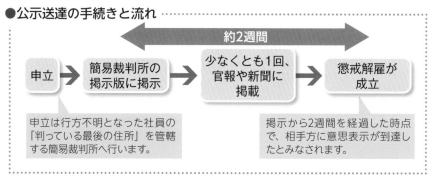

約2週間

申立 → 簡易裁判所の掲示版に掲示 → 少なくとも1回、官報や新聞に掲載 → 懲戒解雇が成立

申立は行方不明となった社員の「判っている最後の住所」を管轄する簡易裁判所へ行います。

掲示から2週間を経過した時点で、相手方に意思表示が到達したとみなされます。

　しかし、実際に行方不明者を解雇する場合には、公示送達は、費用も時間もかかり、現実的ではありません。このような問題に対しては、就業規則に「欠勤し、行方が不明で30日が経過した場合は、その日をもって自動的に退職する」などの自動退職規定を設けることが対策として挙げられます。この規定があれば、公示送達も必要とせず自然退職ですから、解雇のように、さまざまな規制にとらわれることなく、退社の処理をすることができます。

●退職勧奨

　退職勧奨とは、会社が社員に対して退職を促すことです。解雇が会社からの一方的な労働契約の解除であるのに対して、退職勧奨は、会社からの退職の申出に過ぎないので、社員は退職勧奨を拒否することができますが、申出に応じた場合には合意退職として扱われます。

　ただし、雇用保険の手続きなどでは解雇と同じように扱われ、自己都合退職よりも有利な給付を受けることができます。

　なお、退職勧奨は、あくまでも会社から社員への退職の申し込みですから、社員が拒否したからといって、退職を強要したり、嫌がらせなどをす

ると退職強要とみなされて違法行為となり、損害賠償の対象になります。

●期間の定めがない労働契約の終了

	労働契約終了の状況	関係法等
辞　職	労働者から一方的に辞める。	民法第627条 労働基準法第15条第2項
合意解約	労働者から「辞めさせてください」と願い出て使用者が承諾する。	
	使用者から「辞めてくれ」と申し込み（退職勧奨）労働者が承諾する。	
解　雇	使用者から一方的に辞めさせる。	労働契約法第16条 労働基準法第19条～21条
定年制	就業規則等に基づく定年年齢の到来	高年齢者等の雇用の安定等に関する法律

●有期労働契約の終了

	労働契約終了の状況	関係法等
期間満了	契約の期間が終了する。	民法第629条 労働基準法第14条第2項 雇止めに関する基準
途中解除 （辞職）	契約期間の途中で労働者から一方的に辞める。	民法第626、628条 労働基準法第15条第2項
合意解約	労働者から「辞めさせてください」と願い出て使用者が承諾する。	
	使用者から「辞めてくれ」と申し込み（退職勧奨）労働者が承諾する。	
途中解除 （解雇）	契約期間の途中で使用者から一方的に辞めさせる。	民法第628条 労働契約法第16条、第17条第1項 労働基準法第19条～21条
雇止め	あらかじめ期間が決まっていた労働契約が繰り返し更新された後、期間満了として労働契約が更新されない。	解雇権濫用法理の類推適用 雇止めに関する基準

7

退職・解雇

こんなときには？

Q 営業職で採用した社員に協調性がなく、注意、指導を行っても一向に改まりません。従業員10人程では配置転換もできず、解雇は可能ですか？

A 協調性は、社員が会社で働くにあたっての重要な能力です。解雇は可能であると思われますが、後日に備えて、社員に対する注意や指導の記録を保存しておきましょう。

7 懲戒解雇

POINT
・懲戒解雇を行うには就業規則等の規定が必要である。
・労働基準監督署長の許可を受ければ、予告手当は不必要。
・労働基準監督署長の許可が得られなければ、諭旨解雇を検討する。

懲戒解雇は労働者への退出宣告である

懲戒解雇とは、社員が企業秩序を乱したり、反社会的な行動をとったりしたときに制裁として行う解雇であり、社内で行う最も強力な制裁です。

懲戒解雇を行う場合には、通常、解雇予告手当を支払わず、即時解雇をして、退職金の支払いも行いません。懲戒解雇は、懲戒処分としての解雇ですから、その処分が有効であるためには、他の解雇と同様に、客観的に合理的で、社会通念上相当でなければなりません。また、労働者の行為があらかじめ就業規則で定められた懲戒解雇事由に該当し、その処分について手続き上の誤りや過失がないことなどが求められます。

除外認定を受ければ解雇予告はいらない

通常の解雇では、解雇予告をするか平均賃金の30日分の解雇予告手当を支払う必要があります。しかし、懲戒解雇の場合には、労働基準監督署長の解雇予告除外認定を受ければ、解雇予告、または解雇予告手当の支払いは不要です。

認定申請を受けなくても懲戒解雇処分はできますが、処分の正当性をはっきりさせるためにも除外認定を受けておいた方がよいでしょう。

その手続きは、所轄の労働基準監督署へ、労働者の問題行動を記した顛末書などとともに「解雇予告除外認定申請書」を提出して行います。

ただし、申請書を提出すればすべて認定を受けられるわけではありません。認定される懲戒解雇とは、その処分自体が有効であることはもちろん、その労働者の地位、職責、勤続年数、勤務状況などを考慮して、総合的に判断され、関係者への調査も行われます。また、労働者の行為が法による保護を受けるに値しないほど重大または悪質であることが必要です。

認定申請は、懲戒解雇処分前の申請が前提ですが、労働基準監督署も労使双方から意見を聞き、独自に調査をするために時間がかかります。その結果、労働基準監督署長の認定が得られなければ、解雇予告手当の支払いが必要となり、懲戒解雇の正当性にも疑問が生じます。確実に認定が受けられる確証がなければ、懲戒解雇ではなく、諭旨解雇の選択も必要です。

●解雇予告除外認定の具体例

除外認定では、具体的に次のような事例が認定されています。
1　事業場内での窃盗、横領、傷害等刑法犯に該当する行為（軽微なものを除く）。
2　賭博、風紀紊乱等により職場秩序を乱し、他の労働者に悪影響を及ぼす場合（社外行為であっても会社の名誉、信用を失墜させ、取引関係に悪影響を与える場合はこれも含む）。
3　経歴詐称。
4　他の会社に転職した場合。
5　2週間以上無断欠勤をして、出勤の督促にも応じない場合。
6　出勤不良で、数次にわたる注意にも関わらず改善しない場合。

●懲戒解雇の有効性の判断基準

1　懲戒解雇の事由が就業規則に**記載**されている。
2　労働者の行為が就業規則で**定め**た懲戒解雇に当たる。
3　懲戒解雇の事由が**合理的**である。
＊社会一般からみて罪に**見合った罰**になっている。
4　就業規則に定められた**手続き**をしている。

こんなときには？

Q　従業員が先月退社し、退職金も支払った後になって会社の資金を横領していたことがわかりました。横領分の金銭は、損害賠償を請求しますが、今から懲戒解雇として退職金の返還を求めることは可能でしょうか？

A　懲戒解雇の前に労働者が辞めてしまった場合には、労働者は、もはや社員ではなく、さかのぼって懲戒解雇はできません。ただし、退職金に関しては、たとえば退職金規定に「懲戒解雇の場合は退職金を支給しない」などの規定があり、労働者が退職金の不支給を免れるために自己都合退職をしたと認められれば、不正取得となりますので、返還を求めることができます。

8 整理解雇

POINT
・整理解雇には、①人員整理の必要性、②解雇回避努力義務の履行、③人選の合理性、④手続きの妥当性の4要件が必要。
・大量に整理解雇を行う場合は、ハローワークに届け出る。

整理解雇には4つの要件がある

　部門の縮小や閉鎖などで**余剰人員を解雇**することが**整理解雇**です。整理解雇は、主に会社側が原因の解雇といえます。整理解雇が有効となるには、①人員整理の必要性、②解雇回避努力義務の履行、③人選の合理性、④手続きの妥当性の4つの要件を原則としてすべて満たす必要があります。

①人員整理の必要性

　人員整理の必要性とは、会社経営が整理解雇をしなければならないほど悪化しているのかということです。いわば経営の悪化の程度の判断ですが、整理解雇をしなければ倒産してしまうという程度までは求められず、会社経営上、合理的であればよいとされています。

②解雇回避努力義務の履行

　会社には社員の解雇を防ぐ義務があり、業績悪化による解雇は最終手段です。整理解雇が認められるには、役員報酬の削減、経費削減、配置転換、出向、新規採用の中止、賃金引き下げ、希望退職募集など、解雇を避けるための努力が求められます。ただし、会社が再生する上で、必要な投資や、人材の確保などまでが禁止されているわけではありません。

③人選の合理性

　整理解雇対象者を決める際の人選が合理的かつ公平であることが求められます。どのような人を選べば合理的なのかは企業によって違いますが、一般には、正社員よりもパート、アルバイト、人事評価の高い者よりも低い者など、労働者の雇用形態や企業再建へ向けての期待度、解雇が労働者の生活に及ぼす影響などを考慮して会社が決定します。

④手続きの妥当性

　説明のない解雇は紛争の元となります。従業員、労働組合との協議を充分に行い、整理解雇について納得を得られる努力が求められています。

整理解雇には先の4つの要件すべてを満たさないと無効との考え方（4要件）と、4つの要件すべてを満たさなくてもよいという考え方（4要素）があります。しかし、4要素で考えたとしても他の要件をおろそかにすると無効となりやすく、トラブル回避には4要件で考えることが適切です。

再就職援助計画と大量雇用変動届

　事業の縮小や廃止等により1ヵ月で30人以上離職させる事業所は、ハローワークに離職者の再就職を援助する計画「再就職援助計画」の提出義務があります。また、事業の縮小などによらずとも、1ヵ月以内に30人以上の離職が予想される事業所については、「大量離職届」を提出しなければならないとされています。

7

退職・解雇

	再就職援助計画	大量離職届
目　的	離職者への再就職活動の援助	離職者がハローワークで迅速に手続できるようにする。
作成が必要な条件	事業の縮小等の理由により1ヵ月以内に30人以上の離職者を発生させる。（30人未満でも作成可）	1ヵ月以内に30人以上の離職者が発生する。
対象となる離職者	事業縮小のための離職者	すべての離職者（自己都合は除く）
届出期限	最初の離職者が発生する日の1ヵ月前まで	最後の離職が生じる日の1ヵ月前まで
計画・届出の内容	・事業の現状 ・再就職援助計画作成に至る経緯 ・計画対象者の氏名、生年月日、年齢、離職予定日等 ・再就職援助のための措置 ・労働組合等の意見	・離職が生じる年月日又は期間 ・離職者数 ・再就職の援助ための措置 ・再就職先の確保の状況

●再就職援助のための措置の例

①取引先企業や関係企業へのあっせん
②取引先企業やハローワーク等への求人情報の提供
③求職活動のための有給休暇（通常の有給とは別枠）の付与
④再就職支援事業者への委託

解雇

9 退職の手続き（雇用保険）

POINT
・退職理由により失業保険に有利不利が生じる。
・離職票の届出は離職日の翌日から10日以内に提出する。
・失業給付の金額は、直前6ヵ月間に支払われた給与の5〜8割となる。

退職の手続きは速やかに行う

　社員が退社した場合は、会社は、退職日の翌日から10日以内に事業所を所轄する公共職業安定所にて雇用保険の資格喪失手続きを行います。

　手続きが終了すると、離職票が公共職業安定所より交付されるので、離職票を退職者に交付します。退職者は自分の住所地を管轄する公共職業安定所にて手続きをすることによって失業給付を受けることができます。この際に、退職理由が自己都合なのか、解雇なのか、退職勧奨なのかによって失業給付の受け取り開始日及び受け取れる期間が変わってきます。

　失業給付の金額は、離職した日の直前6ヵ月間に支払われた給与（賞与を除く）の5〜8割となります。

●退職者の失業手当受給までの流れ

> 退職者は、退職時（退職後）に「雇用保険被保険者離職票−1、2」を会社から受け取る。

> 退職者の住所地を管轄するハローワークで**退職者自らが手続き**を行う。退職者は、失業給付の受給の手続きについての説明会に出席。

> 退職者は**求職活動**を行う。

> 退職者は、4週間に1度、指定された日にハローワークで**失業の認定**を受ける。

> 失業の認定日から約1週間後に退職者の口座に**失業手当が入金**される。

失業保険の給付日数

1 特定受給資格者及び特定理由離職者（契約更新ができなかった人等）の給付日数

区分 ＼ 被保険者であった期間	半年以上1年未満	1年以上5年未満	5年以上10年未満	10年以上20年未満	20年以上
30歳未満	90日	90日	120日	180日	－
30歳以上35歳未満	90日	120日	180日	210日	240日
35歳以上45歳未満	90日	150日	180日	240日	270日
45歳以上60歳未満	90日	180日	240日	270日	330日
60歳以上65歳未満	90日	150日	180日	210日	240日

（注）特定受給資格者とは、倒産、事業所廃止、事業所移転に伴い通勤が困難、解雇により離職した人のことである。

2 退職理由が自己都合退職、懲戒解雇、定年退職などの場合の給付日数

区分 ＼ 被保険者であった期間	1年未満	1年以上5年未満	5年以上10年未満	10年以上20年未満	20年以上
全年齢	－	90日	90日	120日	150日

3 就職困難者

区分 ＼ 被保険者であった期間	半年以上1年未満	1年以上5年未満	5年以上10年未満	10年以上20年未満	20年以上
45歳未満	150日	300日			
45歳以上65歳未満	150日	360日			

（注）就職困難者とは、身体障害者、知的障害者、精神障害者や保護観察中の者など、社会的に就職が困難であるとされている人のことである。

4 退職時に65歳以上の者の場合の給付日数

被保険者であった期間	高年齢求職者給付金の額
半年以上1年未満	30日分
1年以上	50日分

7

退職・解雇

10 退職の手続き（社会保険）

POINT
・健康保険の退職手続きは退職から5日以内に行う。
・健康保険証が回収できない場合は、回収不能届を提出する。
・退職後でもそのまま保険証を使える手続きがある。

退職時には保険証を回収する

従業員の退職 → 会社は、従業員から保険証を回収する。 → 退職者は、資格喪失日から5日以内に年金事務所で社会保険の喪失の手続きを行う。

　社会保険に加入していた従業員が退職した場合は、保険証を回収して、会社を所轄する日本年金機構の各支部において社会保険の喪失の手続きを行います。書類提出期限は、資格喪失日から5日以内となっており、この手続きが終了しないと、退職者は、他の健康保険に加入できないので、迅速に手続きを行います。

　なお、本人が保険証を紛失した場合や、本人が行方不明で保険証が回収できない場合などは、「健康保険被保険者証回収不能・滅失届」を保険証の代わりに添付して提出します。

任意継続被保険者の手続き

　退職者は、退職後、間をおかずに次の会社に勤めない限り、求職中は国民年金と国民健康保険に加入しなければなりません。

　加入手続きは退職者の居住している市役所にて行います。この際に国民健康保険に加入するのではなく、今まで加入していた社会保険に引き続き加入することもできます。これを任意継続被保険者と呼びます。任意継続被保険者になると、これまで会社と社員が折半して負担していた健康保険料を退職者1人で負担するため、保険料は倍増して高額になりますが、上限額（全国健康保険協会で標準報酬30万円）が設定されているため、退職前の収入が多かった人や扶養家族が多い人は、国民健康保険に加入するよ

りも有利になることがあります。任意継続被保険者制度を利用するためには、退職後20日以内に本人が自己の居住地を管轄する全国健保協会の都道府県支部にて申し込みをすることが必要です。

任意継続被保険者の要件と保険料の納付

任意継続被保険者になるための要件と、保険料は次の通りです。

●**完全月給制の場合、任意継続被保険者になるための要件**
①2ヵ月以上継続して健康保険に加入していたこと
②健康保険の資格を喪失してから20日以内に申請すること

加入手続き ⇒ 全国健康保険協会の都道府県支部

↓

●提出書類⇒健康保険任意継続被保険者資格取得申出書
●被扶養者がいる場合⇒被扶養者届
生計維持、及び同一世帯に関する証明として、「住民票」「課税（非課税）証明書」等が必要な場合がある

毎月の保険料は、月初めに送付される納付書で、
その月の1日から10日までに納付する。

↓

●保険料＝退職時の標準報酬月額（上限30万円）×約10%（都道府県による）＋介護保険料率1.60%
※介護保険料は40歳から64歳までの介護保険第2号被保険者のみ

●**任意継続被保険者になれる期間**
任意継続被保険者となった日から2年間

65歳以上（第1号被保険者）の介護保険料は、市町村ごとに所得によって異なります。各市町村では基準額を決めて、被保険者の前年の合計所得金額によって保険料額を決定しています。

こんなときには？

Q 国民健康保険料はどうやって計算されるのですか？

A 国民健康保険料は、所得割（世帯所得に応じた金額）、均等割（1名当たりの定額）、平等割（1世帯当たりの定額）、資産割（世帯の資産額に応じた金額）によって計算されます。具体的な金額は各市町村で異なります。財政状況が豊かな市町村では保険料は安く、財政状況が厳しい市町村では保険料が高い傾向があります。

健康保険任意継続被保険者資格取得申出書の書き方

書式 健康保険任意継続被保険者資格取得申出書、資格喪失届

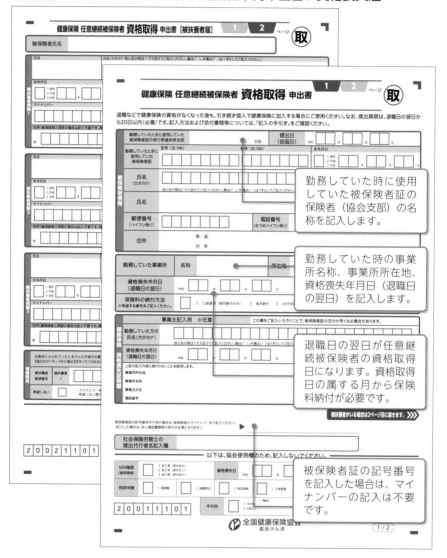

PART
8

就業規則

1　就業規則とは

 ・就業規則は統一された社内ルールである。
・10人以上が働く職場では就業規則が必要。
・就業規則は個別の労働契約より優先される。

就業規則は事業所ごとに届け出なければならない

　企業を経営する上で統一的な社内ルールがなく、社員それぞれの労働条件や賞罰の基準が違っていては合理的とはいえません。

　統一的な社内ルールがあるとしても、それが開示されていなければ、社員は、これを守ることができません。そこで企業を合理的に経営するためには、明示・統一された社内ルールが必要です。この**社内ルールを集めたもの**が就業規則です。就業規則とは社員が働く上で守るべき規律や労働条件について会社が具体的に定めた規則類の総称をいいます。

　労働基準法では、常時10人以上の労働者を使用する使用者に対し、就業規則を作成し、所轄の労働基準監督署に届け出ることを義務付けています。常時使用される労働者とは、正社員、パート、アルバイトの合計人数を指します。なお、労働基準法は、**事業場を単位**としており、多店舗展開している企業などでは、就業規則を事業所ごとに届け出る必要があります。

就業規則は届け出ただけでは有効ではない

　就業規則は、労働基準監督署に届け出ただけでは有効ではなく、**社員に周知**されて初めて有効になります。周知の方法は就業規則を印刷して配ることはもちろん、データ化を行って閲覧できるようにする方法でもかまいません。この周知を怠ると就業規則が**無効**と判断され、就業規則上の重要な制度が利用できなくなるなどの不利益が生じる恐れがあります。

　そこで、社員が入社する際に、就業規則を熟読させて、「就業規則をよく理解して入社します」などの確認書を提出させるなどしておきます。

　労働基準法では、就業規則は、法令または労働協約に反してはならないと定められています。この場合の法令とは、労働基準法、最低賃金法、男

女雇用均等法などの労働法及びそれに付帯する命令を、労働協約とは、会社と労働組合との間で交わされた約束を指します。また、労働契約法には、「就業規則で定める基準に達しない労働契約は、無効とする…無効となった部分は、就業規則で定める基準による」と定めています。

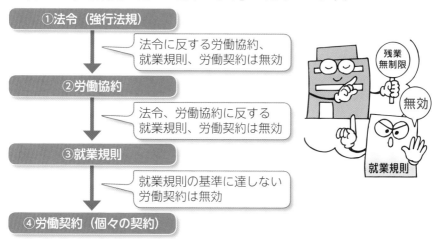

- ①法令（強行法規）
  - 法令に反する労働協約、就業規則、労働契約は無効
- ②労働協約
  - 法令、労働協約に反する就業規則、労働契約は無効
- ③就業規則
  - 就業規則の基準に達しない労働契約は無効
- ④労働契約（個々の契約）

●就業規則の周知方法

①常時作業場の見やすい場所に掲示または備え付ける。
「掲示または備え付け」とは、就業規則を職場の戸棚や総務室に置いて、社員が**自由に就業規則を読めるような環境**であり、金庫に保管するなど、自由に社員が読めないような環境はこれにあたりません。

②書面で交付する
周知方法としては最も確実ですが、**外部への漏洩**が問題となります。

③**データ化して会社のパソコンでいつでも閲覧できるようにする。**
不正アクセスによる条文の**改竄の恐れ**があることと、パソコンを使用できない従業員へは他の方法を採らなければなりません。

こんなときには？

Q 就業規則を作成して従業員に周知をしていましたが、労働基準監督署への届け出を怠っていました。この就業規則は無効となるのでしょうか。

A 労働基準監督署へ届け出ていなかったとしても、従業員へ周知されていれば、その就業規則は有効となり、効力を生じます。

8
就業規則

2 就業規則の記載事項

POINT
・就業規則には必ず記載しなければならない事項がある。
・退職金制度の導入は自由だが、就業規則への記載が必要。
・パートタイマー就業規則を作成する。

就業規則には絶対的、相対的、任意的記載事項がある

　就業規則は、会社の実態に合わせて自由に作成することができますが、就業規則を作る上で**必ず記載しなければならない事項**（絶対的必要記載事項）、その制度の導入は会社の自由ですが**定めた場合は必ず記載しなければいけない事項**（相対的必要記載事項）があります。

　実際に就業規則を作成する際には、これらの記載事項の他にも、福利厚生など、記載してもしなくてもよい**任意的記載事項**も併せて記載します。

　就業規則はその事業所で働く労働者すべてに適用されます。この場合の労働者には、正社員だけではなくパートタイマーやアルバイトなども含まれます。しかし、パートタイマーやアルバイトと正社員では労働条件が大きく違うことが多く、同じ就業規則を適用するのは無理があります。そこで、正社員用とパートタイマー用それぞれの就業規則を作る必要が生じます。

　なお、労働契約法では就業規則の基準に満たない労働条件を定めた**労働契約は無効**となり、**就業規則の基準まで引き上げられる**という規定があります。たとえば、就業規則に賞与を必ず支払うという規定があり、正社員とパートタイマーを区別していなければ、労働契約で賞与は支払わないと定めていたとしても、その定めは無効になり、賞与を支払わなくてはならなくなります。

　同一の企業でも職種が変われば、労働条件も変わります。さまざまな職種が存在する事業所では、一つの就業規則ですべての職種を網羅しようとすると、分厚い就業規則になってしまいます。場合によっては、職種別に就業規則を作り簡素化する方が合理的です。

●絶対的必要記載事項

労働時間に関する事項	始業及び終業の時刻。休憩時間の長さ、与え方。休日、休暇の日数、与え方。就業時転換に関する事項
賃金に関する事項 （賞与を除く）	賃金決定の要素、賃金体系、計算方法、支払方法、締め日、支払日など。昇給に関する事項
退職に関する事項 （解雇の事由を含む）	退職手続き、解雇手続きと解雇理由など 自然退職の手続き、定年に関する事項など

●相対的必要記載事項

退職金に関する事項	対象者、退職金の支給基準、退職金の計算方法、退職金の支払い方法、退職手当の支払い時期
賞与に関する事項 （退職金を除く） 最低賃金に関する事項	支給基準、計算方法、支払い方法、支払い時期

労働者に負担させるべき食費及び作業用品などに関する事項
安全及び衛生に関する事項
職業訓練に関する事項
災害補償及び業務外の傷病扶助に関する事項
表彰及び制裁についての種類及び程度に関する事項　※重要
労働者のすべてに適用される定めをする場合は、その事項

●任意的記載事項

①服務規律、守秘義務等に関する事項
②配置転換、転勤、出向に関する事項
③競業禁止に関する事項
④特許の帰属、発明に関する事項
⑤福利厚生に関する事項（相対的必要記載事項とされる場合を除く）
⑥その他会社が定める事項

こんなときには？

Q 絶対的必要記載事項を欠く就業規則は、すべてが無効なのでしょうか？

A 就業規則が絶対的必要記載事項を欠いた場合は、その就業規則に記載されている範囲で有効に機能します。就業規則の届出義務の問題はありますが、就業規則そのものが無効になるわけではありません。

3 就業規則の作成手続き

POINT
・就業規則は意見書を添付して労働基準監督署へ届け出る。
・複数事業所の就業規則は一括して届け出ることが可能。
・意見書には反対意見が記載されていてもかまわない。

就業規則の届け出は本社一括でもできる

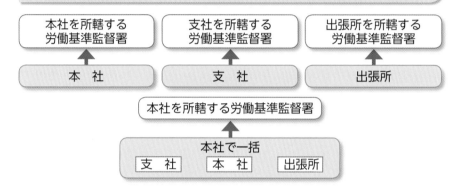

就業規則は、就業規則に届出書と意見書を添付して事業所ごとに所轄の労働基準監督署へ届け出を行います。本社の他に支社や出張所がある場合は、それぞれ届け出を行う必要がありますが、本社と支社、出張所で適用する就業規則の内容が同一であれば、本社を管轄する労働基準監督署に一括して届け出ることができます。

この場合には、本社を含む支社、出張所などの就業規則を適用する事業所の数に応じた部数の就業規則を作成し、各事業所の名称、所在地、管轄労働基準監督署名などを付記した書面を添付します。届け出の際に添付する意見書は、各事業所ごとに作成する必要があります。

届け出には労働者の意見書を添付する

労働基準法では、就業規則を作成または変更して労働基準監督署に届け出る場合には、労働者の過半数からなる労働組合（労働組合がない場合は、労働者の過半数の代表者）の意見が記載された書面（労働者を代表する者

の署名または記名押印が必要）を添付しなければならないと規定していま
す。なお、労働基準法で求めているのは「意見を聞くこと」であって同意
を得ることまでは求めていません。意見の内容は、届け出には関係なく、
たとえ従業員全員がその就業規則に反対であろうと受理されます。

労働組合または労働者代表者に意見を求めたが、聞くばかりで意見書を
書いてくれないなどの場合は、その旨の経緯を書面にして労働基準監督署
に申し出れば、意見を聞いたものとして受理されます。

なお、労働者の過半数の代表者については、その選出方法（互選、選挙、
挙手など）も含めて労働者側で決めることになります。

●就業規則届出例 ⋯⋯⋯⋯⋯⋯⋯⋯⋯⋯⋯⋯⋯⋯⋯⋯⋯⋯⋯⋯⋯⋯⋯⋯⋯

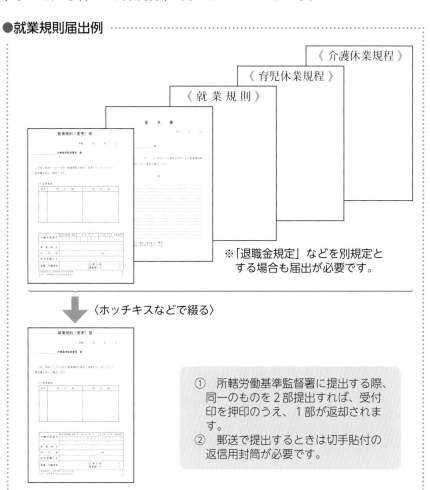

※「退職金規定」などを別規定と
　する場合も届出が必要です。

〈ホッチキスなどで綴る〉

① 所轄労働基準監督署に提出する際、
同一のものを2部提出すれば、受付
印を押印のうえ、1部が返却されま
す。
② 郵送で提出するときは切手貼付の
返信用封筒が必要です。

4 就業規則の不利益変更

POINT
- 就業規則の不利益変更は原則社員の同意が必要である。
- 同意がない不利益変更も、合理的な理由があれば可能である。
- 同意のない不利益変更は慎重に。

就業規則を会社が一方的に変更することはできない

就業規則は会社の指針であり、社員との契約です。社員は就業規則で定められた条件で就業しているのであり、この契約を会社が**一方的に変更することは許されません**。

労働契約法第9条でも「使用者は労働者と合意することなく就業規則を変更することにより、労働者の不利益に労働契約の内容である労働条件を変更することはできない」とされています。ただし就業規則でも、社会情勢の変化や会社の方針変更、経営状況または法律の改正に合わせて変更する必要があります。

就業規則の変更が従業員にとって不利益になる場合は、合意を得ることは難しくなります。このような場合に備えて、労働契約法第10条では「合理的な理由」があれば従業員の同意がなくても就業規則を変更できるとしています。

●合理的な理由の判断基準

労働者の同意がなくとも就業規則を変更できる合理的な理由とは、以下の事柄を総合的に考慮して判断します。
① 労働者の受ける不利益の程度
② 労働条件の変更の必要性
③ 変更後の就業規則の内容の相当性（世間相場との比較）
④ 労働組合等との交渉の状況（真摯な交渉をしているか）
⑤ その他の事情（代替措置や経過措置など）

合意のない就業規則の不利益変更は、これまでにも数多くの裁判で争われてきました。現在の基準も過去の裁判例から導き出されたものですが、個々のケースについてどのような案件が合理的かの判断は、非常に難しく、具体的な核となる基準はいまだに確立されていないのが現状です。

労働条件の決まり方

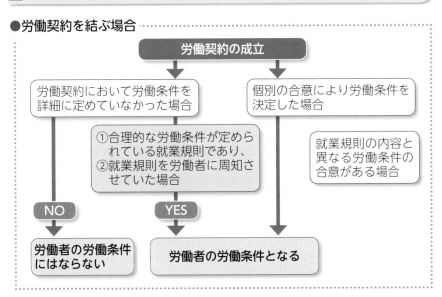

●労働契約を結ぶ場合

労働契約の成立

労働契約において労働条件を詳細に定めていなかった場合

個別の合意により労働条件を決定した場合

①合理的な労働条件が定められている就業規則であり、②就業規則を労働者に周知させていた場合

就業規則の内容と異なる労働条件の合意がある場合

NO

YES

労働者の労働条件にはならない

労働者の労働条件となる

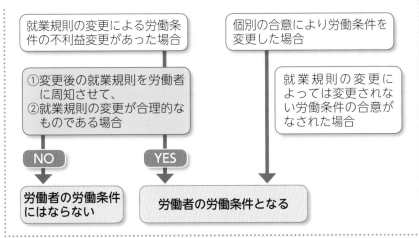

●労働契約を変える場合

就業規則の変更による労働条件の不利益変更があった場合

個別の合意により労働条件を変更した場合

①変更後の就業規則を労働者に周知させて、②就業規則の変更が合理的なものである場合

就業規則の変更によっては変更されない労働条件の合意がなされた場合

NO

YES

労働者の労働条件にはならない

労働者の労働条件となる

就業規則（変更）届と意見書の書き方

書式

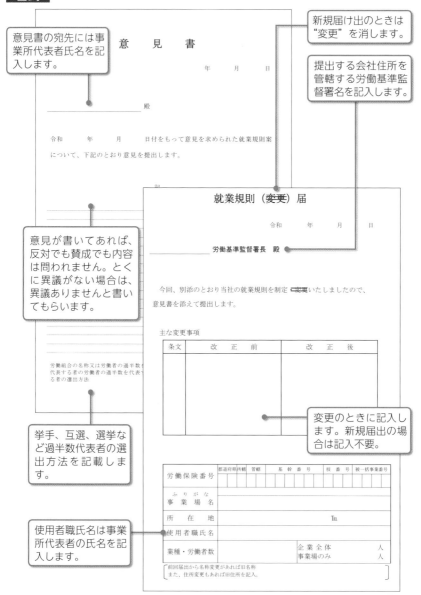

意見書の宛先には事業所代表者氏名を記入します。

意　見　書

年　　月　　日

　　　　　　　　　　殿

令和　　　年　　　月　　　日付をもって意見を求められた就業規則案について、下記のとおり意見を提出します。

記

新規届け出のときは"変更"を消します。

提出する会社住所を管轄する労働基準監督署名を記入します。

意見が書いてあれば、反対でも賛成でも内容は問われません。とくに異議がない場合は、異議ありませんと書いてもらいます。

労働組合の名称又は労働者の過半数を代表する者の労働者の過半数を代表する者の選出方法

挙手、互選、選挙など過半数代表者の選出方法を記載します。

使用者職氏名は事業所代表者の氏名を記入します。

就業規則（変更）届

令和　　　年　　　月　　　日

　　　　　　　　労働基準監督署長　殿

今回、別添のとおり当社の就業規則を制定 変更 いたしましたので、意見書を添えて提出します。

主な変更事項

条文	改　正　前	改　正　後

変更のときに記入します。新規届出の場合は記入不要。

労働保険番号	都道府県	所轄	管轄	基幹番号	枝番号	被一括事業番号
ふりがな　事業場名						
所　在　地	Tel					
使用者職氏名						
業種・労働者数	企業全体　　　　　　人　事業場のみ　　　　　人					

前回届出から名称変更があれば旧名称　また、住所変更もあれば旧住所を記入。

214

PART
9

労使紛争

1 労使紛争の特色

POINT
・労働紛争には集団的労働紛争と個別労働紛争がある。
・労働紛争には、迅速で円満な解決が求められる。
・個別労働紛争では、労働基準監督署、労働局、裁判所の助けを借りることもできる。

個別労働紛争は増加している

労働紛争は事業主と労働組合間の**集団的労働紛争**と、事業主と労働者個々人との間の**個別労働紛争**とに分かれます。集団的労働紛争では、団体交渉、ストライキなどの自主的な解決方法の他に、労働委員会や裁判などを利用して紛争の解決を図ります。

しかし、労働組合の組織率が減少し、近年ではその恩恵を受けられない労働者が増加してきました。また、景気の低迷、人事労務の変化などにつれて、労使間の紛争が増加しています。

労働紛争は、労働契約という**会社と労働者の間に長く継続している契約**を取り扱うこと、その多くが現在進行形であることなどから、迅速かつ円満な解決を図る必要があります。労働組合に加入していない労働者と事業主との間の労使紛争には、その解決の方法として、裁判があげられますが、裁判では、その解決までに長い年月を必要とし、実用的ではありませんでした。そこで、国は、「個別労働関係紛争の解決の促進に関する法律」を制定し、迅速かつ簡便な紛争解決の手段を行政サービスとして提供することとしました。

●労働基準監督署

労働に関する紛争というと、まず、労働基準監督署に相談するということが行われますが、労働基準監督署は、事業所が労働基準法や最低賃金法などに違反しないように、指導または取締りを行う役所です。

労働基準監督署とは、いわば労働に関する警察のような存在であり、法違反には対応できますが、法で規定していないことについては介入できません。たとえば、解雇問題などでは30日前の予告手当ての支払いや、解雇禁止の労働者についての指導は行いますが、解雇の理由（横領をしたから解雇に当たるかどうかなど）についての判断は行えません。

●労働局のサービス

　労働局では個別紛争の解決に向けて、過去の裁判例や法律をもとに相談を受ける「総合労働相談コーナー」や紛争解決のための助言や指導を行う制度、公正中立な専門家によるあっせんなどのサービスを行っています。

　労働局のサービスは公正な第三者の目で労使間の問題解決の手伝いを目的としており、強制力を持つものではありません。労使双方に歩み寄りの余地があり、労働紛争に費用も時間もかけたくない場合に適しています。

●裁判所

　裁判所では通常の裁判の他に、労働問題を迅速に解決するため労働審判という制度があります。通常の裁判では、結審までに長い年月がかかりますが、労働審判では、基本的に3回の期日で審理され、比較的短い間に結論が出ます。

　裁判所を利用するには費用がかかり、弁護士の助けを借りる必要があります。しかし、裁判所でなされた決定には強制力があり、問題の事実を調べる作業も行いますので、労働紛争において紛争の原因が労使双方で認識が違うときや、事情が複雑な場合などに適しているといえます。

こんなときには？

Q 個別労働紛争とはどのようなものを指すのでしょか

A 　個別労働紛争とは事業主と労働者個々人との間の労働契約上の紛争を指します。具体的には解雇問題や昇進・昇格問題、労働条件の不利益変更の問題、セクシャルハラスメントなどの就業環境に関する問題などが挙げられます。社長が個人的に社員に貸したお金の返還など労働契約以外のことや、社員同士の喧嘩など社員同士の紛争は含まれません。

2 個別労働紛争解決システム

POINT
・労働局では個別労働紛争解決のシステムが利用できる。
・労働局の紛争解決では、双方の歩み寄りが不可欠である。
・紛争調整委員会のあっせんには強制力はない。

個別労働紛争解決システム

●労働局の個別労働紛争解決システムの概要

```
労働者  ←―――――  紛争  ―――――→  事業主
                    ↓
             企業内の自主的解決              都道府県、裁判所、
                    ↓                      法テラス、労使団体
             総合労働相談センター    ←――→  による相談窓口
                    ↓
          紛争解決援助の対象とすべき事案      労働基準監督署、公
                    ↓                      共職業安定所、雇用
                                           均等室
      紛争調整委員会  ←―  労働局長による助言・指導
```

　労働紛争は、時間がたてばたつほど問題が深刻化しますので、問題がまだ深刻化しないうちに早めの対応を採ることが重要です。ところが、裁判所による**紛争解決**では、解決までに長い年月と多額の費用がかかることから、早期の問題解決には使い勝手が悪く、結果として、労働紛争がこじれない限り、使われることはありませんでした。

　そこで国は、早期に労働紛争を解決できる制度として裁判所以外の紛争解決のシステムを作りました。このシステムは、労使が自主的に問題を解決できるようにするもので、主なものには労働法に関しての「情報提供、相談」、紛争解決に向けての「**助言、指導**」、紛争調整委員会による「**あっせん**」などがあります。

1 総合労働相談コーナーにおける情報提供・相談

個別労働紛争は会社内の事柄であるので自主的に解決することが一番良いのですが、紛争のなかには単に会社や労働者が法令や判例を知らないために起こるものが少なくありません。このような情報不足による紛争を防止するため、**各都道府県労働局**などには「総合労働相談コーナー」が設けられ、労働者、求職者または事業主に対し情報提供や相談を受け付けています。

2 都道府県労働局長による助言、指導

個別労働紛争を**労使が自主的に解決**するために、各都道府県労働局では紛争の解決に必要な助言と指導を行っています。この制度は強制力を持つものではありませんので、助言や指導に従わないこともできます。

3 紛争調整委員会によるあっせん

個別労働関係紛争の当事者から申し立てがあった場合で労働局長が必要と認めた場合は、紛争調整委員会によるあっせんが開始されます。

この「**あっせん**」は、公平中立な労働問題の専門家が第3者として、双方の主張を聞いて、紛争当事者間の調整を行い、話し合いを促進させ、場合によっては専門家からのあっせん案を提示することで紛争の解決を図る制度です。調停を行う専門家は**あっせん委員**と呼ばれ、弁護士、大学教授、社会保険労務士など労働問題の専門家からなる紛争調整委員会の委員から指名されます。

「あっせん」も自主的な解決を目指す手段ですので、必ずあっせん案に同意しなければいけないといった強制力はありませんが、いったん、あっせんを受け入れたら、和解として取り扱われ、その後、同じ事項について争うことはできなくなります。

なお、あっせんを含む労働局の個別労働紛争解決システムの利用はすべて無料となっています。

9

労使紛争

こんなときには？

Q あっせんの対象となる紛争とはどういうものでしょうか？

A あっせんの対象となる紛争は個別労働紛争の内容とほぼ一致しますが、募集・採用に関する紛争、裁判所などその他の機関で取り扱われている紛争、他の法律で紛争解決の手段が定められている紛争（均等法、パートタイム労働法など）は除かれます。

3 労働審判

POINT
・労働審判なら迅速な解決が図れる。
・労働審判の決定は強制力がある。
・労働審判の決定に異議がある場合は通常裁判に移行する。

裁判所には労働審判という制度がある

労働局によるあっせんを利用しても合意に至らない場合など、自主的に紛争を解決することが困難な場合には、裁判所を利用することになります。

通常の裁判では証拠調べなど事実関係を明らかにして、問題を詳細にわたって検討するため、多くの時間や労力、弁護士費用など大きな負担がかかります。そこで、この弊害を排除するため、比較的複雑ではない紛争については、裁判所に労働審判という制度が設置されました。

労働審判は、通常の裁判と違って**非公開**であり、裁判官１人と労働関係の専門家２名からなる**労働審判委員会**が審理を行います。委員会では、提起された問題を解決するために、関係者から事情を聴いたり、証拠を調べたりといった事実関係を明らかにする作業を行います。

労働審判では、審理の結果、調停が見込める場合には調停を、調停が見込めない場合には審判を下します。審理は、原則として３回以内で終結することとしており、**結審までにおおむね３ヵ月程度**と、迅速な紛争の解決が見込まれます。調停案を受け入れた場合には、和解として取り扱われます。労働審判により審判が下された場合も、その審判を受け入れれば和解と同じ扱いとなります。審判に不服がある場合には、２週間以内に異議申し立てを行いますが、この場合には通常の裁判に移行することになります。

労働局の「**あっせん**」と「**労働審判**」は、あまり紛争に時間をかけたくない場合に適した制度です。費用の面では、あっせんが無料であるのに対して、労働審判は、通常の訴訟に比べて少額とはいえ、訴訟

労働審判

費用や弁護士費用（本人訴訟を除く）がかかります。しかし、「あっせん」は強制力を持たず、双方が歩み寄りをしなければ成立しないことに対して、労働審判では双方に歩み寄りの意思がなくとも審判によって一定の結果が出されます。

労働審判制度のながれ

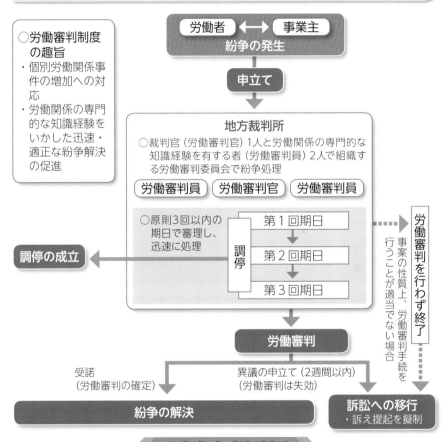

○労働審判制度の趣旨
・個別労働関係事件の増加への対応
・労働関係の専門的な知識経験をいかした迅速・適正な紛争解決の促進

労働者 ←→ 事業主
紛争の発生

申立て

地方裁判所
○裁判官（労働審判官）1人と労働関係の専門的な知識経験を有する者（労働審判員）2人で組織する労働審判委員会で紛争処理

労働審判員　労働審判官　労働審判員

○原則3回以内の期日で審理し、迅速に処理

第1回期日
↓
第2回期日
↓
第3回期日

調停

調停の成立

労働審判を行わず終了
事案の性質上、労働審判手続を行うことが適当でない場合

労働審判

受諾
（労働審判の確定）

異議の申立て（2週間以内）
（労働審判は失効）

紛争の解決

訴訟への移行
・訴え提起を擬制

こんなときには？

Q 労働審判を拒否することはできるのですか？

A 労働審判に出頭しなければ5万円以下の罰金が科せられます。また、相手方が出頭しなくても手続きを進行させ、労働審判が出されることもありますので、拒否せずに必ず出頭するようにしましょう。

9
労使紛争

就業規則の作り方

前文には、会社の理念などもいれるとよい。

前文 この規則は、会社の社業の発展を目的として制定されたものである。会社及び従業員はこの規則を遵守し、互いに協力して会社の方針の下、誠実かつ積極的に業務に勤しみこの目的を達成しなければならない。

第1章 総 則

第1条【目的】

○印には会社名をいれる。

1 この規則は、○○○○（以下「会社」という）の従業員の労働条件、服務規律その他の就業に関する事項を定めたものである。

2 従業員の就業に関する事項は、この規則及びこの規則の付属規則、雇用契約書、会社諸規定、労働基準法その他の法令の定めるところによる。

第2条【適用範囲】

この就業規則を適用する範囲を決める。

1 この規則は、この規則で従業員とは、第2章の規定により会社に採用された者（第8条に定める試用期間中の者を含む）をいう。

2 次の各号に該当する者に関して本規則とは別に定めをした場合はその規定による

①アルバイト（期間を定めて雇用する者）

②パートタイマー（1日または1週間の所定労働時間が一般従業員より短時間の者）

③嘱託社員・契約社員・無期転換社員

④他社より出向・派遣中の者

アルバイト等は、就業規則を別途作成する。就業規則が他になければ、この就業規則が適用される。

第3条【規則遵守の義務】

会社及び従業員は、相互に協力してこの規則及びこの規則の付属規則、雇用契約書、会社諸規定、労働基準法その他の法令社業を遵守し社業の発展と労働条件の向上に努めなければならない。

第2章 採用・異動・出向・休職

第4条【採用】

会社は、就職を希望する者の中から以下に定める書類を提出させ、選考試験及び健康診断等の結果を勘案して採用者を決定する。ただし会社が指示した場合は一部を省略できる。

①自筆の履歴書（撮影3ヵ月以内の写真貼付）

②最終学校の卒業証明書または卒業見込証明書及び成績証明書

③親権者の承諾書（未成年に限る）

④従事する業務に関係する免許証・資格証明書

⑤運転記録証明

⑥その他、会社が必要と認めた書類

選考に必要なものを記載する。運転記録証明は、これまでの交通違反や事故記録がわかるので、自動車免許が必須の会社では記載する。

第5条【採用決定者の提出書類等】

1　選考試験に合格し、採用された者は、採用後2週間以内に次の書類を提出しなければならない。ただし、選考に際し提出ずみの書類については、この限りでない。

①雇用契約書

②入社誓約書 ● 入社にあたっては就業規則を順守する旨の誓約書の他に、機密情報の保護誓約書なども提出させる。

③身元保証書

④住民票記載事項の証明書の写し（本籍の記載のないもの）

⑤現住所届・緊急時の連絡報告書 ● 緊急連絡先は必ず提出させる。

⑥給与振込依頼書

⑦雇用保険被保険者証、基礎年金番号がわかる書類及び源泉徴収票（前職者のみ）

⑧マイナンバーがわかる書類

⑨健康診断書（3ヵ月以内のものに限る）

⑩運転免許証（写）、資格証明証（写）

⑪その他会社が必要と認めた書類

2　前項の提出書類の記載内容に変更を生じた場合は、その都度速やかにその旨を所定用紙に記載して会社に届け出なければならない。

3　第1項に基づき提出された書類は、次の各号の目的のために使用する。 ● 個人情報収集の目的を記載する。

①配属先の決定

②賃金の決定

③社会保険事務所及び税務署等への届出書類の作成

④人事異動（出向を含む）

⑤教育訓練

⑥健康管理

⑦表彰及び制裁 ● 身元保証人は期間を定めないと3年が上限になる。また自働更新は無効なので契約書は取りなおす。

⑧災害補償

⑨その他、人事政策及び雇用管理に関する事項

4　第1項第1号の身元保証書は、独立の生計を営む成年者で、会社が適当と認める身元保証人1人以上による身元保証書であることを要する。

5　前項の身元保証人の保証期間は5ヵ年とし、期間満了のときは新たに身元保証人を定めるか、または期間更新の手続きを行うものとする。

6　身元保証人が死亡し、または保証契約を解除し、もしくは保証能力を喪失したときは、保証期間の途中であっても、新たに身元保証人を定め、身元保証書を提出しなければならない。

第6条【採用の取消し】 ● 提出しない者の採用は、見直しも検討する。

第4条及び第5条に定める書類に虚偽が認められた場合及び正当な理由無く期限までに提出しなかった場合は、採用を取り消すことがある。

第7条【労働条件の明示】

会社は、第4条の選考手続きを経て合格した従業員に対し、採用時の次の労働条件

等について記した書面を交付する。

①賃金に関する事項

②労働時間に関する事項

③労働契約の期間

④就業の場所、従事する業務の内容

⑤退職に関する事項

第8条【試用期間】

1　新たに採用した者については、採用の日から３ヵ月間を試用期間とする。ただし、特殊な技能、または経験を有する者については試用期間を短縮し、または設けないことがある。

2　前項の試用期間は、会社が必要と認めた場合は、３ヵ月を限度に延長することがある、延長の回数は３回までを限度とする。

3　試用期間中の勤務成績・技能・健康状態を考慮し本採用の可否を判断する。

4　試用期間中の者が次の各号のいずれかに該当した場合は解雇する、ただし試用期間開始後14日を越えた者については、第７章の手続きに従い解雇する。

①正当な理由なく遅刻、欠勤したとき。

②正当な理由なく上司の指示に従わなかったとき。

③第３章に反した場合、第８章に定める懲戒に該当した場合

④その他、各前号に準ずる程度の理由があるとき。

> ３ヵ月が一般的だが、1年以内なら自由に決められる。試用期間の延長ができるようにする。

第9条【配置換え及び出向】

1　会社は、業務上必要がある場合は、従業員に対し、転勤、職場異動または従事する職務の変更もしくは関係会社への出向・派遣を命じ、あるいは他部署への応援を命ずることがある。

2　前項の命令を受けた従業員は、正当な理由なくこれを拒むことはできない。

3　従業員の配置換え、転勤等は次の場合に行う。

①地位の昇格、降格または罷免の場合

②人事の異動または交流によって業績向上が図られると認めた場合

③適材適所の配置のため、適職と認められる職務に変更する場合

④本人が配置換え等を希望し、会社がそれを妥当と認めた場合

⑤休職者が復職した場合で、以前の職場に復帰することが困難な場合

⑥他社への出向・派遣を命じた場合

⑦その他経営上必要と認められる場合

> 転勤、職種転換、出向があることを明記する。これがないと、そのつど個別同意が求められる場合がある。

第10条【新任部署への赴任】

前条の異動を命じられた従業員は、速やかに業務の引継ぎを行い、会社がやむを得ないと認めた場合のほかは、２週間以内に新任部署に赴任しなければならない。

第11条【休職】

従業員が次の各号の一に該当した場合は休職を命じることがある。

①業務外の傷病により欠勤10日以上にわたる場合

②私事欠勤が10日以上にわたる場合

③出向した場合

④刑事事件に関連し逮捕または送検され、相当期間にわたり就業できないとき

⑤地方公共団体の議員等の公職につき、労務の正常な提供が行えない場合

⑥前各号の他、特別の事情があって休職させることを会社が必要と認めた場合

第12条【休職期間】

1　休職期間は次のとおりとする。

①前条第1号の場合

勤続年数	休職期間
1年未満の者	6ヵ月
5年未満の者	1年
5年以上の者	1年6ヵ月

> 休職期間中でも社会保険の負担は有るので長い期間休職を認めると会社負担が重くなる。

②前条第2号の場合　30日

③前条第3号の場合　出向している期間

④前条第4号の場合　その未決の期間

⑤前条第5号及び第6号の場合　　その必要な範囲で会社の認める期間

2　第1項の期間は、会社が必要と認めた場合にはこれを延長することがある。

3　休職期間中は年次有給休暇、特別休暇の請求はできない。

4　休職期間中の賃金の取扱いについては、賃金規程の定めるところによる。

5　休職期間中は、一月に1回会社に現況を報告しなければならない。

6　業務外傷病による休職の場合で、休職期間満了前に復職し、復職の日から90日以内に再び同一傷病で欠勤する場合は、前休職期間の残余日数を休職期間とする。

第13条【勤続年数】

　前条による休職期間は勤続年数に参入しない。ただし、第11条第3号、5号の場合及び第6号で理由が会社都合の場合は休職期間を勤続年数に参入する。

第14条【復職】

1　休職の事由が消滅したときは、旧職務に復職させることとする。ただし、やむを得ない事情のある場合には、旧職務と異なる職務に配置することがある。

2　第11条第1号による休職事由が消滅し復職しようとする者は、会社指定の医師が休職事由の消滅を認め、原則として1ヵ月間の試験出勤期間を経てから復職の可否を決定する。

3　休職期間が満了しても休職事由が消滅しない場合は、その日をもって自然退職とする。ただし、その後事由が消滅し業務上必要であり、本人も希望するときは、あらためて採用することがある。

> 復職できないときの取扱いを決めておく。

第3章　服務規律

第15条【服務】

　従業員は、職務上の責任を自覚し、誠実に職務を遂行するとともに、会社の指示命

令に従い、職場の秩序の維持に努めなければならない。

第16条【服務規律】

　従業員は、常に次の事項を守り服務に精励しなければならない。

①常に健康に留意し、積極的に勤務すること

②常に品位を保ち、顧客や取引会社に対しては常に誠実な態度であたり、会社の名誉、信用を傷つけるようなことをしないこと

③業務の遂行にあたっては、会社の方針を尊重し所属長の命令に従うこと

④会社の業務上の機密及び会社の不利益となる事項を他に漏らさないこと

⑤会社の車両、機械等備品、商品を大切に取扱うこと

⑥許可なく職務以外の目的で会社の施設、物品等を使用しないこと

⑦職務に関し、不当な金品の借用または贈与の利益を受けないこと

⑧勤務時間中はみだりに職場をはなれないこと

⑨酒気を帯びて勤務しないこと

⑩職場の整理整頓に努め、常に清潔に保つようにすること

⑪所定の場所以外で喫煙しないこと

> 会社の秩序維持に必要と思われるものを記載する。懲戒の対象となるので漏れのないように注意する。

⑫暴行、賭博、窃盗、器物の破壊等の不法行為または、喧嘩、流言、落書その他職場の風紀秩序を乱し、あるいは他人の業務を妨害するような行為をしないこと

⑬許可なく会社の施設内において業務以外の目的で掲示、貼紙、印刷物の配布及び演説、集会等を行わないこと。また、会社の施設内及び業務時間中に政治、宗教活動を行わないこと

⑭許可なく他の会社等の業務に従事しないこと

⑮職場の雰囲気を威圧的で不快なものと判断されるような性的誘惑、言動及び会話などをしてはならない

⑯育児・介護休業等を申出、利用する従業員の就業環境を害する言動を取ってはならない

⑰その他従業員としてふさわしくない行為をしないこと

第17条【セクハラ、マタハラ、パワハラの禁止】

１　セクシャルハラスメント、パワーハラスメント、及び妊娠・出産・育児休業・介護休業に関するハラスメント（以下、ハラスメント）は、心身の健康や職場の士気を低下させる行為であり、従業員は、いかなる形でもハラスメントに該当するか、該当すると疑われるような行為を行ってはならない。

２　前項のハラスメントについては、ハラスメント防止規定により詳細を定める。

３　第１項に定めるハラスメントを行った者は、懲戒の対象とする。

第18条【出退勤】

　従業員は出社及び退社の場合は、次の事項を守らなければならない。

①始業時刻までに業務が開始できるように出勤しなければならない

②出退勤の際は、本人自ら所定の方法により出退勤の事実を明示すること

③退社は製品（商品）、書類等を整理格納した後に行うこと

第19条【出勤禁止】

次の各号の一に該当する従業員に対しては、出社を禁止し、または退社を命ずることがある。

①風紀秩序を乱し、または衛生上有害と認められる者

②火気、凶器その他業務に必要でない危険物を携帯する者

③業務を妨害し、もしくは会社の秩序を乱し、またはそのおそれのある者

④その他会社が必要ありと認めた者

第20条【持込持出】

1　従業員は、出社及び退社の場合において日常携帯品以外の品物を持ち込みまたは持ち出そうとするときは、所属長の許可を受けなければならない。

2　会社は、必要に応じて従業員の所持品の検査を行うことがある。

> 所持品検査を行うには、就業規則に記載して、プライバシーに配慮する。

第21条【遅刻、早退、欠勤等】

1　従業員が、遅刻、早退若しくは欠勤をし、または勤務時間中に私用で事業場から外出するときは、事前に申し出て許可を受けなければならない。ただし、やむを得ない理由で事前に申し出ることができなかった場合は、事後速やかに届け出なければならない。

2　届出は本人が直接所属長へ届け出ることとする。メール・FAXにての届出は禁止する。

3　傷病のため欠勤が引き続き7日以上に及ぶときは、医師の診断書を提出しなければならない。

> 手続き方法を明記しないと、言った言わないの問題になりがち。

第22条【勤務時間外の残留】

勤務時間後、職場に残留してはならない、残留する場合は所属長の許可を受けなければならない。

> だらだら残業でも放置すると、残業代を支払わないといけなくなる。

第23条【直行・直帰】

1　従業員が直行または直帰する場合は、事前に所属長の承認を受けなければならない。ただし、事前に承認をうける余裕のない場合等、やむを得ない理由で事前に申し出ることができなかった場合は、事後速やかに届け出なければならない。

2　届出は本人が直接所属長へ届け出ることとする。メール・FAXにての届出は禁止する。

第4章　労働時間、休憩及び休日

第24条【始業、終業の時刻及び休憩時間】

1　労働時間は、1週間については40時間、1日については8時間とする

2　始業、終業の時刻及び休憩時間は次のとおりとする。

①始業　　　　　9時00分

②終業　　　　　18時00分

③休憩時間　　　12時00分から60分間

> 始業、終業の時刻などは、会社の実態に合わせて記載する。会社の労働時間が長く、法律通りにいかない場合には、1年単位の変形労働時間制なども検討する。

第25条【休憩時間の利用】

従業員は、休憩時間を自由に利用することができる。ただし会社の秩序を乱したり、

他の従業員の休憩を妨げてはならない。

第26条【始業、終業時刻等の変更】

やむを得ない事情がある場合、または業務上臨時の必要がある場合は、あらかじめ予告の上、全部または一部の従業員について、第24条の始業、終業及び休憩の時刻を変更することがある。ただし、この場合においても1日の労働時間は第24条の時間を超えないこととする。

第27条【出張等の労働時間及び旅費】

1　従業員が、出張その他会社の用務をもって会社外で勤務する場合で労働時間を算定しがたいときは、第24条の時間を労働したものとみなす。ただし、所属長があらかじめ別段の指示をしたときはこの限りでない。

2　従業員が社用により出張する場合は、別に定める「旅費規程」により旅費を支給する。

第28条【時間外労働及び深夜労働】　◀ 三六協定は必ず従業員の代表と結んでおく。

1　業務の都合により所定時間外及び深夜（午後10時から午前5時）に労働させることがある。

2　法定の労働時間を超える労働については、あらかじめ会社は従業員の過半数を代表する者と書面による協定を締結し、これを所轄の労働基準監督署長に届け出るものとする。

3　妊娠中及び産後1年を経過しない女性従業員が時間外労働を行わないと請求した場合及び、満18歳未満の者に対しては、法定労働時間を超え、または深夜に労働させることはない。

4　小学校就学の始期に達するまでの子を養育する従業員が請求した場合には、深夜に労働をさせることはない。

5　小学校就学の始期に達するまでの子を養育する従業員、または要介護状態の対象家族を介護する従業員が請求した場合には1月につき24時間、1年につき150時間を超えて時間外労働を行わせることはない。

第29条【休日】

休日は次のとおりとする。　◀ 法律上は1週間に1日の休日があればよく、国民の祝日や年末年始を休暇にする義務はない。夏季休暇もなくてかまわない。

①土曜日

②日曜日

③国民の祝日・休日

④夏期休暇（8月10日より8月30日までの間で3日間）

⑤年末年始休暇（12月28日より1月5日までの9日間）

⑥その他会社が定めた日

第30条【休日の振替】　◀ 休日は振替と代休があるが振替を原則とする。

1　業務の都合でやむを得ない場合は、前条の休日を1週間以内の他の日と振り替えることがある。

2　前項の場合、前日までに振替による休日を指定して従業員に通知する。

第31条【休日労働】 ● ─── 三六協定は必ず結ぶ。

1　業務上必要がある場合には、第29条の休日に労働を命ずることがある。

2　法定の休日における労働については、あらかじめ会社は従業員の過半数を代表する者と書面による協定を締結し、これを所轄の労働基準監督署長に届け出るものとする。

3　妊娠中及び産後1年を経過しない女性従業員が時間外労働を行わないと請求した場合及び、満18歳未満の者に対しては、法定労働時間を超え、または深夜に労働させることはない。

第32条【非常災害時の特例】

　事故の発生、火災、風水害その他避けることのできない事由により臨時の必要がある場合には、すべての従業員に対し、第24条の労働時間を超えて、または第29条の休日に労働させ、もしくは午後10時から午前5時までの間の深夜に労働させることがある。

第33条【割増賃金】

　第28条、第31条、または前条による時間外労働または深夜労働、休日労働に対しては、第52条の定めにより割増賃金を支払う。

第34条【適用除外】 ● ─── 管理監督者の取扱は注意を要する。

　労働基準法第41条第2号（行政官庁の許可を受けた者に限る）に該当する管理監督者または監視断続労働従事者等については、本節の規定（深夜労働に関する定めを除く。）にかかわらず勤務を命じ、または本節の規定を適用しないことがある。

第5章　休暇等

第35条【年次有給休暇】

1　従業員が6ヵ月間継続勤務し、所定勤務日の80％以上出勤した場合には会社は継続または分割した10日の年次有給休暇を与える。

2　従業員が前項の後、1年間継続勤務し、所定勤務日の80％以上を出勤した場合には、次の年次有給休暇を与える。ただし総日数は20日を限度とする。

継続勤務 年数	6ヵ月	1年6ヵ月	2年6ヵ月	3年6ヵ月	4年6ヵ月	5年6ヵ月	6年6ヵ月 以上
付与日数	10	11	12	14	16	18	20

3　継続勤務の起算日は、入社して最初に就労した日とする。

4　年次有給休暇により休んだ期間については、通常の賃金を支払う。

5　第1項の出勤率の算定にあたっては、次の期間は出勤したものとして取り扱う。

①年次有給休暇を取得した期間

②産前産後の休業期間

③育児休業・介護休業期間

④業務上の傷病による休業期間

6　年次有給休暇を受けようとする者は、予め3日以前にその時季と日数を会社に申し出なければならない、ただし、事故・病気など突発的な事由により事前に届け出ることのできない場合には、事後すみやかに届け出ることとする。

7　年次有給休暇は、従業員が請求し、指定した時季に与える。ただし、事業の正常な運営に支障がある場合には他の時季に変更することがある。

8　年次有給休暇は、半日を0.5休暇日として使用することができる。

9　当該年度にあらたに付与されて行使しなかった年次有給休暇は、次年度に限り繰り越すことができる。ただし、その使用順序は、前年に付与された年次有給休暇を優先する。

10　従業員代表との書面協定により、各従業員の有する年次有給休暇日数のうち5日を超える部分について、あらかじめ時季を指定して与えることがある。

11　年次有給休暇のうち5日について、あらかじめ時季を指定して取得させることがある。ただし、従業員が年次有給休暇を取得した場合においては、当該取得した日数分を5日から控除するものとする。

第36条【産前産後の休業】

年次有給休暇の計画的付与を行う場合は記載が必要。

1　6週間（多胎妊娠の場合は14週間）以内に出産する予定の女性従業員から請求があったときは、休業させる。

2　出産した女性従業員は、8週間は休業させる。ただし、産後6週間を経過した女性従業員から請求があったときは、医師が支障がないと認めた業務に就かせることができる。

第37条【母性健康管理のための休暇等】

1　妊娠中または出産後1年を経過しない女性従業員から、所定労働時間内に、母子保健法に基づく保健指導または健康診査を受けるために、通院休暇の請求があったときは、次の範囲で休暇を与える。

①産前の場合

妊娠23週まで　　　　　　4週に1回

妊娠24週から35週まで　　2週に1回

妊娠36週から出産まで　　1週に1回

ただし、医師または助産婦（以下「医師等」という。）がこれと異なる指示をしたときには、その指示により必要な時間

②産後（1年以内）の場合

医師等の指示により必要な時間

③妊娠中または出産後1年を経過しない女性従業員から、保健指導または健康診査に基づき勤務時間等について医師等の指導を受けた旨申出があった場合、次の措置を講ずることとする。

2　妊娠中の通勤緩和　通勤時の混雑を避けるよう指導された場合は、原則として1時間の勤務時間の短縮または1時間以内の時差出勤

3　妊娠中の休憩の特例　休憩時間について指導された場合は、適宜休憩時間の延長、休憩の回数の増加

4　妊娠中または出産後の諸症状に対応する措置　妊娠または出産に関する諸症状の発生または発生のおそれがあるとして指導された場合は、その指導事項を守ることができるようにするため作業の軽減、勤務時間の短縮、休業等

第38条【育児時間等】

1歳に満たない子を養育する女性従業員から請求があったときは、休憩時間のほか1日について2回、1回について30分の育児時間を与える。

第39条【生理休暇】

生理日の就業が著しく困難な女性従業員から請求があったときは、必要な期間休暇を与える。

第40条【子の看護休暇】

1　小学校就学の始期に達するまでの子の養育をする従業員は、当該子について次の各号のいずれかの事由に該当した場合、年次有給休暇とは別に、1年間につき、5日（小学校就学前の子が2人以上の場合は10日）を限度として、子の看護のための休暇（以下看護休暇）を取得することができる。

①負傷し、または疾病にかかった子の世話

②予防接種を受けさせること

③健康診断を受けさせること

2　前項の休暇は1時間単位で取得することができる。

3　看護休暇をし、また、看護休暇の適用を受けることができる従業員の範囲その他必要な事項については、「育児・介護休業規程」で定める。

第41条【介護休暇】

1　要介護状態にある家族の介護その他の世話をする従業員は、年次有給休暇とは別に、当該家族が1人の場合は1年間につき5日、2人以上の場合は10日を限度として、介護休暇を取得することができる。

2　前項の休暇は1時間単位で取得することができる。

3　介護休暇をし、また、介護休暇の適用を受けることができる従業員の範囲その他必要な事項については、「育児・介護休業規程」で定める。

第42条【育児休業等】

1　従業員は、2歳に満たない子を養育するため必要があるときは、会社に申し出て育児休業をすることができる。

2　3歳に満たない子を養育するため必要があるときは、会社に申し出て育児短時間勤務制度等の適用を受けることができる。

3　育児休業をし、また、育児短時間勤務制度等の適用を受けることができる従業員の範囲その他必要な事項については、「育児・介護休業規程」で定める。

第43条【介護休業等】　　就業規則本文に入れてもよいが、別規程でもよい。

1　従業員のうち必要のある者は、会社に申し出て介護休業をし、または介護短時間勤務制度等の適用を受けることができる。

2　介護休業をし、または介護短時間勤務制度等の適用を受けることができる従業員の範囲その他必要な事項については、「育児・介護休業規程」で定める。

第44条【慶弔休暇】　　就業規則本文に入れてもよいが、別規程でもよい。

1　従業員が次の各号の一に該当するときは、それぞれに定める日数の特別休暇を与

える。

	事　　　　項	休暇日数
1	本人が結婚するとき	7日
2	本人の兄弟姉妹、子の結婚	3日
3	本人の父母、配偶者または子が死亡したとき	3日
4	本人の祖父母、配偶者の父母が死亡したとき	2日
5	本人の兄弟姉妹が死亡したとき	2日
6	その他前各号に準じ会社が必要と認めたとき	必要と認めた期間

2　従業員が慶弔休暇を請求しようとする場合は所属長を経て、会社に申し出、その承認を得るものとする。ただし、緊急やむを得ない事情のために事前に申し出ることができない場合は、事後すみやかに手続きをしなければならない。

3　慶弔休暇中の給与は支給しない。

4　前項第4号及び第5号について、喪主の場合は休暇日数にさらに3日を加える。

第45条【公民権行使の時間】 裁判員についても公民権行使として処理をする。

1　従業員が勤務時間中に選挙権の行使、裁判員の職務その他公民としての権利を行使するため、あらかじめ請求した場合は、それに必要な時間を与える。

2　前項の請求があった場合に、権利の行使を妨げない限度においてその時刻を変更することがある。

第6章　賃　金

第46条【賃金の構成】 記載項目が多い場合は別規定にする。

賃金の構成は、次のとおりとする。

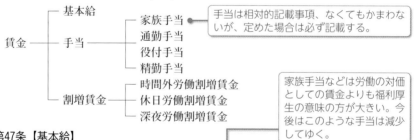

手当は相対的記載事項、なくてもかまわないが、定めた場合は必ず記載する。

家族手当などは労働の対価としての賃金よりも福利厚生の意味の方が大きい。今後はこのような手当は減少してゆく。

第47条【基本給】

基本給は、本人の職務内容、技能、勤務成績、年齢等を考慮して各人別に決定する。

第48条【家族手当】

家族手当は、次の家族を扶養している従業員に対し、支給する。

①配偶者　　　　　　　　　　月額　　　　　　　10,000円

②18歳未満の子1人から3人まで　1人につき月額　　5,000円

限度額を記載しないと、通勤手当が高額になる場合がある。なお、通勤手当は支給しなくても違法ではない。

第49条【通勤手当】

通勤手当は、月額30,000円までの範囲内において、通勤に要する実費に相当する額を支給する。

第50条【役付手当】

役付手当は、次の職位にある者に対し支給する。

①部長　月額　　120,000円

②課長　月額　　 80,000円

③係長　月額　　 20,000円

> 労働基準法上の管理監督者として考えるなら充分な金額の手当が必要。

第51条【精勤手当】

1　精勤手当は、当該賃金計算期間における次の出勤成績により、次のとおり支給する。

①無欠勤の場合　　　　　　月額　　　10,000円

②欠勤１日以内の場合　　　月額　　　 5,000円

2　前項の精勤手当の計算においては、次のいずれかに該当するときは出勤したものとみなす。

①年次有給休暇を取得したとき

②業務上負傷し、または疾病にかかり療養のため休業したとき

3　第１項の精勤手当の計算に当たっては、遅刻または早退３回をもって、欠勤１日とみなす。

第52条【割増賃金】

1　割増賃金は、次の算式により計算して支給する。

①時間外労働割増賃金（所定労働時間を超えて労働させた場合）

$$\frac{基本給＋役付手当＋精勤手当}{１ヵ月平均所定労働時間数}×1.25×時間外労働時間数$$

> 手当は教育の一環といえ、この他にも交通安全手当や、無事故手当などがある。

②休日労働割増賃金（法定休日に労働させた場合）

$$\frac{基本給＋役付手当＋精勤手当}{１ヵ月平均所定労働時間数}×1.35×休日労働時間数$$

③深夜労働割増賃金

（午後10時から午前5時までの間に労働させた場合）

$$\frac{基本給＋役付手当＋精勤手当}{１ヵ月平均所定労働時間数}×0.25×深夜労働時間数$$

> 60時間を超える時間外労働について、割増賃金の代わりに代替休暇を取らせることもできるが、この場合は労使協定を締結する必要がある。

2　前項の１ヵ月平均所定労働時間数は、次の算式により計算する。

$$\frac{（365－年間所定休日日数）×１日の所定労働時間数}{12}$$

3　第１項にかかわらず、１ヵ月の時間外労働時間数が60時間を超えた場合は、超えた時間の時間外労働割増賃金は、次の計算による金額を第１項第１号の金額に加算する。

$$\frac{基本給＋役付手当＋精勤手当}{１ヵ月平均所定労働時間数}×0.25×時間外労働時間数$$

4　前項の60時間を超えた時間外労働時割増賃金は従業員が代替休暇を取得した際には支給しない。

第53条【休暇等の賃金】

1　年次有給休暇の期間は、所定労働時間労働したときに支払われる通常の賃金を支

給する。

2　産前産後の休業期間、母性健康管理のための休暇、育児・介護休業法に基づく育児休業、子の看護のための休暇及び介護休業、介護休暇の期間、育児時間、生理休暇の期間は、無給とする。

> 年次有給休暇以外は無給であっても法違反ではない。

3　慶弔休暇の期間は、第１項の賃金を支給する。

4　休職期間中は、原則として賃金を支給しない。

第54条【欠勤等の扱い】

欠勤、遅刻、早退及び私用外出の時間については、１時間当たりの賃金額に欠勤、遅刻、早退及び私用外出の合計時間数を乗じた額を差し引くものとする。

第55条【賃金の計算期間及び支払日】

1　賃金は、毎月20日に締切り、翌月25日に支払う。ただし、支払日が休日に当たるときはその前日に繰り上げて支払う。

2　計算期間中の中途で採用され、または退職した場合の賃金は、当該計算期間の所定労働日数を基準に日割計算して支払う。

第56条【賃金の支払いと控除】

1　賃金は、従業員に対し、通貨で直接その全額を支払う。ただし、従業員代表との書面協定により、従業員が希望した場合は、その指定する金融機関の口座または証券総合口座に振り込むことにより賃金を支払うものとする。

2　次に掲げるものは、賃金から控除するものとする。

①源泉所得税

②住民税

> 賃金の控除は①〜④までは協定なしで控除できるが、それ以外のものを控除する場合は労使協定が必要。

③健康保険（介護保険を含む。）及び厚生年金保険の保険料の被保険者負担分

④雇用保険の保険料の被保険者負担分

⑤従業員代表との書面による協定により賃金から控除することとしたもの

第57条【賃金の改定】

> 降給もありえるので、賃金の改定とする。

1　賃金の改定（昇給または降給）は、毎年４月１日をもって行うものとする。

2　前項のほか、特別に必要がある場合は、臨時に賃金の改定を行うことがある。

3　賃金の改定額は、従業員の勤務成績等を考慮して各人ごとに決定する。

第58条【賞与】

> 賞与は相対的記載事項、なくてもかまわないが、支給する場合は記載する。賞与が支払われないこともあると記載する。

1　賞与は、原則として毎年７月１日及び12月１日に在籍する従業員に対し、会社の業績等を勘案して７月20日及び12月20日に支給する。ただし、会社の業績の著しい低下その他やむを得ない事由がある場合には、支給時期を延期し、または支給しないことがある。

2　前項の賞与の額は、会社の業績及び従業員の勤務成績などを考慮して各人ごとに決定する。

第7章　定年、退職及び解雇

第59条【定年等】

　従業員の定年は満65歳とし、定年に達した日の属する月の末日をもって退職とする。

第60条【退職】

　前条に定めるもののほか従業員が次のいずれかに該当するときは、退職とする。

①退職を願い出て会社から承認されたとき、または退職願提出後、14日を経過したとき

②期間を定めて雇用されている場合、その期間を満了したとき

③第12条に定める休職期間が満了し、なお、休職事由が消滅しないとき

④死亡したとき

⑤従業員が出社せず連絡も取れず30日が経過したとき

> 従業員を退職させようとしても、従業員へ連絡が取れないと退職させられない。そのような事態に備えての規定を置く。

第61条【退職の手続】

1　従業員が自己の都合により退職しようとするときは、少なくとも30日前までに退職願を提出しなければならない。

> 法律上は２週間前だが紳士協定として作る。

2　退職願を提出した者は、会社の承認があるまでは従前の業務に服さなければならない。

3　退職願を提出した者は、退職までの間に必要な業務の引き継ぎを完了しなければならない。

> 業務の引き継ぎに必要な期間を想定して、退職の申し出日を決める。６ヵ月以上などのあまりに長い期間は無効となるので注意する。

第62条【解雇】

1　従業員が次のいずれかに該当するときは、解雇するものとする。

①勤務成績または業務能率が著しく不良その他従業員として不都合な行為があったとき

②精神または身体の障害により、業務に耐えられないと認められたとき

③事業の縮小その他事業の運営上やむを得ない事情により、従業員の減員等が必要となったとき

> 想定しない事態に備え、包括的項目を記載する。

④天災事変その他の事由により、事業の継続が不可能となったとき

⑤その他前各号に準ずるやむを得ない事情があったとき

2　前項の規定により従業員を解雇する場合は、少なくとも30日前に予告をするか、または平均賃金の30日分以上の解雇予告手当を支払う。

ただし、労働基準監督署長の認定を受けて第72条に定める懲戒解雇をする場合及び次の各号のいずれかに該当する従業員を解雇する場合は、この限りでない。

①日々雇い入れられる従業員（１ヵ月を超えて引き続き雇用された者を除く。）

②２ヵ月以内の期間を定めて使用する従業員（その期間を超えて引き続き雇用された者を除く。）

③試用期間中の従業員（14日を超えて引き続き雇用された者を除く。）

④天災事変その他やむを得ない事由のため、事業の継続が不可能になった場合で労働基準監督署長の認定を受けた場合

第63条【退職後の守秘義務】

1　退職または解雇された者は、在職中に知り得た機密を他に漏らしてはならない。

2　前項に違反して機密事項を不正に漏洩または使用し、会社に損害を与えたときは

その損害額に応じて会社に賠償をしなければならない。

> 実際に競業を行う従業員の行為を差し止めるのは難しい。

第64条【退職後の競業の禁止】

1　退職した従業員は原則として、360日間は、当社の所在地にある県では同業他社に就職をし、役員に就任もしくは自己のために営業を行ってはならない。

2　前項を適用する従業員には、入社時、就業中もしくは退社時に誓約書を締結する。

第65条【退職時の証明】

1　従業員が退職の場合において、使用期間、業務の種類、会社における地位、賃金または退職の事由（退職の事由が解雇の場合にあっては、その理由を含む）について証明書を請求した場合は、請求した事項について証明書を交付する。

2　解雇を予告された従業員が、解雇事由の証明を請求した場合は、これを速やかに交付する。

第66条【精算】

1　従業員は、退職しようとするとき（懲戒解雇または解雇されたときを含む。以下同じ）は、請求を受けた後すみやかに身分証明書、社章及び健康保険者証など会社から貸与された物及び業務に関して入手した資料などを会社に返納しなければならない。

2　会社は、従業員が退職したときは、権利者の請求があってから7日以内にその者の権利に属する金品を返還する。

第8章　表彰及び懲戒

第67条【表彰】

1　会社は、従業員が次のいずれかに該当する場合は、表彰する。

①社会的功績により会社の名誉及び信用を高めた場合

②事故もしくは災害を未然に防ぎ、または事故もしくは災害時に特に貢献した場合

③業務上、有益な発明、改良または工夫、考案のあった場合

④業務成績が特に優秀で他の模範となった場合

2　前項の各号に該当したときはその都度、速やかに社長が表彰する。

3　第1項の表彰は、賞状のほか賞品または賞金を授与してこれを行う。

第68条【権利の帰属】

従業員が職務上なした発明考案、意匠の創作または著作にかかわる特許権、実用新案権、意匠権等の実施権または著作権は、会社に帰属する。この場合、会社が受けた利益の額その他の事項を考慮し、取締役会で決定した一定の補償金をその従業員に支給する。

第69条【懲戒の種類】

> 懲戒は就業規則に明記してはじめて行使できるので出来るだけ詳しく書く。

会社は、従業員が次条のいずれかに該当する場合は、その事由に応じ、次の区分により懲戒を行う。

1　訓　　戒　始末書を提出させて将来を戒める。

2　減　　給　始末書を提出させて減給する。ただし、減給は1回の額が平均賃金の1日分の5割を超えることはなく、また、総額が1賃金支払い期間における賃金総額

の１割を超えることはない。

３　出勤停止　始末書を提出させるほか、７日間を限度として出勤を停止し、その間の賃金は支給しない。

４　諭旨解雇　退職を勧告して解雇する。ただし、勧告に従わない場合には懲戒解雇とする。始末書は必ず保存する。従業員が不祥事を起こしても、いきなり懲戒解雇は難しい。

５　懲戒解雇　即時に解雇する。所轄労働基準監督署長の認定を受けたときは、予告手当（平均賃金の30日分）を支給しない。懲戒事由は罪に見合った罰にする。軽微な罪なのにいきなり懲戒解雇では無効となる。

第70条【訓戒、減給及び出勤停止】

次の各号の一に該当する場合は、減給または出勤停止に処する。ただし、情状によっては、訓戒にとどめることがある。

①正当な理由なく、欠勤、遅刻、早退するなど勤務を怠ったとき
②過失により、営業上の事故または災害を発生させ、会社に重大な損害を与えたとき
③第３章及び第77条に違反した場合であって、その事案・情状が比較的軽いとき
④その他前各号に準ずる程度の不都合な行為のあったとき

第71条【諭旨解雇】

従業員が次の各号の一に該当する場合は、諭旨解雇に処する。ただし、情状によっては、減給及び出勤停止にとどめることがある。

①前条の違反が再度に及ぶとき、または情状重大と認められるとき
②職務または職位を利用して会社の資産、その他これに類するものを私用し、自己の利益をはかったとき
③会社の許可を受けず社外の業務に従事したとき
④正当な理由なく職場配置、休職、復職、配置転換、出張、転勤、出向、職位決定、降格、給与決定、降給などの人事命令を拒否したとき
⑤故意に業務能率を低下させ、または業務の妨害をはかったとき
⑥正当な理由なく、無断欠勤引き続き10日以上に及んだとき
⑦第３章に違反したときであって、その事案・情状が重いとき
⑧その他前各号に準ずる程度の不都合な行為のあったとき

第72条【懲戒解雇】

次の各号の一に該当する場合は、懲戒解雇に処する。ただし、情状によっては、諭旨解雇にとどめることがある。

①無届または正当な理由がなく、欠勤14日以上に及んだとき
②住所、氏名、年齢、経歴、身上調査事項を偽りまたは不正な方法で入社したとき
③許可なく在籍のまま自己の営業を行い、または会社の許可なく他企業の従業員や役員になったとき
④会社の名義を乱用し、または名誉を傷つけたとき
⑤会社の機密事項、業務上の秘密を他に漏らしたとき
⑥業務上の指示命令に従わず、または所属長に反抗して会社業務を阻害したとき、ならびに暴行脅迫行為をもって他人の業務を妨げたとき

⑦業務に関する不正な金品、供応を受け、またはこれを要求したとき

⑧賭博その他風紀を乱す行為により職場規律を乱したとき

⑨数回の懲戒にもかかわらず反省とともに悔改めのないとき

⑩故意または重大な過失により会社に損害危害を及ぼし、または災害、傷害などの事故を発生させたとき

始末書等の記録がないと、この号による懲戒解雇はできない。

⑪刑法その他法令に定められた犯罪行為をしたとき

⑫第３章に違反した場合であって、その事案・情状が特に重いとき

⑬その他前各号に準ずる程度の不都合な行為のあったとき

第73条【監督責任等】

1　従業員が懲戒に処せられるときは、事情によりその所属長も監督不行届により懲戒する場合がある。

2　他の従業員の懲戒に該当する行為について、ほう助、共謀、教唆などを行った場合は本人に準じて懲戒する。

第74条【未遂】

第71条及び第72条に該当する行為を明らかに行おうとした場合は、それぞれの条項に準じた懲戒を行う。

第75条【就業の禁止】

懲戒を行う場合、問題発覚から処分まで時間が空くので、その間の従業員の勤務について規定する。

1　懲戒に該当する行為のあったときで、本人が出勤することが適当でないと認められる場合は、その処分が決定するまでの間、就業を禁止する。

2　前項により就業を禁止された期間の賃金については、休業補償として平均賃金の６割を支給する。ただし従業員の行為が懲戒解雇に該当する場合で就業を禁止する目的が不正行為の再発防止、若しくは証拠隠滅防止である場合は就業を禁止する期間の賃金は支払わない。

第76条【損害賠償】

懲戒に該当する行為によって会社に損害を与えたときの損害賠償または不当利益の返還の義務は懲戒によって免除されることはない。

第９章　安全衛生及び災害補償

第77条【遵守義務】

1　会社は、従業員の安全衛生の確保及び改善を図り、快適な職場の形成のため必要な措置を講ずる。

2　従業員は、安全衛生に関する法令及び会社の指示を守り、会社と協力して労働災害の防止に努めなければならない。

第78条【健康診断】

法令で定めた健康診断の項目以外の項目を診断させる場合には、診断項目を就業規則に明示する。

1　従業員に対しては、採用の際及び毎年１回（深夜労働その他労働安全衛生規則第13条第１項第２号で定める業務に従事する者は６ヵ月ごとに１回）、会社指定医による健康診断を行う。この健康診断は法律で定められたものであるため従業員はこれを拒んではならない。

2　前項の健康診断のほか、法令で定められた有害業務に従事する従業員に対しては、特別の項目についての健康診断を行う。

3　前各項の健康診断の結果必要と認めるときは、労働時間の短縮、配置転換その他健康保持上必要な措置を命ずることがある。

第79条【法定疾病の就業禁止】

1　会社は次に掲げる者については、就業を禁止する。ただし、第1号に掲げる者について感染予防の措置をした場合はこの限りでない。

①病毒伝播のおそれのある感染症にかかった者

②心臓、肝臓、肺等の疾病で、労働のために病勢が著しく増悪するおそれのあるものにかかった者

③前各号に準ずる疾病で厚生労働大臣が定めるものにかかった者

2　前項の規定により、就業を禁止するときは、あらかじめ産業医その他専門の医師の意見を聴いて行うものとする。

第80条【感染症の届け出】

1　従業員は、同居の家族または近隣の者が、入院・消毒等の措置が必要なものとして法令に定められた感染症にかかり、あるいはその疑いがある場合には、ただちに会社に届け出なければならない。

2　前項の届け出があったときは、会社は医師の認定により当該従業員の会社施設内への立ち入りを禁止することがある。

第81条【安全衛生教育】

従業員に対し、雇い入れの際及び配置換え等により作業内容を変更した際に、その従事する業務に必要な安全衛生教育を行う。

第82条【災害補償】

従業員が業務上の事由または通勤により負傷し、疾病にかかり、または死亡した場合は、労働基準法及び労働者災害補償保険法に定めるところにより災害補償を行う。

第10章　教育訓練

第83条【教育訓練】

1　会社は、従業員に対し、業務に必要な知識、技能を高め、資質の向上を図るため、必要な教育訓練を行う。

2　前項の教育の実施方法などについては、別に定めるところによる。

3　従業員は、会社から教育訓練を受講するよう指示された場合には、特段の事由がない限り指示された教育訓練を受けなければならない。

4　前項の指示は、教育訓練開始日の少なくとも2週間前までに該当従業員に対し文書で通知する。

附　則

この規則は、令和　　　年　　　月　　　日から施行する。

労働基準法・労働基準法施行規則 (抜粋)

労働基準法　最近改正：令和4年法律第68号
労働基準法施行規則　最近改正：令和5年省令第68号
※労働基準法の条文に該当する施行規則の条文を□□□□内に示してあります。

法第1章　総則

法第1条【労働条件の原則】

1　労働条件は、労働者が人たるに値する生活を営むための必要を充たすべきものでなければならない。

2　この法律で定める労働条件の基準は最低のものであるから、労働関係の当事者は、この基準を理由として労働条件を低下させてはならないことはもとより、その向上を図るように努めなければならない。

法第2条【労働条件の決定】

1　労働条件は、労働者と使用者が、対等の立場において決定すべきものである。

2　労働者及び使用者は、労働協約、就業規則及び労働契約を遵守し、誠実に各々その義務を履行しなければならない。

法第3条【均等待遇】

使用者は、労働者の国籍、信条又は社会的身分を理由として、賃金、労働時間その他の労働条件について、差別的取扱をしてはならない。

法第4条【男女同一賃金の原則】

使用者は、労働者が女性であることを理由として、賃金について、男性と差別的取扱いをしてはならない。

法第5条【強制労働の禁止】

使用者は、暴行、脅迫、監禁その他精神又は身体の自由を不当に拘束する手段によって、労働者の意思に反して労働を強制してはならない。

法第6条【中間搾取の排除】

何人も、法律に基いて許される場合の外、業として他人の就業に介入して利益を得てはならない。

法第7条【公民権行使の保障】

使用者は、労働者が労働時間中に、選挙権その他公民としての権利を行使し、又は公の職務を執行するために必要な時間を請求した場合においては、拒んではならない。但し、権利の行使又は公の職務の執行に妨げがない限り、請求された時刻を変更することができる。

（法第8条　削除）

法第9条【定義】　→ P18

この法律で「労働者」とは、職業の種類を問わず、事業又は事務所（以下「事業」という。）に使用される者で、賃金を支払われる者をいう。

法第10条

この法律で使用者とは、事業主又は事業の経営担当者その他その事業の労働者に関する事項について、事業主のために行為をするすべての者をいう。

法第11条　→ P58

この法律で賃金とは、賃金、給料、手当、賞与その他名称の如何を問わず、労働の対償として使用者が労働者に支払うすべてのものをいう。

法第12条

1　この法律で平均賃金とは、これを算定すべき事由の発生した日以前3箇月間にその労働者に対し支払われた賃金の総額を、その期間の総日数で除した金額をいう。ただし、その金額は、次の各号の一によつて計算した金額を下つてはならない。

①賃金が、労働した日若しくは時間によって算定され、又は出来高払制その他の請負制によって定められた場合においては、賃金の総額をその期間中に労働した日数で除した金額の100分の60

②賃金の一部が、月、週その他一定の期間によって定められた場合においては、その部分の総額をその期間の総日数で除した金額と前号の金額の合算額

2　前項の期間は、賃金締切日がある場合においては、直前の賃金締切日から起算する。

3　前二項に規定する期間中に、次の各号のいずれかに該当する期間がある場合においては、その日数及びその期間中賃金は、前二項の期間及び賃金の総額から控除する。

①業務上負傷し、又は疾病にかかり療養のために休業した期間

②産前産後の女性が第65条の規定によって休業した期間
③使用者の責めに帰すべき事由によって休業した期間
④育児休業、介護休業等育児又は家族介護を行う労働者の福祉に関する法律第2条第1号に規定する育児休業又は同条第2号に規定する介護休業（同法第61条第3項（同条第6項において準用する場合を含む。）に規定する介護をするための休業を含む。第39条第10項において同じ。）をした期間
⑤試みの使用期間

> **施行規則第3条**
> 　試の使用期間中に平均賃金を算定すべき事由が発生した場合においては、法第12条第3項の規定にかかわらず、その期間中の日数及びその期間中の賃金は、同条第1項及び第2項の期間並びに賃金の総額に算入する。

> **施行規則第4条**
> 　法第12条第3項第一号から第四号までの期間が平均賃金を算定すべき事由の発生した日以前3箇月以上にわたる場合又は雇入れの日に平均賃金を算定すべき事由の発生した場合の平均賃金は、都道府県労働局長の定めるところによる。

4　第1項の賃金の総額には、臨時に支払われた賃金及び3箇月を超える期間ごとに支払われる賃金並びに通貨以外のもので支払われた賃金で一定の範囲に属しないものは算入しない。
5　賃金が通貨以外のもので支払われる場合、第1項の賃金の総額に算入すべきものの範囲及び評価に関し必要な事項は、厚生労働省令で定める。

> **施行規則第2条**
> 　1　労働基準法第12条第5項の規定により、賃金の総額に算入すべきものは、法第24条第1項ただし書の規定による法令又は労働協約の別段の定めに基づいて支払われる通貨以外のものとする。
> 　2　前項の通貨以外のものの評価額は、法令に別段の定めがある場合の外、労働協約に定めなければならない。
> 　3　前項の規定により労働協約に定められた評価額が不適当と認められる場合又は前項の評価額が法令若しくは労働協約に定められていない場合においては、都道府県労働局長は、第1項の通貨以外のものの評価額を定めることができる。

6　雇入後3箇月に満たない者については、第1項の期間は、雇入後の期間とする。
7　日日雇い入れられる者については、その従事する事業又は職業について、厚生労働大臣の定める金額を平均賃金とする。
8　第1項乃至第6項によって算定し得ない場合の平均賃金は、厚生労働大臣の定めるところによる。

法第2章　労働契約

法第13条【この法律違反の契約】
　この法律で定める基準に達しない労働条件を定める労働契約は、その部分については無効とする。この場合において、無効となった部分は、この法律で定める基準による。

法第14条【契約期間等】　→ P52
1　労働契約は、期間の定めのないものを除き、一定の事業の完了に必要な期間を定めるもののほかは、3年(次の各号のいずれかに該当する労働契約にあっては、5年)を超える期間について締結してはならない。
①専門的な知識、技術又は経験（以下この号及び第41条の2第1項第1号において「専門的知識等」という。）であって高度のものとして厚生労働大臣が定める基準に該当する専門的知識等を有する労働者（当該高度の専門的知識等を必要とする業務に就く者に限る。）との間に締結される労働契約
②満60歳以上の労働者との間に締結される労働契約（前号に掲げる労働契約を除く。）
2　厚生労働大臣は、期間の定めのある労働契約の締結時及び当該労働契約の期間の満了時において労働者と使用者との間に紛争が生ずることを未然に防止するため、使用者が講ずべき労働契約の期間の満了に係る通知に関する事項その他必要な事項についての基準を定めることができる。
3　行政官庁は、前項の基準に関し、期間の定めのある労働契約を締結する使用者に対し、必要な助言及び指導を行うことができる。

法第15条【労働条件の明示】　→ P48
1　使用者は、労働契約の締結に際し、労働者に対して賃金、労働時間その他の労働条件を明示しなければならない。この場合において、賃金及び労働時間に関する事項その他の厚生労働省令で定める事項については、厚生労働省令で定める方法により明示しなければならない。

> **施行規則第5条**
> 　1　使用者が法第15条第1項前段の規定により労働者に対して明示しなければならない労働条件は、次に掲げるものとする。ただし、第一号の二に掲げる事項については期間の定めのある労働契約（以下この条において「有期労

働契約」という。）であって当該労働契約の期間の満了後に当該労働契約を更新する場合があるものの締結の場合に限り、第四号の二から第十一号までに掲げる事項については使用者がこれらに関する定めをしない場合においては、この限りでない。

①労働契約の期間に関する事項

①の2　有期労働契約を更新する場合の基準に関する事項（通算契約期間（労働契約法第18条第１項に規定する通算契約期間をいう。）又は有期労働契約の更新回数に上限の定めがある場合には当該上限を含む。）

①の3　就業の場所及び従事すべき業務に関する事項（就業の場所及び従事すべき業務の変更の範囲を含む。）

②始業及び終業の時刻、所定労働時間を超える労働の有無、休憩時間、休日、休暇並びに労働者を２組以上に分けて就業させる場合における就業時転換に関する事項

③賃金（退職手当及び第五号に規定する賃金を除く。以下この号において同じ。）の決定、計算及び支払の方法、賃金の締切り及び支払の時期並びに昇給に関する事項

④退職に関する事項（解雇の事由を含む。）

④の2　退職手当の定めが適用される労働者の範囲、退職手当の決定、計算及び支払の方法並びに退職手当の支払の時期に関する事項

⑤臨時に支払われる賃金（退職手当を除く。）、賞与及び第８条各号に掲げる賃金並びに最低賃金額に関する事項

⑥労働者に負担させるべき食費、作業用品その他に関する事項

⑦安全及び衛生に関する事項

⑧職業訓練に関する事項

⑨災害補償及び業務外の傷病扶助に関する事項

⑩表彰及び制裁に関する事項

⑪休職に関する事項

（2～4　略）

5　その契約期間内に労働者が労働契約法第18条第１項の適用を受ける期間の定めのない労働契約の締結の申込み（以下「労働契約法第18条第１項の無期転換申込み」という。）をすることができることとなる有期労働契約の締結の場合においては、使用者が法第15条第１項前段の規定により労働者に対して明示しなければならない労働条件は、第１項に規定するもののほか、労働契約法第18条第１項の無期転換申込みに関する事項並びに当該申込みに係る期間の定めのない労働契約の内容である労働条件のうち第１項第一号及び第一号の三から第十一号までに掲げる事項とする。ただし、当該申込みに係る期間の定めのない労働契約の内容である労働条件のうち同項第四号の二から第十一号までに掲げる事項については、使用者がこれらに関する定めをしない場合においては、この限りでない。

6　その契約期間内に労働者が労働契約法第18条第一項の無期転換申込みをすることができることとなる有期労働契約の締結の場合においては、法第15条第１項後段の厚生労働省令で定める事項は、第３項に規定するもののほか、労働契約法第18条第１項の無期転換申込みに関する事項並びに当該申込みに係る期間の定めのない労働契約の内容である労働条件のうち第１項第一号及び第一号の三から第四号までに掲げる事項（昇給に関する事項を除く。）とする。

2　前項の規定によって明示された労働条件が事実と相違する場合においては、労働者は、即時に労働契約を解除することができる。

3　前項の場合、就業のために住居を変更した労働者が、契約解除の日から14日以内に帰郷する場合においては、使用者は、必要な旅費を負担しなければならない。

法第16条【賠償予定の禁止】

使用者は、労働契約の不履行について違約金を定め、又は損害賠償額を予定する契約をしてはならない。

法第17条【前借金相殺の禁止】　→ P63

使用者は、前借金その他労働することを条件とする前貸の債権と賃金を相殺してはならない。

法第18条【強制貯金】

1　使用者は、労働契約に附随して貯蓄の契約をさせ、又は貯蓄金を管理する契約をしてはならない。

2　使用者は、労働者の貯蓄金をその委託を受けて管理しようとする場合においては、当該事業場に、労働者の過半数で組織する労働組合があるときはその労働組合、労働者の過半数で組織する労働組合がないときは労働者の過半数を代表する者との書面による協定をし、これを行政官庁に届け出なければならない。

施行規則第５条の２

使用者は、労働者の貯蓄金をその委託を受けて管理しようとする場合において、貯蓄金の管理が労働者の預金の受入れであるときは、法第18条第２項の協定には、次の各号に掲げる事項を定めなければならない。

①預金者の範囲

②預金者１人当たりの預金額の限度

③預金の利率及び利子の計算方法

④預金の受入れ及び払いもどしの手続
⑤預金の保全の方法

施行規則第6条
　法第18条第2項の規定による届出は、様式第一号により、当該事業場の所在地を管轄する労働基準監督署長（以下「所轄労働基準監督署長」という。）にしなければならない。

施行規則第6条の2
1　法第18条第2項、法第24条第1項ただし書、法第32条の2第1項、法第32条の3第1項、法第32条の4第1項及び第2項、法第32条の5第1項、法第34条第2項ただし書、法第36条第1項、第8項及び第9項、法第37条第3項、法第38条の2第2項、法第38条の3第1項、法第38条の4第2項第一号、法第39条第4項、第6項及び第9項ただし書並びに法第90条第1項に規定する労働者の過半数を代表する者（以下この条において「過半数代表者」という。）は、次の各号のいずれにも該当する者とする。
①法第41条第二号に規定する監督又は管理の地位にある者でないこと。
②法に規定する協定等をする者を選出することを明らかにして実施される投票、挙手等の方法による手続により選出された者であって、使用者の意向に基づき選出されたものでないこと。
2　前項第一号に該当する者がいない事業場にあつては、法第18条第2項、法第24条第1項ただし書、法第39条第4項、第6項及び第9項ただし書並びに法第90条第1項に規定する労働者の過半数を代表する者は、前項第二号に該当する者とする。
3　使用者は、労働者が過半数代表者であること若しくは過半数代表者になろうとしたこと又は過半数代表者として正当な行為をしたことを理由として不利益な取扱いをしないようにしなければならない。
4　使用者は、過半数代表者が法に規定する協定等に関する事務を円滑に遂行することができるよう必要な配慮を行わなければならない。

施行規則第25条の3
1　第6条の2第1項の規定は前条第2項及び第3項に規定する労働者の過半数を代表する者について、第6条の2第3項の規定は前条第2項及び第3項の使用者について、第12条及び第12条の2第1項の規定は前条第2項及び第3項による定めについて、第12条の2の2第1項の規定は前条第2項の協定について、第12条の6の規定は前条第2項の使用者について準用する。
2　使用者は、様式第三号の二により、前条第2項の協定を所轄労働基準監督署長に届け出るものとする。

3　使用者は、労働者の貯蓄金をその委託を受けて管理する場合においては、貯蓄金の管理に関する規程を定め、これを労働者に周知させるため作業場に備え付ける等の措置をとらなければならない。
4　使用者は、労働者の貯蓄金をその委託を受けて管理する場合において、貯蓄金の管理が労働者の預金の受入れであるときは、利子をつけなければならない。この場合において、その利子が、金融機関の受け入れる預金の利率を考慮して厚生労働省令で定める利率による利子を下るときは、その厚生労働省令で定める利率による利子をつけたものとみなす。
5　使用者は、労働者の貯蓄金をその委託を受けて管理する場合において、労働者がその返還を請求したときは、遅滞なく、これを返還しなければならない。
6　使用者が前項の規定に違反した場合において、当該貯蓄金の管理を継続することが労働者の利益を著しく害すると認められるときは、行政官庁は、使用者に対して、その必要な限度の範囲内で、当該貯蓄金の管理を中止すべきことを命ずることができる。

施行規則第6条の3
　法第18条第6項の規定による命令は、様式第一号の三による文書で所轄労働基準監督署長がこれを行う。

7　前項の規定により貯蓄金の管理を中止すべきことを命ぜられた使用者は、遅滞なく、その管理に係る貯蓄金を労働者に返還しなければならない。

法第19条【解雇制限】　→ P190

1　使用者は、労働者が業務上負傷し、又は疾病にかかり療養のために休業する期間及びその後30日間並びに産前産後の女性が第65条の規定によって休業する期間及びその後30日間は、解雇してはならない。ただし、使用者が、第81条の規定によって打切補償を支払う場合又は天災事変その他やむを得ない事由のために事業の継続が不可能となった場合においては、この限りでない。
2　前項但書後段の場合においては、その事由について行政官庁の認定を受けなければならない。

施行規則第7条
　法第19条第2項の規定による認定又は法第20条第1項但書前段の場合に同条第3項の規定により準用する法第19条第2項の規定による認定は様式第二号により、法第20条第1項但書後段の場合に同条第3項の規定により準用す

法第20条【解雇の予告】　→ P186
1　使用者は、労働者を解雇しようとする場合においては、少くとも30日前にその予告をしなければならない。その予告をしない使用者は、30日分以上の平均賃金を支払わなければならない。但し、天災事変その他やむを得ない事由のために事業の継続が不可能となつた場合又は労働者の責に帰すべき事由に基いて解雇する場合においては、この限りでない。
2　前項の予告の日数は、1日について平均賃金を支払つた場合においては、その日数を短縮することができる。
3　前条第2項の規定は、第1項但書の場合にこれを準用する。

法第21条
　　前条の規定は、左の各号の一に該当する労働者については適用しない。但し、第一号に該当する者が1箇月を超えて引き続き使用されるに至った場合、第二号若しくは第三号に該当する者が所定の期間を超えて引き続き使用されるに至った場合又は第四号に該当する者が14日を超えて引き続き使用されるに至った場合においては、この限りでない。
①日日雇い入れられる者
②2箇月以内の期間を定めて使用される者
③季節的業務に4箇月以内の期間を定めて使用される者
④試の使用期間中の者

法第22条【退職時等の証明】　→ P180・P189
1　労働者が、退職の場合において、使用期間、業務の種類、その事業における地位、賃金又は退職の事由（退職の事由が解雇の場合にあっては、その理由を含む。）について証明書を請求した場合においては、使用者は、遅滞なくこれを交付しなければならない。
2　労働者が、第20条第1項の解雇の予告がされた日から退職の日までの間において、当該解雇の理由について証明書を請求した場合においては、使用者は、遅滞なくこれを交付しなければならない。ただし、解雇の予告がされた日以後に労働者が当該解雇以外の事由により退職した場合においては、使用者は、当該退職の日以後、これを交付することを要しない。
3　前二項の証明書には、労働者の請求しない事項を記入してはならない。
4　使用者は、あらかじめ第三者と謀り、労働者の就業を妨げることを目的として、労働者の国籍、信条、社会的身分若しくは労働組合運動に関する通信をし、又は第1項及び第2項の証明書に秘密の記号を記入してはならない。

法第23条【金品の返還】
1　使用者は、労働者の死亡又は退職の場合において、権利者の請求があった場合においては、7日以内に賃金を支払い、積立金、保証金、貯蓄金その他名称の如何を問わず、労働者の権利に属する金品を返還しなければならない。
2　前項の賃金又は金品に関して争がある場合においては、使用者は、異議のない部分を、同項の期間中に支払い、又は返還しなければならない。

法第3章　賃金

法第24条【賃金の支払】　→ P60
1　賃金は、通貨で、直接労働者に、その全額を支払わなければならない。ただし、法令若しくは労働協約に別段の定めがある場合又は厚生労働省令で定める賃金について確実な支払の方法で厚生労働省令で定めるものによる場合においては、通貨以外のもので支払い、また、法令に別段の定めがある場合又は当該事業場の労働者の過半数で組織する労働組合があるときはその労働組合、労働者の過半数で組織する労働組合がないときは労働者の過半数を代表する者との書面による協定がある場合においては、賃金の一部を控除して支払うことができる。
2　賃金は、毎月1回以上、一定の期日を定めて支払わなければならない。ただし、臨時に支払われる賃金、賞与その他これに準ずるもので厚生労働省令で定める賃金（第89条において「臨時の賃金等」という。）については、この限りでない。

> **施行規則第7条の2**
> 1　使用者は、労働者の同意を得た場合には、賃金の支払について次の方法によることができる。ただし、第三号に掲げる方法による場合には、当該労働者が第一号又は第二号に掲げる方法による賃金の支払を選択することができるようにするとともに、当該労働者に対し、第三号イからへまでに掲げる要件に関する事項について説明した上で、当該労働者の同意を得なければならない。
> ①当該労働者が指定する銀行その他の金融機関に対する当該労働者の預金又は貯金への振込み
> ②当該労働者が指定する金融商品取引業者（金融商品取引法（以下「金商法」という。）第2条第9項に規定する

金融商品取引業者（金商法第28条第1項に規定する第一種金融商品取引業を行う者に限り、金商法第29条の4の2第9項に規定する第一種少額電子募集取扱業者を除く。）をいう。以下この号において同じ。）に対する当該労働者の預り金（次の要件を満たすものに限る。）への払込み

イ　当該預り金により投資信託及び投資法人に関する法律第2条第4項の証券投資信託（以下この号において「証券投資信託」という。）の受益証券以外のものを購入しないこと。

ロ　当該預り金により購入する受益証券に係る投資信託及び投資法人に関する法律第4条第1項の投資信託約款に次の事項が記載されていること。

（1）信託財産の運用の対象は、次に掲げる有価証券（（2）において「有価証券」という。）、預金、手形、指定金銭信託及びコールローンに限られること。

（i）金商法第2条第1項第一号に掲げる有価証券

（ii）金商法第2条第1項第二号に掲げる有価証券

（iii）金商法第2条第1項第三号に掲げる有価証券

（iv）金商法第2条第1項第四号に掲げる有価証券（資産流動化計画に新優先出資の引受権のみを譲渡することができる旨の定めがない場合における新優先出資引受権付特定社債券を除く。）

（v）金商法第2条第1項第五号に掲げる有価証券（新株予約権付社債券を除く。）

（vi）金商法第2条第1項第十四号に規定する有価証券（銀行、協同組織金融機関の優先出資に関する法律第2条第1項に規定する協同組織金融機関及び金融商品取引法施行令第1条の9各号に掲げる金融機関又は信託会社の貸付債権を信託する信託（当該信託に係る契約の際における受益者が委託者であるものに限る。）又は指定金銭信託に係るものに限る。）

（vii）金商法第2条第1項第十五号に掲げる有価証券

（viii）金商法第2条第1項第十七号に掲げる有価証券（（i）から（vii）までに掲げる証券又は証書の性質を有するものに限る。）

（ix）金商法第2条第1項第十八号に掲げる有価証券

（x）金商法第2条第1項第二十一号に掲げる有価証券

（xi）金商法第2条第2項の規定により有価証券とみなされる権利（（i）から（ix）までに掲げる有価証券に表示されるべき権利に限る。）

（xii）銀行、協同組織金融機関の優先出資に関する法律第2条第1項に規定する協同組織金融機関及び金融商品取引法施行令第1条の9各号に掲げる金融機関又は信託会社の貸付債権を信託する信託（当該信託に係る契約の際における受益者が委託者であるものに限る。）の受益権

（xiii）外国の者に対する権利で（xii）に掲げるものの性質を有するもの

（2）信託財産の運用の対象となる有価証券、預金、手形、指定金銭信託及びコールローン（（3）及び（4）において「有価証券等」という。）は、償還又は満期までの期間（（3）において「残存期間」という。）が1年を超えないものであること。

（3）信託財産に組み入れる有価証券等の平均残存期間（一の有価証券等の残存期間に当該有価証券等の組入れ額を乗じて得た合計額を、当該有価証券等の組入れ額の合計額で除した期間をいう。）が90日を超えないこと。

（4）信託財産の総額のうちに一の法人その他の団体（（5）において「法人等」という。）が発行し、又は取り扱う有価証券等（国債証券、政府保証債（その元本の償還及び利息の支払について政府が保証する債券をいう。）及び返済までの期間（貸付けを行う当該証券投資信託の受託者である会社が休業している日を除く。）が5日以内のコールローン（（5）において「特定コールローン」という。）を除く。）の当該信託財産の総額の計算の基礎となつた価額の占める割合が、100分の5以下であること。

（5）信託財産の総額のうちに一の法人等が取り扱う特定コールローンの当該信託財産の総額の計算の基礎となった価額の占める割合が、100分の25以下であること。

ハ　当該預り金に係る投資約款（労働者と金融商品取引業者の間の預り金の取扱い及び受益証券の購入等に関する約款をいう。）に次の事項が記載されていること。

（1）当該預り金への払込みが1円単位でできること。

（2）預り金及び証券投資信託の受益権に相当する金額の払戻しが、その申出があつた日に、1円単位でできること。

③資金決済に関する法律第36条の2第2項に規定する第二種資金移動業を営む資金決済法第2条第3項に規定する資金移動業者であって、次に掲げる要件を満たすものとして厚生労働大臣の指定を受けた者（以下「指定資金移動業者」という。）のうち当該労働者が指定するものの第二種資金移動業に係る口座への資金移動

（以下　略）

2　使用者は、労働者の同意を得た場合には、退職手当の支払について前項に規定する方法によるほか、次の方法によることができる。

①銀行その他の金融機関によつて振り出された当該銀行その他の金融機関を支払人とする小切手を当該労働者に交付すること。

②銀行その他の金融機関が支払保証をした小切手を当該労働者に交付すること。

③郵政民営化法第94条に規定する郵便貯金銀行がその行う為替取引に関し負担する債務に係る権利を表章する証書を当該労働者に交付すること。

3　地方公務員に関して法第24条第1項の規定が適用される場合における前項の規定の適用については、同項第一号中「小切手」とあるのは、「小切手又は地方公共団体によって振り出された小切手」とする。

> **施行規則第8条**
> 　法第24条第2項但書の規定による臨時に支払われる賃金、賞与に準ずるものは次に掲げるものとする。
> ①1箇月を超える期間の出勤成績によって支給される精勤手当
> ②1箇月を超える一定期間の継続勤務に対して支給される勤続手当
> ③1箇月を超える期間にわたる事由によって算定される奨励加給又は能率手当

法第25条【非常時払】　→ P62
　使用者は、労働者が出産、疾病、災害その他厚生労働省令で定める非常の場合の費用に充てるために請求する場合においては、支払期日前であっても、既往の労働に対する賃金を支払わなければならない。

> **施行規則第9条**
> 　法第25条に規定する非常の場合は、次に掲げるものとする。
> ①労働者の収入によって生計を維持する者が出産し、疾病にかかり、又は災害をうけた場合
> ②労働者又はその収入によって生計を維持する者が結婚し、又は死亡した場合
> ③労働者又はその収入によって生計を維持する者がやむを得ない事由により1週間以上にわたって帰郷する場合

法第26条【休業手当】　→ P68
　使用者の責に帰すべき事由による休業の場合においては、使用者は、休業期間中当該労働者に、その平均賃金の100分の60以上の手当を支払わなければならない。

法第27条【出来高払制の保障給】　→ P64
　出来高払制その他の請負制で使用する労働者については、使用者は、労働時間に応じ一定額の賃金の保障をしなければならない。

法第28条【最低賃金】　→ P66
　賃金の最低基準に関しては、最低賃金法の定めるところによる。
（法第29～31条　削除）

法第4章　労働時間、休憩、休日及び年次有給休暇

法第32条【労働時間】　→ P86
①使用者は、労働者に、休憩時間を除き1週間について40時間を超えて、労働させてはならない。
②使用者は、1週間の各日については、労働者に、休憩時間を除き1日について8時間を超えて、労働させてはならない。

> **施行規則第25条の2**
> 1　使用者は、法別表第一第八号、第十号（映画の製作の事業を除く。）、第十三号及び第十四号に掲げる事業のうち常時10人未満の労働者を使用するものについては、法第32条の規定にかかわらず、1週間について44時間、1日について8時間まで労働させることができる。
> 2　使用者は、当該事業場に、労働者の過半数で組織する労働組合がある場合においてはその労働組合、労働者の過半数で組織する労働組合がない場合においては労働者の過半数を代表する者との書面による協定（労使委員会における委員の5分の4以上の多数による決議及び労働時間等設定改善法第7条第1項の労働時間等設定改善委員会における委員の5分の4以上の多数による決議を含む。以下この条において同じ。）により、又は就業規則その他これに準ずるものにより、1箇月以内の期間を平均し1週間当たりの労働時間が44時間を超えない定めをした場合においては、前項に規定する事業については同項の規定にかかわらず、その定めにより、特定された週において44時間又は特定された日において8時間を超えて、労働させることができる。
> 3　使用者は、就業規則その他これに準ずるものにより、その労働者に係る始業及び終業の時刻をその労働者の決定にゆだねることとした労働者については、当該事業場の労働者の過半数で組織する労働組合がある場合においてはその労働組合、労働者の過半数で組織する労働組合がない場合においては労働者の過半数を代表する者との書面による協定により、次に掲げる事項を定めたときは、その協定で第二号の清算期間として定められた期間を平均し1週間当たりの労働時間が44時間を超えない範囲において、第1項に規定する事業については同項の規定にかかわらず、1週間において44時間又は1日において8時間を超えて、労働させることができる。
> ①この項の規定による労働時間により労働させることとされる労働者の範囲
> ②清算期間（その期間を平均し1週間当たりの労働時間が44時間を超えない範囲内において労働させる期間をいい、1箇月以内の期間に限るものとする。次号において同じ。）

③清算期間における総労働時間

④標準となる1日の労働時間

⑤労働者が労働しなければならない時間帯を定める場合には、その時間帯の開始及び終了の時刻

⑥労働者がその選択により労働することができる時間帯に制限を設ける場合には、その時間帯の開始及び終了の時刻

4　第1項に規定する事業については、法第32条の4又は第32条の5の規定により労働者に労働させる場合には、前三項の規定は適用しない

法第32条の2　→ P90

1　使用者は、当該事業場に、労働者の過半数で組織する労働組合がある場合においてはその労働組合、労働者の過半数で組織する労働組合がない場合においては労働者の過半数を代表する者との書面による協定により、又は就業規則その他これに準ずるものにより、1箇月以内の一定の期間を平均し1週間当たりの労働時間が前条第1項の労働時間を超えない定めをしたときは、同条の規定にかかわらず、その定めにより、特定された週において同項の労働時間又は特定された日において同条第2項の労働時間を超えて、労働させることができる。

2　使用者は、厚生労働省令で定めるところにより、前項の協定を行政官庁に届け出なければならない。

> ### 施行規則第12条
> 　常時10人に満たない労働者を使用する使用者は、法第32条の2第1項又は法第35条第2項による定めをした場合（法第32条の2第1項の協定（法第38条の4第5項に規定する同条第1項の委員会（以下「労使委員会」という。）の決議（以下「労使委員会の決議」という。）及び労働時間等の設定の改善に関する特別措置法（以下「労働時間等設定改善法」という。）第7条に規定する労働時間等設定改善委員会の決議（以下「労働時間等設定改善委員会の決議」という。）を含む。）による定めをした場合を除く。）には、これを労働者に周知させるものとする。

> ### 施行規則第12条の2の2
> 1　法第32条の2第1項の協定（労働協約による場合を除き、労使委員会の決議及び労働時間等設定改善委員会の決議を含む。）には、有効期間の定めをするものとする。
> 2　法第32条の2第2項の規定による届出は、様式第三号の二により、所轄労働基準監督署長にしなければならない。

> ### 施行規則第12条の2
> 1　使用者は、法第32条の2から第32条の4までの規定により労働者に労働させる場合には、就業規則その他これに準ずるもの又は書面による協定（労使委員会の決議及び労働時間等設定改善委員会の決議を含む。）において、法第32条の2から第32条の4までにおいて規定する期間の起算日を明らかにするものとする。
> 2　使用者は、法第35条第2項の規定により労働者に休日を与える場合には、就業規則その他これに準ずるものにおいて、4日以上の休日を与えることとする4週間の起算日を明らかにするものとする。

> ### 施行規則第12条の6
> 　使用者は、法第32条の2、第32条の4又は第32条の5の規定により労働者に労働させる場合には、育児を行う者、老人等の介護を行う者、職業訓練又は教育を受ける者その他特別の配慮を要する者については、これらの者が育児等に必要な時間を確保できるような配慮をしなければならない。

> ### 施行規則第26条
> 　使用者は、法別表第一第四号に掲げる事業において列車、気動車又は電車に乗務する労働者で予備の勤務に就くものについては、1箇月以内の一定の期間を平均し1週間当たりの労働時間が40時間を超えない限りにおいて、法第32条の2第1項の規定にかかわらず、1週間について40時間、1日について8時間を超えて労働させることができる。

法第32条の3　→ P98

1　使用者は、就業規則その他これに準ずるものにより、その労働者に係る始業及び終業の時刻をその労働者の決定に委ねることとした労働者については、当該事業場の労働者の過半数で組織する労働組合がある場合においてはその労働組合、労働者の過半数で組織する労働組合がない場合においては労働者の過半数を代表する者との書面による協定により、次に掲げる事項を定めたときは、その協定で第二号の清算期間として定められた期間を平均し1週間当たりの労働時間が第32条第1項の労働時間を超えない範囲内において、同条の規定にかかわらず、1週間において同項の労働時間又は1日において同条第2項の労働時間を超えて、労働させることができる。

①この項の規定による労働時間により労働させることができることとされる労働者の範囲

②清算期間（その期間を平均し1週間当たりの労働時間が第32条第1項の労働時間を超えない範囲内にお

いて労働させる期間をいい、3箇月以内の期間に限るものとする。以下この条及び次条において同じ。）
③清算期間における総労働時間
④その他厚生労働省令で定める事項
2 清算期間が1箇月を超えるものである場合における前項の規定の適用については、同項各号列記以外の部分中「労働時間を超えない」とあるのは「労働時間を超えず、かつ、当該清算期間をその開始の日以後1箇月ごとに区分した各期間（最後に1箇月未満の期間を生じたときは、当該期間。以下この項において同じ。）ごとに当該各期間を平均し1週間当たりの労働時間が50時間を超えない」と、「同項」とあるのは「同条第1項」とする。
3 1週間の所定労働日数が5日の労働者について第1項の規定により労働させる場合における同項の規定の適用については、同項各号列記以外の部分（前項の規定により読み替えて適用する場合を含む。）中「第32条第1項の労働時間」とあるのは「第32条第1項の労働時間（当該事業場の労働者の過半数で組織する労働組合がある場合においてはその労働組合、労働者の過半数で組織する労働組合がない場合においては労働者の過半数を代表する者との書面による協定により、労働時間の限度について、当該清算期間における所定労働日数を同条第2項の労働時間に乗じて得た時間とする旨を定めたときは、当該清算期間における日数を7で除して得た数をもってその時間を除して得た時間）」と、「同項」とあるのは「同条第1項」とする。
4 前条第2項の規定は、第1項各号に掲げる事項を定めた協定について準用する。ただし、清算期間が1箇月以内のものであるときは、この限りでない。

法第32条の3の2
　使用者が、清算期間が1箇月を超えるものであるときの当該清算期間中の前条第1項の規定により労働させた期間が当該清算期間より短い労働者について、当該労働させた期間を平均し1週間当たり40時間を超えて労働させた場合においては、その超えた時間（第33条又は第36条第1項の規定により延長し、又は休日に労働させた時間を除く。）の労働については、第37条の規定の例により割増賃金を支払わなければならない。

> **施行規則第12条の3**
> 　法第32条の3第1項（同条第2項及び第3項の規定により読み替えて適用する場合を含む。以下この条において同じ。）第四号の厚生労働省令で定める事項は、次に掲げるものとする。
> ①標準となる1日の労働時間
> ②労働者が労働しなければならない時間帯を定める場合には、その時間帯の開始及び終了の時刻
> ③労働者がその選択により労働することができる時間帯に制限を設ける場合には、その時間帯の開始及び終了の時刻
> ④法第32条の3第1項第二号の清算期間が1箇月を超えるものである場合にあっては、同項の協定（労働協約による場合を除き、労使委員会の決議及び労働時間等設定改善委員会の決議を含む。）の有効期間の定め
> 2 　法第32条の3第4項において準用する法第32条の2第2項の規定による届出は、様式第三号の三により、所轄労働基準監督署長にしなければならない。

法第32条の4　→ P92
1 使用者は、当該事業場に、労働者の過半数で組織する労働組合がある場合においてはその労働組合、労働者の過半数で組織する労働組合がない場合においては労働者の過半数を代表する者との書面による協定により、次に掲げる事項を定めたときは、第32条の規定にかかわらず、その協定で第二号の対象期間として定められた期間を平均し1週間当たりの労働時間が40時間を超えない範囲内において、当該協定（次項の規定による定めをした場合においては、その定めを含む。）で定めるところにより、特定された週において同条第1項の労働時間又は特定された日において同条第2項の労働時間を超えて、労働させることができる。
①この条の規定による労働時間により労働させることができることとされる労働者の範囲
②対象期間（その期間を平均し1週間当たりの労働時間が40時間を超えない範囲内において労働させる期間をいい、1箇月を超え1年以内の期間に限るものとする。以下この条及び次条において同じ。）
③特定期間（対象期間中の特に業務が繁忙な期間をいう。第3項において同じ。）
④対象期間における労働日及び当該労働日ごとの労働時間（対象期間を1箇月以上の期間ごとに区分することとした場合においては、当該区分による各期間のうち当該対象期間の初日の属する期間（以下この条において「最初の期間」という。）における労働日及び当該労働日ごとの労働時間並びに当該最初の期間を除く各期間における労働日数及び総労働時間）
⑤その他厚生労働省令で定める事項
2 使用者は、前項の協定で同項第四号の区分をし当該区分による各期間のうち最初の期間を除く各期間における労働日数及び総労働時間を定めたときは、当該各期間の初日の少なくとも30日前に、当該事業場

に、労働者の過半数で組織する労働組合がある場合においてはその労働組合、労働者の過半数で組織する労働組合がない場合においては労働者の過半数を代表する者の同意を得て、厚生労働省令で定めるところにより、当該労働日数を超えない範囲内において当該各期間における労働日及び当該総労働時間を超えない範囲内において当該各期間における労働日ごとの労働時間を定めなければならない。

3　厚生労働大臣は、労働政策審議会の意見を聴いて、厚生労働省令で、対象期間における労働日数の限度並びに1日及び1週間の労働時間の限度並びに対象期間（第1項の協定で特定期間として定められた期間を除く。）及び同項の協定で特定期間として定められた期間における連続して労働させる日数の限度を定めることができる。

4　第32条の2第2項の規定は、第1項の協定について準用する。

> **施行規則第12条の4**
>
> 1　法第32条の4第1項の協定（労働協約による場合を除き、労使委員会の決議及び労働時間等設定改善委員会の決議を含む。）において定める同項第五号の厚生労働省令で定める事項は、有効期間の定めとする。
>
> 2　使用者は、法第32条の4第2項の規定による定めは、書面により行わなければならない。
>
> 3　法第32条の4第3項の厚生労働省令で定める労働日数の限度は、同条第1項第二号の対象期間（以下この条において「対象期間」という。）が3箇月を超える場合は対象期間について1年当たり280日とする。ただし、対象期間が3箇月を超える場合において、当該対象期間の初日の前1年以内の日を含む3箇月を超える期間を対象期間として定める法第32条の4第1項の協定（労使委員会の決議及び労働時間等設定改善委員会の決議を含む。）（複数ある場合においては直近の協定（労使委員会の決議及び労働時間等設定改善委員会の決議を含む。以下この項において「旧協定」という。）があつた場合において、当該対象期間の労働時間のうち最も長いものが旧協定の定める1日の労働時間のうち最も長いもの若しくは9時間のいずれか長い時間を超え、又は1週間の労働時間のうち最も長いものが旧協定の定める1週間の労働時間のうち最も長いもの若しくは48時間のいずれか長い時間を超えるときは、旧協定の定める対象期間について1年当たりの労働日数から1日を減じた日数又は280日のいずれか少ない日数とする。
>
> 4　法第32条の4第3項の厚生労働省令で定める一日の労働時間の限度は10時間とし、1週間の労働時間の限度は52時間とする。この場合において、対象期間が3箇月を超えるときは、次の各号のいずれにも適合しなければならない。
>
> ①対象期間において、その労働時間が48時間を超える週が連続する場合の週数が3以下であること。
>
> ②対象期間をその初日から3箇月ごとに区分した各期間（3箇月未満の期間を生じたときは、当該期間）において、その労働時間が48時間を超える週の初日の数が3以下であること。
>
> 5　法第32条の4第3項の厚生労働省令で定める対象期間における連続して労働させる日数の限度は6日とし、同条第1項の協定（労使委員会の決議及び労働時間等設定改善委員会の決議を含む。）で特定期間として定められた期間における連続して労働させる日数の限度は1週間に1日の休日が確保できる日数とする。
>
> 6　法第32条の4第4項において準用する法第32条の2第2項の規定による届出は、様式第四号により、所轄労働基準監督署長にしなければならない。

法第32条の4の2

使用者が、対象期間中の前条の規定により労働させた期間が当該対象期間より短い労働者について、当該労働させた期間を平均し1週間当たり40時間を超えて労働させた場合においては、その超えた時間（第33条又は第36条第1項の規定により延長し、又は休日に労働させた時間を除く。）の労働については、第37条の規定の例により割増賃金を支払わなければならない。

法第32条の5　→ P96

1　使用者は、日ごとの業務に著しい繁閑の差が生ずることが多く、かつ、これを予測した上で就業規則その他これに準ずるものにより各日の労働時間を特定することが困難であると認められる厚生労働省令で定める事業であって、常時使用する労働者の数が厚生労働省令で定める数未満のものに従事する労働者については、当該事業場に、労働者の過半数で組織する労働組合がある場合においてはその労働組合、労働者の過半数で組織する労働組合がない場合においては労働者の過半数を代表する者との書面による協定があるときは、第32条第2項の規定にかかわらず、1日について10時間まで労働させることができる。

2　使用者は、前項の規定により労働者に労働させる場合においては、厚生労働省令で定めるところにより、当該労働させる1週間の各日の労働時間を、あらかじめ、当該労働者に通知しなければならない。

3　第32条の2第2項の規定は、第1項の協定について準用する。

> **施行規則第12条の5**
>
> 1　法第32条の5第1項の厚生労働省令で定める事業は、小売業、旅館、料理店及び飲食店の事業とする。
>
> 2　法第32条の5第1項の厚生労働省令で定める数は、30人とする。
>
> 3　法第32条の5第2項の規定による1週間の各日の労働時間の通知は、少なくとも、当該1週間の開始する前に、書面により行わなければならない。ただし、緊急でやむを得ない事由がある場合には、使用者は、あらかじめ通知

した労働時間を変更しようとする日の前日までに書面により当該労働者に通知することにより、当該あらかじめ通知した労働時間を変更することができる。
　　4　法第32条の5第3項において準用する法第32条の2第2項の規定による届出は、様式第五号により、所轄労働基準監督署長にしなければならない。
　　5　使用者は、法第32条の5の規定により労働者に労働させる場合において、1週間の各日の労働時間を定めるに当たっては、労働者の意思を尊重するよう努めなければならない。

法第33条【災害等による臨時の必要がある場合の時間外労働等】

1　災害その他避けることのできない事由によって、臨時の必要がある場合においては、使用者は、行政官庁の許可を受けて、その必要の限度において第32条から前条まで若しくは第40条の労働時間を延長し、又は第35条の休日に労働させることができる。ただし、事態急迫のために行政官庁の許可を受ける暇がない場合においては、事後に遅滞なく届け出なければならない。

> **施行規則第13条**
> 　1　法第33条第1項本文の規定による許可は、所轄労働基準監督署長から受け、同条同項但書の規定による届出は、所轄労働基準監督署長にしなければならない。
> 　2　前項の許可又は届出は、様式第六号によるものとする。

2　前項ただし書の規定による届出があった場合において、行政官庁がその労働時間の延長又は休日の労働を不適当と認めるときは、その後にその時間に相当する休憩又は休日を与えるべきことを、命ずることができる。

> **施行規則第14条**
> 　法第33条第2項の規定による命令は、様式第七号による文書で所轄労働基準監督署長がこれを行う。

3　公務のために臨時の必要がある場合においては、第1項の規定にかかわらず、官公署の事業（別表第一に掲げる事業を除く。）に従事する国家公務員及び地方公務員については、第32条から前条まで若しくは第40条の労働時間を延長し、又は第35条の休日に労働させることができる。

> **施行規則第20条**
> 　1　法第33条又は法第36条第1項の規定によって延長した労働時間が午後10時から午前5時（厚生労働大臣が必要であると認める場合は、その定める地域又は期間については午後11時から午前6時）までの間に及ぶ場合においては、使用者はその時間の労働については、第19条第1項各号の金額にその労働時間数を乗じた金額の5割以上（その時間の労働のうち、1箇月について60時間を超える労働時間の延長に係るものについては、7割5分以上）の率で計算した割増賃金を支払わなければならない。
> 　2　法第33条又は法第36条第1項の規定による休日の労働時間が午後10時から午前5時（厚生労働大臣が必要であると認める場合は、その定める地域又は期間については午後11時から午前6時）までの間に及ぶ場合においては、使用者はその時間の労働については、前条第1項各号の金額にその労働時間数を乗じた金額の6割以上の率で計算した割増賃金を支払わなければならない。

法第34条【休憩】　→ P110

1　使用者は、労働時間が6時間を超える場合においては少くとも45分、8時間を超える場合においては少くとも1時間の休憩時間を労働時間の途中に与えなければならない。
2　前項の休憩時間は、一斉に与えなければならない。ただし、当該事業場に、労働者の過半数で組織する労働組合がある場合においてはその労働組合、労働者の過半数で組織する労働組合がない場合においては労働者の過半数を代表する者との書面による協定があるときは、この限りでない。

> **施行規則第15条**
> 　1　使用者は、法第34条第2項ただし書の協定をする場合には、一斉に休憩を与えない労働者の範囲及び当該労働者に対する休憩の与え方について、協定しなければならない。
> 　2　前項の規定は、労使委員会の決議及び労働時間等設定改善委員会の決議について準用する。

3　使用者は、第1項の休憩時間を自由に利用させなければならない。

> **施行規則第32条**
> 　1　使用者は、法別表第一第四号に掲げる事業又は郵便若しくは信書便の事業に使用される労働者のうち列車、気動車、電車、自動車、船舶又は航空機に乗務する機関手、運転手、操縦士、車掌、列車掛、荷扱手、列車手、給仕、暖冷房乗務員及び電源乗務員（以下単に「乗務員」という。）で長距離にわたり継続して乗務するもの並びに同表第十一号に掲げる事業に使用される労働者で屋内勤務者30人未満の日本郵便株式会社の営業所（簡易郵便局法第2条に規定する郵便窓口業務を行うものに限る。）において郵便の業務に従事するものについては、法第34条の規

定にかかわらず、休憩時間を与えないことができる。

2　使用者は、乗務員で前項の規定に該当しないものについては、その者の従事する業務の性質上、休憩時間を与えることができないと認められる場合において、その勤務中における停車時間、折返しによる待合せ時間その他の時間の合計が法第34条第1項に規定する休憩時間に相当するときは、同条の規定にかかわらず、休憩時間を与えないことができる。

施行規則第33条
1　法第34条第3項の規定は、左の各号の一に該当する労働者については適用しない。
①警察官、消防吏員、常勤の消防団員及び児童自立支援施設に勤務する職員で児童と起居をともにする者
②乳児院、児童養護施設及び障害児入所施設に勤務する職員で児童と起居をともにする者
2　前項第二号に掲げる労働者を使用する使用者は、その員数、収容する児童数及び勤務の態様について、様式第十三号の五によって、予め所轄労働基準監督署長の許可を受けなければならない。

法第35条【休日】　→ P108
1　使用者は、労働者に対して、毎週少くとも1回の休日を与えなければならない。
2　前項の規定は、4週間を通じ4日以上の休日を与える使用者については適用しない。

法第36条【時間外及び休日の労働】　→ P102
1　使用者は、当該事業場に、労働者の過半数で組織する労働組合がある場合においてはその労働組合、労働者の過半数で組織する労働組合がない場合においては労働者の過半数を代表する者との書面による協定をし、厚生労働省令で定めるところによりこれを行政官庁に届け出た場合においては、第32条から第32条の5まで若しくは第40条の労働時間（以下この条において「労働時間」という。）又は前条の休日（以下この条において「休日」という。）に関する規定にかかわらず、その協定で定めるところによって労働時間を延長し、又は休日に労働させることができる。

施行規則第16条
1　法第36条第1項の規定による届出は、様式第九号（同条第5項に規定する事項に関する定めをする場合にあっては、様式第九号の二）により、所轄労働基準監督署長にしなければならない。
2　前項にかかわらず、法第36条第11項に規定する業務についての同条第1項の規定による届出は、様式第九号の三により、所轄労働基準監督署長にしなければならない。
3　法第36条第1項の協定（労使委員会の決議及び労働時間等設定改善委員会の決議を含む。以下この項において同じ。）を更新しようとするときは、使用者は、その旨の協定を所轄労働基準監督署長に届け出ることによって、前2項の届出に代えることができる。

施行規則第17条
1　法第36条第2項第五号の厚生労働省令で定める事項は、次に掲げるものとする。ただし、第四号から第七号までの事項については、同条第1項の協定に同条第5項に規定する事項に関する定めをしない場合においては、この限りでない。
①法第36条第1項の協定（労働協約による場合を除く。）の有効期間の定め
②法第36条第2項第四号の1年の起算日
③法第36条第6項第二号及び第三号に定める要件を満たすこと。
④法第36条第3項の限度時間（以下この項において「限度時間」という。）を超えて労働させることができる場合
⑤限度時間を超えて労働させる労働者に対する健康及び福祉を確保するための措置
⑥限度時間を超えた労働に係る割増賃金の率
⑦限度時間を超えて労働させる場合における手続
2　使用者は、前項第五号に掲げる措置の実施状況に関する記録を同項第一号の有効期間中及び当該有効期間の満了後5年間保存しなければならない。
3　前項の規定は、労使委員会の決議及び労働時間等設定改善委員会の決議について準用する。

施行規則第18条
　法第36条第6項第一号の厚生労働省令で定める健康上特に有害な業務は、次に掲げるものとする。
①多量の高熱物体を取り扱う業務及び著しく暑熱な場所における業務
②多量の低温物体を取り扱う業務及び著しく寒冷な場所における業務
③ラジウム放射線、エックス線その他の有害放射線にさらされる業務
④土石、獣毛等のじんあい又は粉末を著しく飛散する場所における業務
⑤異常気圧下における業務
⑥削岩機、鋲打機等の使用によって身体に著しい振動を与える業務
⑦重量物の取扱い等重激なる業務

⑧ボイラー製造等強烈な騒音を発する場所における業務
⑨鉛、水銀、クロム、砒素、黄りん、弗素、塩素、塩酸、硝酸、亜硫酸、硫酸、一酸化炭素、二硫化炭素、青酸、ベンゼン、アニリン、その他これに準ずる有害物の粉じん、蒸気又はガスを発散する場所における業務
⑩前各号のほか、厚生労働大臣の指定する業務

2　前項の協定においては、次に掲げる事項を定めるものとする。
①この条の規定により労働時間を延長し、又は休日に労働させることができることとされる労働者の範囲
②対象期間（この条の規定により労働時間を延長し、又は休日に労働させることができる期間をいい、1年間に限るものとする。第四号及び第6項第三号において同じ。）
③労働時間を延長し、又は休日に労働させることができる場合
④対象期間における1日、1箇月及び1年のそれぞれの期間について労働時間を延長して労働させることができる時間又は労働させることができる休日の日数
⑤労働時間の延長及び休日の労働を適正なものとするために必要な事項として厚生労働省令で定める事項
3　前項第四号の労働時間を延長して労働させることができる時間は、当該事業場の業務量、時間外労働の動向その他の事情を考慮して通常予見される時間外労働の範囲内において、限度時間を超えない時間に限る。
4　前項の限度時間は、1箇月について45時間及び1年について360時間（第32条の4第1項第二号の対象期間として3箇月を超える期間を定めて同条の規定により労働させる場合にあっては、1箇月について42時間及び1年について320時間）とする。
5　第1項の協定においては、第2項各号に掲げるもののほか、当該事業場における通常予見することのできない業務量の大幅な増加等に伴い臨時的に第3項の限度時間を超えて労働させる必要がある場合において、1箇月について労働時間を延長して労働させ、及び休日において労働させることができる時間（第2項第四号に関して協定した時間を含め100時間未満の範囲内に限る。）並びに1年について労働時間を延長して労働させることができる時間(同号に関して協定した時間を含め720時間を超えない範囲内に限る。)を定めることができる。この場合において、第1項の協定に、併せて第2項第二号の対象期間において労働時間を延長して労働させる時間が1箇月について45時間（第32条の4第1項第二号の対象期間として3箇月を超える期間を定めて同条の規定により労働させる場合にあっては、1箇月について42時間）を超えることができる月数（1年について6箇月以内に限る。）を定めなければならない。
6　使用者は、第1項の協定で定めるところによって労働時間を延長して労働させ、又は休日において労働させる場合であっても、次の各号に掲げる時間について、当該各号に定める要件を満たすものとしなければならない。
①坑内労働その他厚生労働省令で定める健康上特に有害な業務について、1日について労働時間を延長して労働させた時間2時間を超えないこと。
②1箇月について労働時間を延長して労働させ、及び休日において労働させた時間100時間未満であること。
③対象期間の初日から1箇月ごとに区分した各期間に当該各期間の直前の1箇月、2箇月、3箇月、4箇月及び5箇月の期間を加えたそれぞれの期間における労働時間を延長して労働させ、及び休日において労働させた時間の1箇月当たりの平均時間80時間を超えないこと。
7　厚生労働大臣は、労働時間の延長及び休日の労働を適正なものとするため、第1項の協定で定める労働時間の延長及び休日の労働について留意すべき事項、当該労働時間の延長に係る割増賃金の率その他の必要な事項について、労働者の健康、福祉、時間外労働の動向その他の事情を考慮して指針を定めることができる。
8　第1項の協定をする使用者及び労働組合又は労働者の過半数を代表する者は、当該協定で労働時間の延長及び休日の労働を定めるに当たり、当該協定の内容が前項の指針に適合したものとなるようにしなければならない。
9　行政官庁は、第7項の指針に関し、第1項の協定をする使用者及び労働組合又は労働者の過半数を代表する者に対し、必要な助言及び指導を行うことができる。
10　前項の助言及び指導を行うに当たっては、労働者の健康が確保されるよう特に配慮しなければならない。
11　第3項から第5項まで及び第6項（第二号及び第三号に係る部分に限る。）の規定は、新たな技術、商品又は役務の研究開発に係る業務については適用しない。

法第37条【時間外、休日及び深夜の割増賃金】　→P72・P74
1　使用者が、第33条又は前条第1項の規定により労働時間を延長し、又は休日に労働させた場合においては、その時間又はその日の労働については、通常の労働時間又は労働日の賃金の計算額の2割5分以上5割以下の範囲内でそれぞれ政令で定める率以上の率で計算した割増賃金を支払わなければならない。た

だし、当該延長して労働させた時間が１箇月について60時間を超えた場合においては、その超えた時間の労働については、通常の労働時間の賃金の計算額の５割以上の率で計算した割増賃金を支払わなければならない。

施行規則第19条

１　法第37条第１項の規定による通常の労働時間又は通常の労働日の賃金の計算額は、次の各号の金額に法第33条若しくは法第36条第１項の規定によって延長した労働時間数若しくは休日の労働時間数又は午後10時から午前５時（厚生労働大臣が必要であると認める場合には、その定める地域又は期間については午後11時から午前６時）までの労働時間数を乗じた金額とする。

①時間によって定められた賃金については、その金額

②日によって定められた賃金については、その金額を１日の所定労働時間数（日によつて所定労働時間数が異る場合には、１週間における１日平均所定労働時間数）で除した金額

③週によって定められた賃金については、その金額を週における所定労働時間数（週によつて所定労働時間数が異る場合には、４週間における１週平均所定労働時間数）で除した金額

④月によって定められた賃金については、その金額を月における所定労働時間数（月によつて所定労働時間数が異る場合には、１年間における１月平均所定労働時間数）で除した金額

⑤月、週以外の一定の期間によって定められた賃金については、前各号に準じて算定した金額

⑥出来高払制その他の請負制によって定められた賃金については、その賃金算定期間（賃金締切日がある場合には、賃金締切期間、以下同じ）において出来高払制その他の請負制によつて計算された賃金の総額を当該賃金算定期間における、総労働時間数で除した金額

⑦労働者の受ける賃金が前各号の二以上の賃金よりなる場合には、その部分について各号によってそれぞれ算定した金額の合計額

２　休日手当その他前項各号に含まれない賃金は、前項の計算においては、これを月によって定められた賃金とみなす。

２　前項の政令は、労働者の福祉、時間外又は休日の労働の動向その他の事情を考慮して定めるものとする。

３　使用者が、当該事業場に、労働者の過半数で組織する労働組合があるときはその労働組合、労働者の過半数で組織する労働組合がないときは労働者の過半数を代表する者との書面による協定により、第一項ただし書の規定により割増賃金を支払うべき労働者に対して、当該割増賃金の支払に代えて、通常の労働時間の賃金が支払われる休暇（第39条の規定による有給休暇を除く。）を厚生労働省令で定めるところにより与えることを定めた場合において、当該労働者が当該休暇を取得したときは、当該労働者の同項ただし書に規定する時間を超えた時間の労働のうち当該取得した休暇に対応するものとして厚生労働省令で定める時間の労働については、同項ただし書の規定による割増賃金を支払うことを要しない。

施行規則第19条の2

１　使用者は、法第37条第３項の協定（労使委員会の決議、労働時間等設定改善委員会の決議及び労働時間等設定改善法第７条の２に規定する労働時間等設定改善企業委員会の決議を含む。）をする場合には、次に掲げる事項について、協定しなければならない。

①法第37条第３項の休暇（以下「代替休暇」という。）として与えることができる時間の時間数の算定方法

②代替休暇の単位（１日又は半日（代替休暇以外の通常の労働時間の賃金が支払われる休暇と合わせて与えることができる旨を定めた場合においては、当該休暇と合わせた１日又は半日を含む。）とする。）

③代替休暇を与えることができる期間（法第33条又は法第36条第１項の規定によって延長して労働させた時間が１箇月について60時間を超えた当該１箇月の末日の翌日から２箇月以内とする。）

２　前項第一号の算定方法は、法第33条又は法第36条第１項の規定によって１箇月について60時間を超えて延長して労働させた時間の時間数に、労働者が代替休暇を取得しなかった場合に当該時間の労働について法第37条第１項ただし書の規定により支払うこととされている割増賃金の率と、労働者が代替休暇を取得した場合に当該時間の労働について同項本文の規定により支払うこととされている割増賃金の率との差に相当する率（次項において「換算率」という。）を乗じるものとする。

３　法第37条第３項の厚生労働省令で定める時間は、取得した代替休暇の時間数を換算率で除して得た時間数の時間とする。

４　使用者が、午後10時から午前５時まで（厚生労働大臣が必要であると認める場合においては、その定める地域又は期間については午後11時から午前６時まで）の間において労働させた場合においては、その時間の労働については、通常の労働時間の賃金の計算額の２割５分以上の率で計算した割増賃金を支払わなければならない。

５　第１項及び前項の割増賃金の基礎となる賃金には、家族手当、通勤手当その他厚生労働省令で定める

賃金は算入しない。

> **施行規則第21条**
> 　法第37条第5項の規定によって、家族手当及び通勤手当のほか、次に掲げる賃金は、同条第1項及び第4項の割増賃金の基礎となる賃金には算入しない。
> ①別居手当
> ②子女教育手当
> ③住宅手当
> ④臨時に支払われた賃金
> ⑤1箇月を超える期間ごとに支払われる賃金

法第38条【時間計算】

1　労働時間は、事業場を異にする場合においても、労働時間に関する規定の適用については通算する。

2　坑内労働については、労働者が坑口に入った時刻から坑口を出た時刻までの時間を、休憩時間を含め労働時間とみなす。但し、この場合においては、第34条第2項及び第3項の休憩に関する規定は適用しない。

> **施行規則第24条**
> 　使用者が一団として入坑及び出坑する労働者に関し、その入坑開始から入坑終了までの時間について様式第十一号によって所轄労働基準監督署長の許可を受けた場合には、法第38条第2項の規定の適用については、入坑終了から出坑終了までの時間を、その団に属する労働者の労働時間とみなす。

法第38条の2　→ P112

1　労働者が労働時間の全部又は一部について事業場外で業務に従事した場合において、労働時間を算定し難いときは、所定労働時間労働したものとみなす。ただし、当該業務を遂行するためには通常所定労働時間を超えて労働することが必要となる場合においては、当該業務に関しては、厚生労働省令で定めるところにより、当該業務の遂行に通常必要とされる時間労働したものとみなす。

2　前項ただし書の場合において、当該業務に関し、当該事業場に、労働者の過半数で組織する労働組合があるときはその労働組合、労働者の過半数で組織する労働組合がないときは労働者の過半数を代表する者との書面による協定があるときは、その協定で定める時間を同項ただし書の当該業務の遂行に通常必要とされる時間とする。

3　使用者は、厚生労働省令で定めるところにより、前項の協定を行政官庁に届け出なければならない。

> **施行規則第24条の2**
> 　1　法第38条の2第1項の規定は、法第四章の労働時間に関する規定の適用に係る労働時間の算定について適用する。
> 　2　法第38条の2第2項の協定（労働協約による場合を除き、労使委員会の決議及び労働時間等設定改善委員会の決議を含む。）には、有効期間の定めをするものとする。
> 　3　法第38条の2第3項の規定による届出は、様式第十二号により、所轄労働基準監督署長にしなければならない。ただし、同条第2項の協定で定める時間が法第32条又は第40条に規定する労働時間以下である場合には、当該協定を届け出ることを要しない。
> 　4　使用者は、法第38条の2第2項の協定の内容を法第36条第1項の規定による届出（労使委員会の決議の届出及び労働時間等設定改善委員会の決議の届出を除く。）に付記して所轄労働基準監督署長に届け出ることによって、前項の届出に代えることができる。

法第38条の3　→ P114

1　使用者が、当該事業場に、労働者の過半数で組織する労働組合があるときはその労働組合、労働者の過半数で組織する労働組合がないときは労働者の過半数を代表する者との書面による協定により、次に掲げる事項を定めた場合において、労働者を第一号に掲げる業務に就かせたときは、当該労働者は、厚生労働省令で定めるところにより、第二号に掲げる時間労働したものとみなす。

①業務の性質上その遂行の方法を大幅に当該業務に従事する労働者の裁量にゆだねる必要があるため、当該業務の遂行の手段及び時間配分の決定等に関し使用者が具体的な指示をすることが困難なものとして厚生労働省令で定める業務のうち、労働者に就かせることとする業務（以下この条において「対象業務」という。）

②対象業務に従事する労働者の労働時間として算定される時間

③対象業務の遂行の手段及び時間配分の決定等に関し、当該対象業務に従事する労働者に対し使用者が具体的な指示をしないこと。

④対象業務に従事する労働者の労働時間の状況に応じた当該労働者の健康及び福祉を確保するための措置

を当該協定で定めるところにより使用者が講ずること。

⑤対象業務に従事する労働者からの苦情の処理に関する措置を当該協定で定めるところにより使用者が講ずること。

⑥前各号に掲げるもののほか、厚生労働省令で定める事項

2　前条第3項の規定は、前項の協定について準用する。

施行規則第24条の2の2

1　法第38条の3第1項の規定は、法第四章の労働時間に関する規定の適用に係る労働時間の算定について適用する。

2　法第38条の3第1項第一号の厚生労働省令で定める業務は、次のとおりとする。

①新商品若しくは新技術の研究開発又は人文科学若しくは自然科学に関する研究の業務

②情報処理システム（電子計算機を使用して行う情報処理を目的として複数の要素が組み合わされた体系であってプログラムの設計の基本となるものをいう。）の分析又は設計の業務

③新聞若しくは出版の事業における記事の取材若しくは編集の業務又は放送法第2条第二十七号に規定する放送番組（以下「放送番組」という。）の制作のための取材若しくは編集の業務

④衣服、室内装飾、工業製品、広告等の新たなデザインの考案の業務

⑤放送番組、映画等の制作の事業におけるプロデューサー又はディレクターの業務

⑥前各号のほか、厚生労働大臣の指定する業務

3　法第38条の3第1項第六号の厚生労働省令で定める事項は、次に掲げるものとする。

①使用者は、法第38条の3第1項の規定により労働者を同項第一号に掲げる業務に就かせたときは同項第二号に掲げる時間労働したものとみなすことについて当該労働者の同意を得なければならないこと及び当該同意をしなかった当該労働者に対して解雇その他不利益な取扱いをしてはならないこと。

②前号の同意の撤回に関する手続

③法第38条の3第1項に規定する協定（労働協約による場合を除き、労使委員会の決議及び労働時間等設定改善委員会の決議を含む。）の有効期間の定め

④使用者は、次に掲げる事項に関する労働者ごとの記録を前号の有効期間中及び当該有効期間の満了後5年間保存すること。

イ　法第38条の3第1項第四号に規定する労働者の労働時間の状況並びに当該労働者の健康及び福祉を確保するための措置の実施状況

ロ　法第38条の3第1項第五号に規定する労働者からの苦情の処理に関する措置の実施状況

ハ　第一号の同意及びその撤回

4　法第38条の3第2項において準用する法第38条の2第3項の規定による届出は、様式第十三号により、所轄労働基準監督署長にしなければならない。

施行規則第24条の2の2の2

使用者は、前条第3項第四号イからハまでに掲げる事項に関する労働者ごとの記録を作成し、同項第三号の有効期間中及び当該有効期間の満了後5年間保存しなければならない。

法第38条の4　→ P116

1　賃金、労働時間その他の当該事業場における労働条件に関する事項を調査審議し、事業主に対し当該事項について意見を述べることを目的とする委員会（使用者及び当該事業場の労働者を代表する者を構成員とするものに限る。）が設置された事業場において、当該委員会がその委員の5分の4以上の多数による議決により次に掲げる事項に関する決議をし、かつ、使用者が、厚生労働省令で定めるところにより当該決議を行政官庁に届け出た場合において、第二号に掲げる労働者の範囲に属する労働者を当該事業場における第一号に掲げる業務に就かせたときは、当該労働者は、厚生労働省令で定めるところにより、第三号に掲げる時間労働したものとみなす。

①事業の運営に関する事項についての企画、立案、調査及び分析の業務であって、当該業務の性質上これを適切に遂行するにはその遂行の方法を大幅に労働者の裁量に委ねる必要があるため、当該業務の遂行の手段及び時間配分の決定等に関し使用者が具体的な指示をしないこととする業務（以下この条において「対象業務」という。）

②対象業務を適切に遂行するための知識、経験等を有する労働者であって、当該対象業務に就かせたときは当該決議で定める時間労働したものとみなされることとなるものの範囲

③対象業務に従事する前号に掲げる労働者の範囲に属する労働者の労働時間として算定される時間

④対象業務に従事する第二号に掲げる労働者の範囲に属する労働者の労働時間の状況に応じた当該労働者の健康及び福祉を確保するための措置を当該決議で定めるところにより使用者が講ずること。

⑤対象業務に従事する第二号に掲げる労働者の範囲に属する労働者からの苦情の処理に関する措置を当該

決議で定めるところにより使用者が講ずること。

⑥使用者は、この項の規定により第二号に掲げる労働者の範囲に属する労働者を対象業務に就かせたときは第三号に掲げる時間労働したものとみなすことについて当該労働者の同意を得なければならないこと及び当該同意をしなかつた当該労働者に対して解雇その他不利益な取扱いをしてはならないこと。

⑦前各号に掲げるもののほか、厚生労働省令で定める事項

> **施行規則第24条の2の3**
> 1　法第38条の4第1項の規定による届出は、様式第十三号の二により、所轄労働基準監督署長にしなければならない。
> 2　法第38条の4第1項の規定は、法第四章の労働時間に関する規定の適用に係る労働時間の算定について適用する。
> 3　法第38条の4第1項第七号の厚生労働省令で定める事項は、次に掲げるものとする。
> ①法第38条の4第1項第一号に掲げる業務に従事する同項第二号に掲げる労働者の範囲に属する労働者（次号及び第24条の2の4第4項において「対象労働者」という。）の法第38条の4第1項第六号の同意の撤回に関する手続
> ②使用者は、対象労働者に適用される評価制度及びこれに対応する賃金制度を変更する場合にあっては、労使委員会に対し、当該変更の内容について説明を行うこと。
> ③法第38条の4第1項に規定する決議の有効期間の定め
> ④使用者は、次に掲げる事項に関する労働者ごとの記録を前号の有効期間中及び当該有効期間の満了後5年間保存すること。
> イ　法第38条の4第1項第四号に規定する労働者の労働時間の状況並びに当該労働者の健康及び福祉を確保するための措置の実施状況
> ロ　法第38条の4第1項第五号に規定する労働者からの苦情の処理に関する措置の実施状況
> ハ　法第38条の4第1項第六号の同意及びその撤回

> **施行規則第24条の2の3の2**
> 　使用者は、前条第3項第四号イからハまでに掲げる事項に関する労働者ごとの記録を作成し、同項第三号の有効期間中及び当該有効期間の満了後5年間保存しなければならない。

2　前項の委員会は、次の各号に適合するものでなければならない。

①当該委員会の委員の半数については、当該事業場に、労働者の過半数で組織する労働組合がある場合においてはその労働組合、労働者の過半数で組織する労働組合がない場合においては労働者の過半数を代表する者に厚生労働省令で定めるところにより任期を定めて指名されていること。

②当該委員会の議事について、厚生労働省令で定めるところにより、議事録が作成され、かつ、保存されるとともに、当該事業場の労働者に対する周知が図られていること。

③前二号に掲げるもののほか、厚生労働省令で定める要件

> **施行規則第24条の2の4**
> 1　法第38条の4第2項第一号の規定による指名は、法第41条第二号に規定する監督又は管理の地位にある者以外の者について行わなければならず、また、使用者の意向に基づくものであってはならない。
> 2　法第38条の4第2項第二号の規定による議事録の作成及び保存については、使用者は、労使委員会の開催の都度その議事録を作成して、これをその開催の日（法第38条の4第1項に規定する決議及び労使委員会の決議並びに第25条の2に規定する労使委員会における委員の5分の4以上の多数による議決による決議（第七項において「労使委員会の決議等」という。）が行われた会議の議事録にあっては、当該決議に係る書面の完結の日（第56条第1項第五号の完結の日をいう。））から起算して5年間保存しなければならない。
> 3　法第38条の4第2項第二号の規定による議事録の周知については、使用者は、労使委員会の議事録を、次に掲げるいずれかの方法によって、当該事業場の労働者に周知させなければならない。
> ①常時各作業場の見やすい場所へ掲示し、又は備え付けること。
> ②書面を労働者に交付すること。
> ③磁気テープ、磁気ディスクその他これらに準ずる物に記録し、かつ、各作業場に労働者が当該記録の内容を常時確認できる機器を設置すること。
> 4　法第38条の4第2項第三号の厚生労働省令で定める要件は、労使委員会の運営に関する事項として次に掲げるものに関する規程が定められていることとする。
> イ　労使委員会の招集、定足数及び議事に関する事項
> ロ　対象労働者に適用される評価制度及びこれに対応する賃金制度の内容の使用者からの説明に関する事項
> ハ　制度の趣旨に沿った適正な運用の確保に関する事項
> ニ　開催頻度を6箇月以内ごとに1回とすること。

ホ　イからニまでに掲げるもののほか、労使委員会の運営について必要な事項
　　5　使用者は、前項の規程の作成又は変更については、労使委員会の同意を得なければならない。
　　6　使用者は、労働者が労使委員会の委員であること若しくは労使委員会の委員になろうとしたこと又は労使委員会の委員として正当な行為をしたことを理由として不利益な取扱いをしないようにしなければならない。
　　7　使用者は、法第38条の4第2項第一号の規定により指名された委員が労使委員会の決議等に関する事務を円滑に遂行することができるよう必要な配慮を行わなければならない。

3　厚生労働大臣は、対象業務に従事する労働者の適正な労働条件の確保を図るために、労働政策審議会の意見を聴いて、第1項各号に掲げる事項その他同項の委員会が決議する事項について指針を定め、これを公表するものとする。
4　第1項の規定による届出をした使用者は、厚生労働省令で定めるところにより、定期的に、同項第四号に規定する措置の実施状況を行政官庁に報告しなければならない。

> 施行規則第24条の2の5
> 　1　法第38条の4第4項の規定による報告は、同条第1項に規定する決議の有効期間の始期から起算して6箇月以内に1回、及びその後1年以内ごとに1回、様式第十三号の四により、所轄労働基準監督署長にしなければならない。
> 　2　法第38条の4第4項の規定による報告は、同条第1項第四号に規定する労働者の労働時間の状況並びに当該労働者の健康及び福祉を確保するための措置の実施状況並びに同項第六号の同意及びその撤回の実施状況について行うものとする。

5　（略）

法第39条【年次有給休暇】　→ P122

1　使用者は、その雇入れの日から起算して6箇月間継続勤務し全労働日の8割以上出勤した労働者に対して、継続し、又は分割した10労働日の有給休暇を与えなければならない。
2　使用者は、1年6箇月以上継続勤務した労働者に対しては、雇入れの日から起算して6箇月を超えて継続勤務する日（以下「6箇月経過日」という。）から起算した継続勤務年数1年ごとに、前項の日数に、次の表の上欄に掲げる6箇月経過日から起算した継続勤務年数の区分に応じ同表の下欄に掲げる労働日を加算した有給休暇を与えなければならない。ただし、継続勤務した期間を6箇月経過日から1年ごとに区分した各期間（最後に1年未満の期間を生じたときは、当該期間）の初日の前日の属する期間において出勤した日数が全労働日の8割未満である者に対しては、当該初日以後の1年間においては有給休暇を与えることを要しない。　→ P124

6箇月経過日から起算した継続勤務年数	労働日
1年	1労働日
2年	2労働日
3年	4労働日
4年	6労働日
5年	8労働日
6年以上	10労働日

3　次に掲げる労働者（1週間の所定労働時間が厚生労働省令で定める時間以上の者を除く。）の有給休暇の日数については、前2項の規定にかかわらず、これらの規定による有給休暇の日数を基準とし、通常の労働者の1週間の所定労働日数として厚生労働省令で定める日数（第一号において「通常の労働者の週所定労働日数」という。）と当該労働者の1週間の所定労働日数又は1週間当たりの平均所定労働日数との比率を考慮して厚生労働省令で定める日数とする。
①1週間の所定労働日数が通常の労働者の週所定労働日数に比し相当程度少ないものとして厚生労働省令で定める日数以下の労働者
②週以外の期間によつて所定労働日数が定められている労働者については、1年間の所定労働日数が、前号の厚生労働省令で定める日数に1日を加えた日数を1週間の所定労働日数とする労働者の1年間の所定労働日数その他の事情を考慮して厚生労働省令で定める日数以下の労働者

> 施行規則第24条の3
> 　1　法第39条第3項の厚生労働省令で定める時間は、30時間とする。
> 　2　法第39条第3項の通常の労働者の1週間の所定労働日数として厚生労働省令で定める日数は、5.2日とする。
> 　3　法第39条第3項の通常の労働者の1週間の所定労働日数として厚生労働省令で定める日数と当該労働者の1週間の所定労働日数又は1週間当たりの平均所定労働日数との比率を考慮して厚生労働省令で定める日数は、同項第一号に掲げる労働者にあつては次の表の上欄の週所定労働日数の区分に応じ、同項第二号に掲げる労働者にあつては同表の中欄の1年間の所定労働日数の区分に応じて、それぞれ同表の下欄に雇入れの日から起算した継続勤務

労働基準法・労働基準法施行規則

期間の区分ごとに定める日数とする。

週所定労働日数	1年間の所定労働日数	雇入れの日から起算した継続勤務期間						
		6箇月	1年6箇月	2年6箇月	3年6箇月	4年6箇月	5年6箇月	6年6箇月以上
4日	169日から216日まで	7日	8日	9日	10日	12日	13日	15日
3日	121日から168日まで	5日	6日	6日	8日	9日	10日	11日
2日	73日から120日まで	3日	4日	4日	5日	6日	6日	7日
1日	48日から72日まで	1日	2日	2日	2日	3日	3日	3日

　4　法第39条第3項第一号の厚生労働省令で定める日数は、4日とする。
　5　法第39条第3項第二号の厚生労働省令で定める日数は、216日とする。

4　使用者は、当該事業場に、労働者の過半数で組織する労働組合があるときはその労働組合、労働者の過半数で組織する労働組合がないときは労働者の過半数を代表する者との書面による協定により、次に掲げる事項を定めた場合において、第一号に掲げる労働者の範囲に属する労働者が有給休暇を時間を単位として請求したときは、前三項の規定による有給休暇の日数のうち第二号に掲げる日数については、これらの規定にかかわらず、当該協定で定めるところにより時間を単位として有給休暇を与えることができる。
①時間を単位として有給休暇を与えることができることとされる労働者の範囲
②時間を単位として与えることができることとされる有給休暇の日数（5日以内に限る。）
③その他厚生労働省令で定める事項

> 施行規則第24条の4
> 　法第39条第4項第三号の厚生労働省令で定める事項は、次に掲げるものとする。
> ①時間を単位として与えることができることとされる有給休暇1日の時間数（1日の所定労働時間数（日によって所定労働時間数が異なる場合には、1年間における1日平均所定労働時間数。次号において同じ。）を下回らないものとする。）
> ②1時間以外の時間を単位として有給休暇を与えることとする場合には、その時間数（1日の所定労働時間数に満たないものとする。）

5　使用者は、前各項の規定による有給休暇を労働者の請求する時季に与えなければならない。ただし、請求された時季に有給休暇を与えることが事業の正常な運営を妨げる場合においては、他の時季にこれを与えることができる。　→ P128
6　使用者は、当該事業場に、労働者の過半数で組織する労働組合がある場合においてはその労働組合、労働者の過半数で組織する労働組合がない場合においては労働者の過半数を代表する者との書面による協定により、第一項から第三項までの規定による有給休暇を与える時季に関する定めをしたときは、これらの規定による有給休暇の日数のうち五日を超える部分については、前項の規定にかかわらず、その定めにより有給休暇を与えることができる。　→ P130
7　使用者は、第1項から第3項までの規定による有給休暇（これらの規定により使用者が与えなければならない有給休暇の日数が10労働日以上である労働者に係るものに限る。以下この項及び次項において同じ。）の日数のうち5日については、基準日（継続勤務した期間を6箇月経過日から1年ごとに区分した各期間（最後に1年未満の期間を生じたときは、当該期間）の初日をいう。以下この項において同じ。）から1年以内の期間に、労働者ごとにその時季を定めることにより与えなければならない。ただし、第1項から第3項までの規定による有給休暇を当該有給休暇に係る基準日より前の日から与えることとしたときは、厚生労働省令で定めるところにより、労働者ごとにその時季を定めることにより与えなければならない。　→ P132

> 施行規則第24条の5
> 1　使用者は、法第39条第7項ただし書の規定により同条第1項から第3項までの規定による10労働日以上の有給休暇を与えることとしたときは、当該有給休暇の日数のうち5日については、基準日（同条第7項の基準日をいう。以下この条において同じ。）より前の日であって、10労働日以上の有給休暇を与えることとした日（以下この条及び第24条の7において「第一基準日」という。）から1年以内の期間に、その時季を定めることにより与えなければならない。
> 2　前項の規定にかかわらず、使用者が法第39条第1項から第3項までの規定による10労働日以上の有給休暇を基準日又は第一基準日に与えることとし、かつ、当該基準日又は第一基準日から1年以内の特定の日（以下この条及

び第24条の7において「第二基準日」という。）に新たに10労働日以上の有給休暇を与えることとしたときは、履行期間（基準日又は第一基準日を始期として、第二基準日から1年を経過する日を終期とする期間をいう。以下この条において同じ。）の月数を12で除した数に5を乗じた日数について、当該履行期間中に、その時季を定めることにより与えることができる。

3　第1項の期間又は前項の履行期間が経過した場合においては、その経過した日から1年ごとに区分した各期間（最後に1年未満の期間を生じたときは、当該期間）の初日を基準日とみなして法第39条第7項本文の規定を適用する。

4　使用者が法第39条第1項から第3項までの規定による有給休暇のうち十労働日未満の日数について基準日以前の日（以下この項において「特定日」という。）に与えることとした場合において、特定日が複数あるときは、当該10労働日未満の日数が合わせて10労働日以上になる日までの間の特定日のうち最も遅い日を第一基準日とみなして前3項の規定を適用する。この場合において、第一基準日とみなされた日より前に、同条第5項又は第6項の規定により与えた有給休暇の日数分については、時季を定めることにより与えることを要しない。

施行規則第24条の6

1　使用者は、法第39条第7項の規定により労働者に有給休暇を時季を定めることにより与えるに当たっては、あらかじめ、同項の規定により当該有給休暇を与えることを当該労働者に明らかにした上で、その時季について当該労働者の意見を聴かなければならない。

2　使用者は、前項の規定により聴取した意見を尊重するよう努めなければならない。

施行規則第24条の7

　使用者は、法第39条第5項から第7項までの規定により有給休暇を与えたときは、時季、日数及び基準日（第一基準日及び第二基準日を含む。）を労働者ごとに明らかにした書類（第55条の2及び第56条第3項において「年次有給休暇管理簿」という。）を作成し、当該有給休暇を与えた期間中及び当該期間の満了後5年間保存しなければならない。

8　前項の規定にかかわらず、第5項又は第6項の規定により第1項から第3項までの規定による有給休暇を与えた場合においては、当該与えた有給休暇の日数（当該日数が5日を超える場合には、5日とする。）分については、時季を定めることにより与えることを要しない。 → P132

9　使用者は、第1項から第3項までの規定による有給休暇の期間又は第四項の規定による有給休暇の時間については、就業規則その他これに準ずるもので定めるところにより、それぞれ、平均賃金若しくは所定労働時間労働した場合に支払われる通常の賃金又はこれらの額を基準として厚生労働省令で定めるところにより算定した額の賃金を支払わなければならない。ただし、当該事業場に、労働者の過半数で組織する労働組合がある場合においてはその労働組合、労働者の過半数で組織する労働組合がない場合においては労働者の過半数を代表する者との書面による協定により、その期間又はその時間について、それぞれ、健康保険法第99条第1項に定める標準報酬日額に相当する金額又は当該金額を基準として厚生労働省令で定めるところにより算定した金額を支払う旨を定めたときは、これによらなければならない。

施行規則第25条

1　法第39条第9項の規定による所定労働時間労働した場合に支払われる通常の賃金は、次に定める方法によって算定した金額とする。

①時間によって定められた賃金については、その金額にその日の所定労働時間数を乗じた金額

②日によって定められた賃金については、その金額

③週によって定められた賃金については、その金額をその週の所定労働日数で除した金額

④月によって定められた賃金については、その金額をその月の所定労働日数で除した金額

⑤月、週以外の一定の期間によって定められた賃金については、前各号に準じて算定した金額

⑥出来高制その他の請負制によって定められた賃金については、その賃金算定期間（当該期間に出来高払制その他の請負制によつて計算された賃金がない場合においては、当該期間前において出来高払制その他の請負制によつて計算された賃金が支払われた最後の賃金算定期間。以下同じ。）において出来高払制その他の請負制によつて計算された賃金の総額を当該賃金算定期間における総労働時間数で除した金額に、当該賃金算定期間における一日平均所定労働時間数を乗じた金額

⑦労働者の受ける賃金が前各号の二以上の賃金よりなる場合には、その部分について各号によってそれぞれ算定した金額の合計額

2　法第39条第9項本文の厚生労働省令で定めるところにより算定した額の賃金は、平均賃金又は前項の規定により算定した金額をその日の所定労働時間数で除して得た額の賃金とする。

3　法第39条第9項ただし書の厚生労働省令で定めるところにより算定した金額は、健康保険法第99条第1項に定める標準報酬日額に相当する金額をその日の所定労働時間数で除して得た金額とする。

10　労働者が業務上負傷し、又は疾病にかかり療養のために休業した期間及び育児休業、介護休業等育児又は家族介護を行う労働者の福祉に関する法律第2条第一号に規定する育児休業又は同条第二号に規定する介護休業をした期間並びに産前産後の女性が第65条の規定によつて休業した期間は、第1項及び第2項の規定の適用については、これを出勤したものとみなす。

法第40条【労働時間及び休憩の特例】　→ P118

1　別表第一第一号から第三号まで、第六号及び第七号に掲げる事業以外の事業で、公衆の不便を避けるために必要なものその他特殊の必要あるものについては、その必要避くべからざる限度で、第32条から第32条の5までの労働時間及び第34条の休憩に関する規定について、厚生労働省令で別段の定めをすることができる。

2　前項の規定による別段の定めは、この法律で定める基準に近いものであつて、労働者の健康及び福祉を害しないものでなければならない。

法第41条【労働時間等に関する規定の適用除外】　→ P118

　この章、第6章及び第6章の2で定める労働時間、休憩及び休日に関する規定は、次の各号の一に該当する労働者については適用しない。

①別表第一第六号（林業を除く。）又は第七号に掲げる事業に従事する者

②事業の種類にかかわらず監督若しくは管理の地位にある者又は機密の事務を取り扱う者

③監視又は断続的労働に従事する者で、使用者が行政官庁の許可を受けたもの

②少年法第24条の規定による保護処分として少年院若しくは児童自立支援施設に送致され、収容されている場合又は売春防止法第17条の規定による補導処分として婦人補導院に収容されている場合

法第41条の2　→ P116

1　賃金、労働時間その他の当該事業場における労働条件に関する事項を調査審議し、事業主に対し当該事項について意見を述べることを目的とする委員会（使用者及び当該事業場の労働者を代表する者を構成員とするものに限る。）が設置された事業場において、当該委員会がその委員の5分の4以上の多数による議決により次に掲げる事項に関する決議をし、かつ、使用者が、厚生労働省令で定めるところにより当該決議を行政官庁に届け出た場合において、第二号に掲げる労働者の範囲に属する労働者（以下この項において「対象労働者」という。）であって書面その他の厚生労働省令で定める方法によりその同意を得たものを当該事業場における第一号に掲げる業務に就かせたときは、この章で定める労働時間、休憩、休日及び深夜の割増賃金に関する規定は、対象労働者については適用しない。ただし、第三号から第五号までに規定する措置のいずれかを使用者が講じていない場合は、この限りでない。

①高度の専門的知識等を必要とし、その性質上従事した時間と従事して得た成果との関連性が通常高くないと認められるものとして厚生労働省令で定める業務のうち、労働者に就かせることとする業務（以下この項において「対象業務」という。）

②この項の規定により労働する期間において次のいずれにも該当する労働者であつて、対象業務に就かせようとするものの範囲

イ　使用者との間の書面その他の厚生労働省令で定める方法による合意に基づき職務が明確に定められていること。

ロ　労働契約により使用者から支払われると見込まれる賃金の額を1年間当たりの賃金の額に換算した額が基準年間平均給与額（厚生労働省において作成する毎月勤労統計における毎月きまって支給する給与の額を基礎として厚生労働省令で定めるところにより算定した労働者1人当たりの給与の平均額をいう。）の3倍の額を相当程度上回る水準として厚生労働省令で定める額以上であること。

③対象業務に従事する対象労働者の健康管理を行うために当該対象労働者が事業場内にいた時間（この項の委員会が厚生労働省令で定める労働時間以外の時間を除くことを決議したときは、当該決議に係る時間を除いた時間）と事業場外において労働した時間との合計の時間（第五号ロ及びニ並びに第六号において「健康管理時間」という。）を把握する措置（厚生労働省令で定める方法に限る。）を当該決議で定めるところにより使用者が講ずること。

④対象業務に従事する対象労働者に対し、1年間を通じ104日以上、かつ、4週間を通じ4日以上の休日を当該決議及び就業規則その他これに準ずるもので定めるところにより使用者が与えること。

⑤対象業務に従事する対象労働者に対し、次のいずれかに該当する措置を当該決議及び就業規則その他これに準ずるもので定めるところにより使用者が講ずること。

イ　労働者ごとに始業から24時間を経過するまでに厚生労働省令で定める時間以上の継続した休息時間を確保し、かつ、第37条第4項に規定する時刻の間において労働させる回数を1箇月について厚生労働省令で定める回数以内とすること。

ロ　健康管理時間を1箇月又は3箇月についてそれぞれ厚生労働省令で定める時間を超えない範囲内とすること。

ハ　1年に1回以上の継続した2週間（労働者が請求した場合においては、1年に2回以上の継続した1週間）（使用者が当該期間において、第39条の規定による有給休暇を与えたときは、当該有給休暇を与えた日を除く。）について、休日を与えること。

ニ　健康管理時間の状況その他の事項が労働者の健康の保持を考慮して厚生労働省令で定める要件に該当する労働者に健康診断（厚生労働省令で定める項目を含むものに限る。）を実施すること。

⑥対象業務に従事する対象労働者の健康管理時間の状況に応じた当該対象労働者の健康及び福祉を確保するための措置であって、当該対象労働者に対する有給休暇（第39条の規定による有給休暇を除く。）の付与、健康診断の実施その他の厚生労働省令で定める措置のうち当該決議で定めるものを使用者が講ずること。

⑦対象労働者のこの項の規定による同意の撤回に関する手続

⑧対象業務に従事する対象労働者からの苦情の処理に関する措置を当該決議で定めるところにより使用者が講ずること。

⑨使用者は、この項の規定による同意をしなかった対象労働者に対して解雇その他不利益な取扱いをしてはならないこと。

⑩前各号に掲げるもののほか、厚生労働省令で定める事項

2　前項の規定による届出をした使用者は、厚生労働省令で定めるところにより、同項第四号から第六号までに規定する措置の実施状況を行政官庁に報告しなければならない。

3　第38条の4第2項、第3項及び第5項の規定は、第1項の委員会について準用する。

労働基準法・労働基準法施行規則

4　第１項の決議をする委員は、当該決議の内容が前項において準用する第38条の４第３項の指針に適合したものとなるようにしなければならない。

5　行政官庁は、第３項において準用する第38条の４第３項の指針に関し、第１項の決議をする委員に対し、必要な助言及び指導を行うことができる。

法第５章　安全及び衛生

法第42条　→ P170
労働者の安全及び衛生に関しては、労働安全衛生法の定めるところによる。

（法第43条〜第55条　削除）

法第６章　年少者

法第56条【最低年齢】
1　使用者は、児童が満15歳に達した日以後の最初の３月31日が終了するまで、これを使用してはならない。

2　前項の規定にかかわらず、別表第一第一号から第五号までに掲げる事業以外の事業に係る職業で、児童の健康及び福祉に有害でなく、かつ、その労働が軽易なものについては、行政官庁の許可を受けて、満13歳以上の児童をその者の修学時間外に使用することができる。映画の製作又は演劇の事業については、満13歳に満たない児童についても、同様とする。

法第57条【年少者の証明書】
1　使用者は、満18才に満たない者について、その年齢を証明する戸籍証明書を事業場に備え付けなければならない。

2　使用者は、前条第２項の規定によって使用する児童については、修学に差し支えないことを証明する学校長の証明書及び親権者又は後見人の同意書を事業場に備え付けなければならない。

法第58条【未成年者の労働契約】
1　親権者又は後見人は、未成年者に代って労働契約を締結してはならない。

2　親権者若しくは後見人又は行政官庁は、労働契約が未成年者に不利であると認める場合においては、将来に向つてこれを解除することができる。

法第59条
未成年者は、独立して賃金を請求することができる。親権者又は後見人は、未成年者の賃金を代って受け取ってはならない。

法第60条【労働時間及び休日】
1　第32条の２から第32条の５まで、第36条、第40条及び第41条の２の規定は、満18才に満たない者については、これを適用しない。

2　第56条第２項の規定によつて使用する児童についての第32条の規定の適用については、同条第１項中「１週間について40時間」とあるのは「、修学時間を通算して１週間について40時間」と、同条第２項中「１日について８時間」とあるのは「、修学時間を通算して１日について７時間」とする。

3　使用者は、第32条の規定にかかわらず、満15歳以上で満18歳に満たない者については、満18歳に達するまでの間（満15歳に達した日以後の最初の３月31日までの間を除く。）、次に定めるところにより、労働させることができる。

①１週間の労働時間が第32条第１項の労働時間を超えない範囲内において、１週間のうち１日の労働時間を４時間以内に短縮する場合において、他の日の労働時間を10時間まで延長すること。

②１週間について48時間以下の範囲内で厚生労働省令で定める時間、１日について８時間を超えない範囲内において、第32条の２又は第32条の４及び第32条の４の２の規定の例により労働させること。

> 施行規則第34条の２の４
> 法第60条第３項第二号の厚生労働省令で定める時間は、48時間とする。

法第61条【深夜業】
1　使用者は、満18才に満たない者を午後10時から午前５時までの間において使用してはならない。ただし、交替制によつて使用する満16才以上の男性については、この限りでない。

2　厚生労働大臣は、必要であると認める場合においては、前項の時刻を、地域又は期間を限って、午後11時及び午前６時とすることができる。

3　交替制によって労働させる事業については、行政官庁の許可を受けて、第１項の規定にかかわらず午後10時30分まで労働させ、又は前項の規定にかかわらず午前５時30分から労働させることができる。

4　前三項の規定は、第33条第１項の規定によって労働時間を延長し、若しくは休日に労働させる場合又は別表第一第六号、第七号若しくは第十三号に掲げる事業若しくは電話交換の業務については、適用しな

い。

5　第1項及び第2項の時刻は、第56条第2項の規定によって使用する児童については、第1項の時刻は、午後8時及び午前5時とし、第2項の時刻は、午後9時及び午前6時とする。

法第62条【危険有害業務の就業制限】

1　使用者は、満18才に満たない者に、運転中の機械若しくは動力伝導装置の危険な部分の掃除、注油、検査若しくは修繕をさせ、運転中の機械若しくは動力伝導装置にベルト若しくはロープの取付け若しくは取りはずしをさせ、動力によるクレーンの運転をさせ、その他厚生労働省令で定める危険な業務に就かせ、又は厚生労働省令で定める重量物を取り扱う業務に就かせてはならない。

2　使用者は、満18才に満たない者を、毒劇薬、毒劇物その他有害な原料若しくは材料又は爆発性、発火性若しくは引火性の原料若しくは材料を取り扱う業務、著しくじんあい若しくは粉末を飛散し、若しくは有害ガス若しくは有害放射線を発散する場所又は高温若しくは高圧の場所における業務その他安全、衛生又は福祉に有害な場所における業務に就かせてはならない。

3　前項に規定する業務の範囲は、厚生労働省令で定める。

法第63条【坑内労働の禁止】

使用者は、満18才に満たない者を坑内で労働させてはならない。

法第64条【帰郷旅費】

満18才に満たない者が解雇の日から14日以内に帰郷する場合においては、使用者は、必要な旅費を負担しなければならない。ただし、満18才に満たない者がその責めに帰すべき事由に基づいて解雇され、使用者がその事由について行政官庁の認定を受けたときは、この限りでない。

法第6章の2　妊産婦等

（法第64条の2　略）

法第64条の3【危険有害業務の就業制限】

1　使用者は、妊娠中の女性及び産後1年を経過しない女性（以下「妊産婦」という。）を、重量物を取り扱う業務、有害ガスを発散する場所における業務その他妊産婦の妊娠、出産、哺育等に有害な業務に就かせてはならない。

2　前項の規定は、同項に規定する業務のうち女性の妊娠又は出産に係る機能に有害である業務につき、厚生労働省令で、妊産婦以外の女性に関して、準用することができる。

3　前二項に規定する業務の範囲及びこれらの規定によりこれらの業務に就かせてはならない者の範囲は、厚生労働省令で定める。

法第65条【産前産後】　→ P134

1　使用者は、6週間（多胎妊娠の場合にあっては、14週間）以内に出産する予定の女性が休業を請求した場合においては、その者を就業させてはならない。

2　使用者は、産後8週間を経過しない女性を就業させてはならない。ただし、産後6週間を経過した女性が請求した場合において、その者について医師が支障がないと認めた業務に就かせることは、差し支えない。

3　使用者は、妊娠中の女性が請求した場合においては、他の軽易な業務に転換させなければならない。

法第66条

1　使用者は、妊産婦が請求した場合においては、第32条の2第1項、第32条の4第1項及び第32条の5第1項の規定にかかわらず、1週間について第32条第1項の労働時間、1日について同条第2項の労働時間を超えて労働させてはならない。

2　使用者は、妊産婦が請求した場合においては、第33条第1項及び第3項並びに第36条第1項の規定にかかわらず、時間外労働をさせてはならず、又は休日に労働させてはならない。

3　使用者は、妊産婦が請求した場合においては、深夜業をさせてはならない。

法第67条【育児時間】

1　生後満1年に達しない生児を育てる女性は、第34条の休憩時間のほか、1日2回各々少なくとも30分、その生児を育てるための時間を請求することができる。

2　使用者は、前項の育児時間中は、その女性を使用してはならない。

法第68条【生理日の就業が著しく困難な女性に対する措置】

使用者は、生理日の就業が著しく困難な女性が休暇を請求したときは、その者を生理日に就業させてはならない。

法第7章　技能者の養成

法第69条【徒弟の弊害排除】

1　使用者は、徒弟、見習、養成工その他名称の如何を問わず、技能の習得を目的とする者であることを理由として、労働者を酷使してはならない。

2　使用者は、技能の習得を目的とする労働者を家事その他技能の習得に関係のない作業に従事させてはならない。

（法第70～74条　略）

法第8章　災害補償

法第75条【療養補償】　→ P160

1　労働者が業務上負傷し、又は疾病にかかった場合においては、使用者は、その費用で必要な療養を行い、又は必要な療養の費用を負担しなければならない。

2　前項に規定する業務上の疾病及び療養の範囲は、厚生労働省令で定める。

> **施行規則第35条**
> 　法第75条第2項の規定による業務上の疾病は、別表第一の二に掲げる疾病とする。

> **施行規則第36条**
> 　法第75条第2項の規定による療養の範囲は、次に掲げるものにして、療養上相当と認められるものとする。
> ①診察
> ②薬剤又は治療材料の支給
> ③処置、手術その他の治療
> ④居宅における療養上の管理及びその療養に伴う世話その他の看護
> ⑤病院又は診療所への入院及びその療養に伴う世話その他の看護
> ⑥移送

法第76条【休業補償】　→ P166

1　労働者が前条の規定による療養のため、労働することができないために賃金を受けない場合においては、使用者は、労働者の療養中平均賃金の100分の60の休業補償を行わなければならない。

> **施行規則第38条**
> 　労働者が業務上負傷し又は疾病にかかつたため、所定労働時間の一部分のみ労働した場合においては、使用者は、平均賃金と当該労働に対して支払われる賃金との差額の100分の60の額を休業補償として支払わなければならない。

2　使用者は、前項の規定により休業補償を行つている労働者と同一の事業場における同種の労働者に対して所定労働時間労働した場合に支払われる通常の賃金の、1月から3月まで、4月から6月まで、7月から9月まで及び10月から12月までの各区分による期間（以下四半期という。）ごとの1箇月1人当り平均額（常時100人未満の労働者を使用する事業場については、厚生労働省において作成する毎月勤労統計における当該事業場の属する産業に係る毎月きまって支給する給与の四半期の労働者1人当りの1箇月平均額。以下平均給与額という。）が、当該労働者が業務上負傷し、又は疾病にかかった日の属する四半期における平均給与額の100分の120をこえ、又は100分の80を下るに至った場合においては、使用者は、その上昇し又は低下した比率に応じて、その上昇し又は低下するに至った四半期の次の次の四半期において、前項の規定により当該労働者に対して行っている休業補償の額を改訂し、その改訂をした四半期に属する最初の月から改訂された額により休業補償を行わなければならない。改訂後の休業補償の額の改訂についてもこれに準ずる。

> **施行規則第38条の2**
> 　法第76条第2項の常時100人未満の労働者を使用する事業場は、毎年4月1日から翌年3月31日までの間において、当該4月1日前1年間に使用した延労働者数を当該1年間の所定労働日数で除した労働者数が100人未満である事業場とする。

> **施行規則第38条の3**
> 　法第76条第2項の規定による同一の事業場における同種の労働者に対して所定労働時間労働した場合に支払われる通常の賃金は、第25条第1項に規定する方法に準じて算定した金額とする。

> **施行規則第38条の4**
> 　常時100人以上の労働者を使用する事業場において業務上負傷し、又は疾病にかかった労働者と同一職種の同一条件の労働者がいない場合における当該労働者の休業補償の額の改訂は、当該事業場の全労働者に対して所定労働時間労働した場合に支払われる通常の賃金の四半期ごとの平均給与額が上昇し又は低下した場合に行うものとする。

> **施行規則第38条の5**
> 　法第76条第2項後段の規定による改訂後の休業補償の額の改訂は、改訂の基礎となった四半期の平均給与額を

基礎として行うものとする。

施行規則第38条の6
　法第76条第2項及び第3項の規定により、四半期ごとに平均給与額の上昇し又は低下した比率を算出する場合において、その率に100分の1に満たない端数があるときは、その端数は切り捨てるものとする。
（中略）
施行規則第39条
　療養補償及び休業補償は、毎月1回以上、これを行わなければならない。

3　前項の規定により難い場合における改訂の方法その他同項の規定による改訂について必要な事項は、厚生労働省令で定める。

法第77条【障害補償】　→ P160

　労働者が業務上負傷し、又は疾病にかかり、治った場合において、その身体に障害が存するときは、使用者は、その障害の程度に応じて、平均賃金に別表第二に定める日数を乗じて得た金額の障害補償を行わなければならない。

施行規則第40条
1　障害補償を行うべき身体障害の等級は、別表第二による。
2　別表第二に掲げる身体障害が二以上ある場合は、重い身体障害の該当する等級による。
3　次に掲げる場合には、前二項の規定による等級を次の通り繰上げる。但し、その障害補償の金額は、各々の身体障害の該当する等級による障害補償の金額を合算した額を超えてはならない。
①第13級以上に該当する身体障害が二以上ある場合　　　1級
②第8級以上に該当する身体障害が二以上ある場合　　　2級
③第5級以上に該当する身体障害が二以上ある場合　　　3級
4　別表第二に掲げるもの以外の身体障害がある者については、その障害程度に応じ、別表第二に掲げる身体障害に準じて、障害補償を行わなければならない。
5　既に身体障害がある者が、負傷又は疾病によつて同一部位について障害の程度を加重した場合には、その加重された障害の該当する障害補償の金額より、既にあった障害の該当する障害補償の金額を差し引いた金額の障害補償を行わなければならない。

施行規則第47条
1　障害補償は、労働者の負傷又は疾病がなおった後身体障害の等級が決定した日から7日以内にこれを行わなければならない。
2　遺族補償及び葬祭料は、労働者の死亡後遺族補償及び葬祭料を受けるべき者が決定した日から7日以内にこれを行い又は支払わなければならない。
3　第2回以後の分割補償は、毎年、第1回の分割補償を行った月に応当する月に行わなければならない。

法第78条【休業補償及び障害補償の例外】　→ P160

　労働者が重大な過失によって業務上負傷し、又は疾病にかかり、且つ使用者がその過失について行政官庁の認定を受けた場合においては、休業補償又は障害補償を行わなくてもよい。

施行規則第41条
　法第78条の規定による認定は、様式第十五号により、所轄労働基準監督署長から受けなければならない。この場合においては、使用者は、同条に規定する重大な過失があった事実を証明する書面をあわせて提出しなければならない。

法第79条【遺族補償】　→ P160

　労働者が業務上死亡した場合においては、使用者は、遺族に対して、平均賃金の1,000日分の遺族補償を行わなければならない。

施行規則第42条
1　遺族補償を受けるべき者は、労働者の配偶者（婚姻の届出をしなくとも事実上婚姻と同様の関係にある者を含む。以下同じ。）とする。
2　配偶者がない場合には、遺族補償を受けるべき者は、労働者の子、父母、孫及び祖父母で、労働者の死亡当時その収入によって生計を維持していた者又は労働者の死亡当時これと生計を一にしていた者とし、その順位は、前段に掲げる順序による。この場合において、父母については、養父母を先にし実父母を後にする。

施行規則第43条
1　前条の規定に該当する者がない場合においては、遺族補償を受けるべき者は、労働者の子、父母、孫及び祖

父母で前条第2項の規定に該当しないもの並びに労働者の兄弟姉妹とし、その順位は、子、父母、孫、祖父母、兄弟姉妹の順序により、兄弟姉妹については、労働者の死亡当時その収入によつて生計を維持していた者又は労働者の死亡当時その者と生計を一にしていた者を先にする。
　2　労働者が遺言又は使用者に対してした予告で前項に規定する者のうち特定の者を指定した場合においては、前項の規定にかかわらず、遺族補償を受けるべき者は、その指定した者とする。

> **施行規則第44条**
> 　遺族補償を受けるべき同順位の者が2人以上ある場合には、遺族補償は、その人数によって等分するものとする。

> **施行規則第45条**
> 　1　遺族補償を受けるべきであった者が死亡した場合には、その者にかかる遺族補償を受ける権利は、消滅する。
> 　2　前項の場合には、使用者は、前三条の規定による順位の者よりその死亡者を除いて、遺族補償を行わなければならない。

法第80条 【葬祭料】 → P160
　労働者が業務上死亡した場合においては、使用者は、葬祭を行う者に対して、平均賃金の60日分の葬祭料を支払わなければならない。

法第81条 【打切補償】
　第75条の規定によって補償を受ける労働者が、療養開始後3年を経過しても負傷又は疾病がなおらない場合においては、使用者は、平均賃金の1,200日分の打切補償を行い、その後はこの法律の規定による補償を行わなくてもよい。

法第82条 【分割補償】
　使用者は、支払能力のあることを証明し、補償を受けるべき者の同意を得た場合においては、第77条又は第79条の規定による補償に替え、平均賃金に別表第三に定める日数を乗じて得た金額を、6年にわたり毎年補償することができる。

> **施行規則第46条**
> 　使用者は、法第82条の規定によつて分割補償を開始した後、補償を受けるべき者の同意を得た場合には、別表第三によって残余の補償金額を一時に支払うことができる。

法第83条 【補償を受ける権利】
　1　補償を受ける権利は、労働者の退職によって変更されることはない。
　2　補償を受ける権利は、これを譲渡し、又は差し押えてはならない。

法第84条 【他の法律との関係】
　1　この法律に規定する災害補償の事由について、労働者災害補償保険法又は厚生労働省令で指定する法令に基づいてこの法律の災害補償に相当する給付が行なわれるべきものである場合においては、使用者は、補償の責を免れる。
　2　使用者は、この法律による補償を行つた場合においては、同一の事由については、その価額の限度において民法による損害賠償の責を免れる。

> **施行規則第48条**
> 　災害補償を行う場合には、死傷の原因たる事故発生の日又は診断によって疾病の発生が確定した日を、平均賃金を算定すべき事由の発生した日とする。

法第85条 【審査及び仲裁】
　1　業務上の負傷、疾病又は死亡の認定、療養の方法、補償金額の決定その他補償の実施に関して異議のある者は、行政官庁に対して、審査又は事件の仲裁を申し立てることができる。
　2　行政官庁は、必要があると認める場合においては、職権で審査又は事件の仲裁をすることができる。
　3　第1項の規定により審査若しくは仲裁の申立てがあった事件又は前項の規定により行政官庁が審査若しくは仲裁を開始した事件について民事訴訟が提起されたときは、行政官庁は、当該事件については、審査又は仲裁をしない。
　4　行政官庁は、審査又は仲裁のために必要であると認める場合においては、医師に診断又は検案をさせることができる。
　5　第1項の規定による審査又は仲裁の申立て及び第2項の規定による審査又は仲裁の開始は、時効の中断に関しては、これを裁判上の請求とみなす。

法第86条
　1　前条の規定による審査及び仲裁の結果に不服のある者は、労働者災害補償保険審査官の審査又は仲裁を申し立てることができる。

2　前条第3項の規定は、前項の規定により審査又は仲裁の申立てがあった場合に、これを準用する。

法第87条【請負事業に関する例外】

1　厚生労働省令で定める事業が数次の請負によって行われる場合においては、災害補償については、その元請負人を使用者とみなす。

> **施行規則第48条の2**
> 　法第87条第1項の厚生労働省令で定める事業は、法別表第一第三号に掲げる事業とする。

2　前項の場合、元請負人が書面による契約で下請負人に補償を引き受けさせた場合においては、その下請負人もまた使用者とする。但し、二以上の下請負人に、同一の事業について重複して補償を引き受けさせてはならない。

3　前項の場合、元請負人が補償の請求を受けた場合においては、補償を引き受けた下請負人に対して、まず催告すべきことを請求することができる。ただし、その下請負人が破産手続開始の決定を受け、又は行方が知れない場合においては、この限りでない。

法第88条【補償に関する細目】

　この章に定めるもののほか、補償に関する細目は、厚生労働省令で定める。

法第9章　就業規則

法第89条【作成及び届出の義務】　→ P206・P208・P210

　常時10人以上の労働者を使用する使用者は、次に掲げる事項について就業規則を作成し、行政官庁に届け出なければならない。次に掲げる事項を変更した場合においても、同様とする。
①始業及び終業の時刻、休憩時間、休日、休暇並びに労働者を2組以上に分けて交替に就業させる場合においては就業時転換に関する事項
②賃金（臨時の賃金等を除く。以下この号において同じ。）の決定、計算及び支払の方法、賃金の締切り及び支払の時期並びに昇給に関する事項
③退職に関する事項（解雇の事由を含む。）
③の2　退職手当の定めをする場合においては、適用される労働者の範囲、退職手当の決定、計算及び支払の方法並びに退職手当の支払の時期に関する事項
④臨時の賃金等（退職手当を除く。）及び最低賃金額の定めをする場合においては、これに関する事項
⑤労働者に食費、作業用品その他の負担をさせる定めをする場合においては、これに関する事項
⑥安全及び衛生に関する定めをする場合においては、これに関する事項
⑦職業訓練に関する定めをする場合においては、これに関する事項
⑧災害補償及び業務外の傷病扶助に関する定めをする場合においては、これに関する事項
⑨表彰及び制裁の定めをする場合においては、その種類及び程度に関する事項
⑩前各号に掲げるもののほか、当該事業場の労働者のすべてに適用される定めをする場合においては、これに関する事項

> **施行規則第49条**
> 1　使用者は、常時10人以上の労働者を使用するに至った場合においては、遅滞なく、法第89条の規定による就業規則の届出を所轄労働基準監督署長にしなければならない。
> 2　法第90条第2項の規定により前項の届出に添付すべき意見を記した書面は、労働者を代表する者の氏名を記載したものでなければならない。

法第90条【作成の手続】　→ P206

1　使用者は、就業規則の作成又は変更について、当該事業場に、労働者の過半数で組織する労働組合がある場合においてはその労働組合、労働者の過半数で組織する労働組合がない場合においては労働者の過半数を代表する者の意見を聴かなければならない。
2　使用者は、前条の規定により届出をなすについて、前項の意見を記した書面を添付しなければならない。

法第91条【制裁規定の制限】

　就業規則で、労働者に対して減給の制裁を定める場合においては、その減給は、1回の額が平均賃金の1日分の半額を超え、総額が一賃金支払期における賃金の総額の10分の1を超えてはならない。

法第92条【法令及び労働協約との関係】　→ P206

1　就業規則は、法令又は当該事業場について適用される労働協約に反してはならない。
2　行政官庁は、法令又は労働協約に抵触する就業規則の変更を命ずることができる。

> **施行規則第50条**
> 　法第92条第2項の規定による就業規則の変更命令は、様式第十七号による文書で所轄労働基準監督署長がこれ

労働基準法・労働基準法施行規則

法第93条【労働契約との関係】

労働契約と就業規則との関係については、労働契約法第12条の定めるところによる。

(法第10～11章　略)

法第12章　雑則

(法第105条の２～106条　略)

法第107条【労働者名簿】　→ P55

1　使用者は、各事業場ごとに労働者名簿を、各労働者（日日雇い入れられる者を除く。）について調製し、労働者の氏名、生年月日、履歴その他厚生労働省令で定める事項を記入しなければならない。

2　前項の規定により記入すべき事項に変更があった場合においては、遅滞なく訂正しなければならない。

> **施行規則第53条**
> 1　法第107条第１項の労働者名簿（様式第19号）に記入しなければならない事項は、同条同項に規定するもののほか、次に掲げるものとする。
> ①性別
> ②住所
> ③従事する業務の種類
> ④雇入の年月日
> ⑤退職の年月日及びその事由（退職の事由が解雇の場合にあっては、その理由を含む。）
> ⑥死亡の年月日及びその原因
> 2　常時30人未満の労働者を使用する事業においては、前項第三号に掲げる事項を記入することを要しない。

法第108条【賃金台帳】

使用者は、各事業場ごとに賃金台帳を調製し、賃金計算の基礎となる事項及び賃金の額その他厚生労働省令で定める事項を賃金支払の都度遅滞なく記入しなければならない。

> **施行規則第54条**
> 1　使用者は、法第108条の規定によつて、次に掲げる事項を労働者各人別に賃金台帳に記入しなければならない。
> ①氏名
> ②性別
> ③賃金計算期間
> ④労働日数
> ⑤労働時間数
> ⑥法第33条若しくは法第36条第１項の規定によって労働時間を延長し、若しくは休日に労働させた場合又は午後10時から午前５時（厚生労働大臣が必要であると認める場合には、その定める地域又は期間については午後11時から午前６時）までの間に労働させた場合には、その延長時間数、休日労働時間数及び深夜労働時間数
> ⑦基本給、手当その他賃金の種類毎にその額
> ⑧法第24条第１項の規定によって賃金の一部を控除した場合には、その額
> 2　前項第六号の労働時間数は当該事業場の就業規則において法の規定に異なる所定労働時間又は休日の定めをした場合には、その就業規則に基いて算定する労働時間数を以てこれに代えることができる。
> 3　第１項第七号の賃金の種類中に通貨以外のもので支払われる賃金がある場合には、その評価総額を記入しなければならない。
> 4　日々雇い入れられる者（１箇月を超えて引続き使用される者を除く。）については、第１項第三号は記入することを要しない。
> 5　法第41条各号の一に該当する労働者については第１項第五号及び第六号は、これを記入することを要しない。

> **施行規則第55条**
> 法第108条の規定による賃金台帳は、常時使用される労働者（１箇月を超えて引続き使用される日々雇い入れられる者を含む。）については様式第20号日々雇い入れられる者（１箇月を超えて引続き使用される者を除く。）については様式第21号によつて、これを調製しなければならない。

法第109条【記録の保存】　→ P54

使用者は、労働者名簿、賃金台帳及び雇入れ、解雇、災害補償、賃金その他労働関係に関する重要な書類を５年間保存しなければならない。

> **施行規則第56条**

1　法第109条の規定による記録を保存すべき期間の計算についての起算日は次のとおりとする。
①労働者名簿については、労働者の死亡、退職又は解雇の日
②賃金台帳については、最後の記入をした日
③雇入れ又は退職に関する書類については、労働者の退職又は死亡の日
④災害補償に関する書類については、災害補償を終わつた日
⑤賃金その他労働関係に関する重要な書類については、その完結の日
2　前項の規定にかかわらず、賃金台帳又は賃金その他労働関係に関する重要な書類を保存すべき期間の計算については、当該記録に係る賃金の支払期日が同項第二号又は第五号に掲げる日より遅い場合には、当該支払期日を起算日とする。
3　前項の規定は、第24条の2の2第3項第二号イ及び第24条の2の3第3項第二号イに規定する労働者の労働時間の状況に関する労働者ごとの記録、第24条の2の4第2項（第34条の2の3において準用する場合を含む。）に規定する議事録、年次有給休暇管理簿並びに第34条の2第15項第四号からへまでに掲げる事項に関する対象労働者ごとの記録について準用する。

（法第110条　削除）

法第111条【無料証明】

　労働者及び労働者になろうとする者は、その戸籍に関して戸籍事務を掌る者又はその代理者に対して、無料で証明を請求することができる。使用者が、労働者及び労働者になろうとする者の戸籍に関して証明を請求する場合においても同様である。

法第112条【国及び公共団体についての適用】

　この法律及びこの法律に基いて発する命令は、国、都道府県、市町村その他これに準ずべきものについても適用あるものとする。

（法第113〜114条　略）

法115条【時効】

　この法律の規定による賃金の請求権はこれを行使することができる時から5年間、この法律の規定による災害補償その他の請求権（賃金の請求権を除く。）はこれを行使することができる時から2年間行わない場合においては、時効によって消滅する。

（以下、略）

第116条【適用除外】

1　第1条から第11条まで、次項、第117条から第119条まで及び第121条の規定を除き、この法律は、船員法第1条第1項に規定する船員については、適用しない。
2　この法律は、同居の親族のみを使用する事業及び家事使用人については、適用しない。

（以下、略）

（別表第一　略）

別表第二　身体障害等級及び災害補償表（法第77条関係）

等級	災害補償
第1級	1340日分
第2級	1190日分
第3級	1050日分
第4級	920日分
第5級	790日分
第6級	670日分
第7級	560日分
第8級	450日分
第9級	350日分
第10級	270日分
第11級	200日分
第12級	140日分
第13級	90日分
第14級	50日分

別表第三　分割補償表（法第82条関係）

種別	等級	災害補償
障害補償	第1級	240日分
	第2級	213日分
	第3級	188日分
	第4級	164日分
	第5級	142日分
	第6級	120日分
	第7級	100日分
	第8級	80日分
	第9級	63日分
	第10級	48日分
	第11級	36日分
	第12級	25日分
	第13級	16日分
	第14級	9日分
遺族補償		180日分

さくいん

●著者紹介

荘司芳樹（しょうじ　よしき）

特定社会保険労務士、申請取次行政書士
専門商社退社後、外資系生命保険会社で破綻
保険会社の事後処理などを手がけた後、平成
14年に荘司社会保険労務士事務所を開設、
平成23年に「みどり行政書士・社会保険労
務士事務所」所長及び労働保険事務組合千葉
県経営者懇談会理事長、平成28年8月に「社
会保険労務士法人 みどり事務所」設立代表
に就任。
就業規則作成を始めとする各種規定、外国人
労働者の雇用問題、賃金制度企画などの相談
を数多く手掛けている。

ホームページ
https://www.midori-office.com

本書に関するお問合せは、メール q@west.name

図解　わかる労働基準法

2024年5月5日　初版発行

著　者	荘　司　芳　樹	
発行者	富　永　靖　弘	
印刷所	誠宏印刷株式会社	

発行所　東京都台東区　株式　新星出版社
　　　　台東2丁目24　会社
　　　　〒110-0016 ☎03(3831)0743

© Yoshiki Shoji　　　　　　　　　Printed in Japan

ISBN978-4-405-10445-7